草与禾

中华文明4 000年融合史

波音 著

中信出版集团 | 北京

图书在版编目（CIP）数据

草与禾：中华文明 4 000 年融合史 / 波音著. -- 北京：中信出版社，2019.6
ISBN 978-7-5217-0381-8

Ⅰ.①草… Ⅱ.①波… Ⅲ.①中国历史—通俗读物 Ⅳ.①K209

中国版本图书馆CIP数据核字（2019）第 067598 号

草与禾——中华文明 4 000 年融合史

著　　者：波音
出版发行：中信出版集团股份有限公司
　　　　（北京市朝阳区惠新东街甲 4 号富盛大厦 2 座　邮编 100029）
承 印 者：北京通州皇家印刷厂

开　　本：880mm×1230mm　1/32　　印　张：10　　字　数：228 千字
版　　次：2019 年 6 月第 1 版　　印　次：2019 年 6 月第 1 次印刷
广告经营许可证：京朝工商广字第 8087 号
书　　号：ISBN 978-7-5217-0381-8
定　　价：49.00 元

版权所有·侵权必究
如有印刷、装订问题，本公司负责调换。
服务热线：400-600-8099
投稿邮箱：author@citicpub.com

谨献给
苍天与大地、祖先与孩子

目录

序　中华文明的视角

第一章　双峰对峙——草的世界与禾的世界
　　从"满天星斗"到"月明星稀"　　001
　　商周天下：中国与四方　　017
　　迷雾中的北境　　030
　　白登山前后：两个世界的战与和　　041
　　从马邑之谋到燕然勒石　　058

第二章　胡汉难分——以华夏为主体的混合政权模式
　　谁来兴复汉室　　079
　　走向洛阳城　　096
　　飞旋在亚洲舞台　　115
　　大唐变成小唐　　130

第三章　北驰南渡——以草原为主体的混合政权模式
　　契丹人的"新农村建设"　　　143
　　女真人南柯一梦　　　　　　164
　　转进江南：水运即国运　　　181

第四章　万里一统——元朝统一政权模式
　　成吉思汗：重塑草原的游牧人　199
　　大元王朝的三大支柱　　　　214
　　朱棣：披着大明外衣的"蒙古人"　236

第五章　天下一家——清朝统一政权模式
　　朝贡、援朝与白银资本冲击　247
　　皇太极："我是谁？"　　　　264
　　草原的最后挽歌　　　　　　275
　　天下的清朝　　　　　　　　288

后　记　春草秋禾织天下

序

中华文明的视角

透视中华文明数千年的融合过程，其中最主要的推动力是草原文明与华夏文明之间的互动。

"夏商周秦汉，唐宋元明清"，长期以来，我们的教科书以及史书通常以华夏王朝的更迭为主线，来展现中华文明的面貌。然而，要想真正了解并理解中华文明的来龙去脉，仅仅观察华夏的文明进程，仅仅以华夏的视角观察中华文明，是片面的。

原因在于，史书大多是华夏文人书写的，他们往往站在华夏的视角看待华夏、看待草原。而草原世界早期没有发明文字，即便后来有了文字，其文献的生产量也远远不能与华夏相比。草原和草原族群隐藏在历史的迷雾之中。

而且，史书中展现出来的不同区域的文明面貌，对华夏来说出自一种自我观察的视角，而对草原来说，出自一种旁观者的视角。不足为奇，史书中的华夏更多地被描述为文明的高地，即使华夏被外来势力征服后，史书的书写者也试图通过对"正统"的重新解释，把成功主的外来统治阶层纳入自己构建的文明体系之中。

而从旁观者的视角看，草原往往被描述为蛮荒之地，游牧民族经常被赋予"野蛮人"和"掠夺者"的形象。游牧民族对于自身的认识、他们在面对华夏时的策略、他们对华夏的看法，由于视角的问题，被史书长期忽视、误读甚至歪曲了。

"不识庐山真面目,只缘身在此山中",要俯视中华文明的全貌,就要跳出"庐山"观察。

本书试图更为全面地反映中华文明漫长的融合历史,尽量客观地描述中华文明如何从 4 000 多年前星星点点的史前文化据点开端,经过漫长的融合过程,逐渐扩大到元明清时代的规模;大江南北、长城内外不同生产环境里的人们在历史长河中如何接触、互动、交流,共同谱写了文明融合的篇章。

本书所说的"草的世界"(草原文明)是较为广义的概念,包含了北方蒙古草原及其两侧的东北地区和西北地区,或者粗略地说,是长城之外的区域。本书所说的"禾的世界"(华夏文明)同样不止包含了狭义的平原农耕区,而是指长城之内,以农耕平原为主干,囊括了山川河湖的区域。

以清朝鼎盛时期的版图看,北方草原带加上东北地区、西北地区,其面积已经超过了"禾的世界"的面积,如果前者加上青藏高原,二者之间的差距就更大了。虽然在人口和物产上,农耕的"禾的世界"一直拥有明显的优势,但是草原的优势在于以骑兵为主的强大军事力量,这足以使草原与华夏成为对等的两大区域文明,忽视任何一方区域文明的影响力和历史贡献,都无法清晰解释中华文明的发展脉络。

于是,本书探讨的核心主题是,相隔万里的古人们何以超越了不同的自然环境的差异,弥合了"草的世界"与"禾的世界"在政治体制、经济模式、文化传统方面的巨大隔阂,最终形成了大一统的国家。

要明晰这个主题,就不能只从华夏视角观察,或只从草原视角观察,而应该是多视角的。

本书并不是要否定华夏的视角,华夏文明数千年来的辉煌灿烂,已经无须赘言。广阔平原上的农耕经济哺育了众多人口,这一区域的文明早已公认为全球主要的古代文明之一。本书也不是完全从草原的角度来重新书写中华历史,因为从任何单一区域文明的角度来解读古代中国,都只是对作为整体的中华文明的管中窥豹、盲人摸象。本书尝试以更为广阔的视野,从多个视角来观察华夏与草原的历史演进,探查不同区域文明的历史细节,展现各区域文明之间生动的融合过程,特别是对中国历史走向影响巨大的草原文明与华夏文明之间长达数千年的碰撞、互动、融合过程。

本书大体上以4 000多年来的中华文明的演变为主线,从"满天星斗"的史前文化时代一路走过商周秦汉、三国两晋、唐宋元明清,也一路走过匈奴鲜卑、柔然突厥、回鹘契丹、女真蒙古,走到大一统的清朝,及受到全球化强烈冲击的清末民初时期。内容在一定程度上偏向草原文明的视角,主要强调了不同文明如何协调自身,如何呼应对方,如何选择文明的发展方向。

在写作过程中,笔者有着超越自己学识水平的贪天之念,意欲对中华文明融合过程进行一次整体上的简要梳理,不仅从各种区域文明的视角出发,还从多学科的视角出发,因此必然错误多多。希望读者能够原谅笔者的学识短浅,理解笔者所强调的多视角解析文明融合的殷殷之意图。

本书文字上力求通俗有趣,在尊重史实的基础上,深入浅出地讲解中华历史与中华文明,既有丰富的故事性,也有一定的思想性。希望本书对于读者了解中华文明的来龙去脉能够有所帮助。

感谢在此书从酝酿到出版的过程中提供帮助的所有人,特别感谢中信出版社,感谢我的家人,感谢创造了辉煌中华文明的祖先们。

波音

于汗八里/北京

第一章 双峰对峙——草的世界与禾的世界

从"满天星斗"到"月明星稀"

在那久远的上古时代，大陆是广阔的，人烟是稀少的。最早涌现的那批人类文明，就像是宇宙中的繁星一般，散落在凡间广袤的大陆上，彼此相距遥远，交通不便。

当时的人类以狩猎和采集为生，每个族群的人不多。即使到了距今1万年前左右，也就是农业出现之后，在很漫长的一段时间里，人类仍然耕种、狩猎和采集并重，因为早期的农作物产量很低，整个族群靠单一的生产方式是无法存活的。

随着人口数量缓慢增加，大陆上终于出现了一些光彩夺目的早期文化。如果我们穿越回四五千年前的中华大地，会遇到许多繁荣而有趣的文明。

比如在今东北地区南部的辽河流域，有小河沿文化，它可能是承袭了更古老且神秘的红山文化。后人在红山文化遗址发现了祭坛、女神庙和积石冢，还出土了各种精美玉器，其中的玉猪龙被很多人看作中华文明最早的龙的形象。

再比如分布在黄河中下游区域的龙山文化，那里的古人可以制造出轻薄而坚硬的黑陶。更有位于黄河北部山西临汾盆地的陶寺文化，那里拥有规模巨大的城市，人口密集，汇聚了周围各种文化的精华，人们甚至猜测陶寺遗址可能是传说中的"尧都"。

把目光转向南方，辉煌的良渚文化一定会令你惊叹。良渚文化分布在长江下游至钱塘江流域，其中位于太湖流域、总面积约300万平方米的良渚古城，有着水利系统、宫殿、祭坛以及鲜明的城乡体系。在良渚古城中，市民住在类似城墙的环形区域之上，贵族则居住在人工堆砌的土台上，而从事农业生产的农民则居住在古城之外的多个村落中，形成了鲜明的城乡分割。在良渚古城中发现的玉管、玉珠、玉料以及一些制玉工具证实，良渚古城内的居民已经不是农民，而是手工业者。手工业者制作的玉器、漆器、精致的陶器、象牙器以及丝绸集中出土于高阶层人物的墓葬中。良渚遗址的大型墓葬群及里面的精美玉器、土筑高台和祭坛令人叹为观止。

考古学家把这个时期的中华文明状况称为"满天星斗"。

在那个时代，各种绚烂的文化星罗棋布地分布在中华大地，它们之间已经不像是1万多年前地球冰期刚刚结束时那样老死不相往来，而是互相之间有了交流。人们会彼此交换陶器、青铜器、玉器等珍贵物品，把自己的文化传输到遥远的地方。

似乎假以时日，各个地区文化再继续各自发展，人口不断增加，它们也许真的会逐渐融合，形成一个完整的、统一的中华古文明？

接下来竟风云突变，打碎了人们的美好幻想。

在距今4 000—3 500年，从北到南，从东到西，中华大地上的许多古文化突然间消失了。

先让我们顺着长江逆流而上考察一下当时的古文化消失事件。良渚文化于距今5 300年前兴起,在距今4 000多年前衰落了。与良渚文化的衰落时间类似,长江中游的石家河文化的兴盛期为距今4 600—4 000年,长江中上游成都平原上的宝墩文化的兴盛期为距今4 500—4 000年,都在距今约4 000年前衰落了。

接下来,让我们离开长江流域,去看看北方的情况。黄河上游曾经有个齐家文化,畜牧业非常发达,饲养的家畜有猪、羊、狗、牛、马等,尤其是养猪业最为兴旺。齐家文化在制陶、纺织及冶铜业方面也有很大的成就。可惜,发达的齐家文化在距今约3 700年前走向消亡。

此外,更北方的辽河流域的小河沿文化在距今3 500多年前也走向了衰亡。

不约而同地,在这个时期,大量的中华古文化都走向了衰落,古文化的群星变得暗淡了。

就在各古文化走向衰亡的时候,有一处的文化不仅没有衰亡,反而越来越繁荣,这就是以河南为核心的中原地区文化,其代表就是二里头文化。

二里头文化的兴盛年代约在公元前1750—前1530年,从时间范围看属于传说中的夏朝中晚期,二里头文化的分布范围几乎覆盖了整个黄河中游地区。其中河南偃师二里头遗址曾是一座经过缜密规划、布局的大型城市,在那里还发现了大型绿松石龙形器的随葬品,这说明在那时,龙作为图腾形象已经开始确立了。

部分学者认为二里头是夏朝的都城遗址,但是还有一部分学者认为这里的考古发现与商朝的许多特点有关联,可能属于商朝建立之前早期商人的城市，并不是传说中的夏朝的都城或城市。

如果说中华文明曾经在4 000多年前有过"满天星斗"的景象的话，那么接下来的距今3 000多年前的阶段，则是"月明星稀"：华夏文化是一轮耀目的月亮，照亮了当时的文明夜空，而周围的文化相对于华夏，则是光亮较弱的星星，它们中的大部分甚至还达不到数百年前当地文化的发达程度。

这就是早期中华文明的"月明星稀"之谜。衰落的那些文化繁星到底遭受了怎样的变故？

为了解释"月明星稀"之谜，考古学家试图还原那个时期的社会面貌。他们发现了一个有趣的现象：那些走向衰落的南北古文化，衰落前都从相对定居和农耕的生活状态，变成了自由迁徙的生活状态。

原本良渚文化获取肉食主要靠饲养家畜，渔猎活动只是辅助，可是良渚文化衰落之后，当地的一些后起文化反而主要以渔猎的方式获得肉食，家畜饲养变少了。我们知道，家畜饲养代表了定居的文化，渔猎则代表要经常迁徙。

位于黄河上游的齐家文化也有这样的趋势。齐家文化时，养猪业比较发达，养猪代表余粮充足和定居的生活方式，可是后来出现的文化反而不怎么养猪，他们的陶器也比之前的齐家文化小。所以，后来者更容易迁移。

与此同时，辽河流域的古人也放弃了他们的农业聚落，很可能转为游牧生活了。

大量古文化都从定居转向自由迁移，说明在距今约4 000年前，中华大地上出现了一次规模巨大的社会动荡。一般来说，出现这种现象，往往意味着一种外来文明或外来民族突然闯入，引发了许多部落的迁移，涉及广阔的地域。

"月明星稀"现象也许是外来民族带来的大动荡造成的？

外来文明入侵导致迁徙的事例的确古已有之，然而我们现在讨论的是约4 000年前的东亚一片广阔的土地，至少包括了辽河流域、黄河流域、淮河流域和长江流域，真的会有一个古老文明在较短的时间里席卷了如此广袤的东亚大地吗？

不太可能。

而且，外来文明侵略往往会带来本地文化的剧烈变化，会有大量新的文化元素侵入，可是考古学家目前在各地遗址中并未发现文化上有翻天覆地的变化。

真正能够在广袤的大地上"兴风作浪"的因素，可能并不是外来文明，而是气候。只有气候变迁能够影响如此广阔范围内的人类和文化。

然而当考古学家考察古文化衰落时期的气候时，却得到了各种不同的气候变化趋势。比如长江下游的良渚文化在距今约4 000年前走向崩溃，看上去与海平面上升带来的持续洪水有关。那个时期，太湖的水域和森林、草地面积明显扩大了，这说明当地气候变暖，降雨量加大，带来了植被的繁盛和水域的扩大，甚至洪水滔天。

但是对于辽河流域的夏家店文化，看上去却是由于气候变冷导致了古文化衰落。原本辽河流域及其周边分布着许多农业聚落，有石头围起的许多建筑。可是到了距今4 000年左右，这些农业聚落逐渐被遗弃，当地人类活动也日趋减少，这从当时留下的遗迹变少就可看出来。对这种农牧交界区域来说，气候变暖会带来当地农业聚落的繁荣，气候变冷才会让农业聚落萧条下去，这里古文化的衰落显然有气候变冷因素的影响。

如果约4 000年前气候确实发生了明显变化，那到底是变暖了，还是变冷了？

此外，用气候变迁来解释"月明星稀"现象，还必须回答一个关键问题，那就是为什么二里头文化，不仅没有受到这次广泛的气候变迁的打击，反而不断走向繁荣呢？

那个时代的古人甚至还没有发明文字，或者最多只有文字符号的雏形，因此不可能留下当时的气象记录。没有古代文献，要了解约4 000年前的气候变迁，我们只能借助今天的科学技术了。

科学家发现，一些古老湖泊底部沉积了上万年的泥炭层，每个时期的大气降水都会对当时形成的泥炭层中的碳同位素产生影响。所以，通过研究湖泊泥炭层中碳同位素的变化，就可以推测出历史上不同时期的降水量。降水量和气温是气候的两大重要指标，同时降水量的变化和气温也有一定的关联性。

科学家还知道，影响中国东部降水量的主要气象因素，是我们经常在天气预报中听到的一个词语——副热带高压。

副热带高压是地球大气环流的一个重要系统，一般位于地球南北纬30度附近的副热带大洋上空，它对附近区域的水汽、热量的输送和平衡起着重要的作用。其中，西太平洋副热带高压靠近亚洲大陆，对中国东部、朝鲜半岛和日本等东亚地区气候有着重要作用。

不夸张地说，中国东部的气温、降水的变化，主要受西太平洋副热带高压的控制，它也对中国的漫长历史产生了隐秘且至关重要的影响。

具体说来，当西太平洋副热带高压位于偏北方的位置时，北方地区降雨会比正常年份多，而南方地区降雨会比正常年份少；反之，当它处于偏南方的位置时，降雨的情况就是北少南多。所以，我们可以形象地把西太平洋副热带高压称为"东亚雨神"：它偏向某个方向，邻近的大陆就会有更多降水。

科学家根据泥炭中碳同位素数据分析，在距今约4 800—4 200年，也就是中华文明"满天星斗"的时期，"东亚雨神"长期位于偏北方的位置，这一时期，中国的东北地区、华北地区和黄河流域的夏季可能持续多雨，并可能出现洪涝灾害。长江流域的夏季降雨则可能持续偏少，出现相对干旱。这样的降雨分布对中华大地上的早期文明来说，可谓福祸不同。

对东北地区乃至延伸到今内蒙古地区来说，本来正常年份降雨是较少的，降雨增加利于农作物生长和产量提高，对当时的文明来说是好事。而对长江流域来说，本来正常年份降雨是较多的，这个时期降雨有所减少，略微干旱的气候有利于河网密布、沼泽泥泞的长江流域泥土干化，出现更多适合耕种的土地，对那里的文明来说，也是好年景。

相对来说，这个时期黄河流域的人们就较为苦恼了，他们相对靠近北方的纬度位置，加上有一条大河水系在该区域流过，所以降雨增多带来了较多的洪涝灾害，给文明的发展带来了不少麻烦。

以上就是4 000多年前古文明"满天星斗"时的气候分析。简单地说，就是当时的降雨量分布有利于南方和北方文明的生存和发展，对中原文明略不利。

天有不测风云，根据湖底泥炭层分析，距今约4 200年前，东亚大气环流出现了一次重大的调整。"东亚雨神"结束了自己长达约600年的"北居生活"，开始向南移动，转为"南居生活"。请注意，在接下来的约1 600年里，也就是距今约4 200—2 600年，它都将位于偏南方的位置。这段时期大概相当于传说中的夏朝到春秋时期。

于是，在距今4 000年左右的时候，中国东部大陆上的气候，特别是降雨分布发生了重大改变。东北、华北地区和黄河流域由长期降雨偏多转向降雨偏少，而长江流域则降雨偏多起来。

可以想见，东北地区的人们发现生活变得艰难了，降雨减少给他们的旱地农业带来了沉重打击，让他们原始的农耕文明慢慢衰落下去，一部分人被迫向南迁徙，留下的人可能转向了狩猎、采集和游牧生活。而长江流域的人们也发现日子不好过了，降雨太多让他们的家园变成了一片泽国，适合耕种的田地变少，他们以水稻种植为基础的农业遭受了沉重打击，他们不得不离开家园，去别的地方谋生。

风水轮流转，此时黄河流域的人们兴高采烈起来，肆虐当地的洪涝灾害过去了，降雨量也比较适中，利于农业的开展。于是在北方和南方的诸多文明相继遭受重创、逐渐暗淡的时候，黄河流域的文明如同一轮圆月，在中华大地上冉冉升空，文明的光芒照耀着大地。

这就是中国东部地区早期文明从"满天星斗"到"月明星稀"的剧情，这个剧情的主角是气候变迁，是"东亚雨神"的南北移动。

这个剧情版本和真实的人类文明剧情是一致的吗？只能说，用气候变迁来解释"月明星稀"比起外来文明入侵，更有科学依据一些，更靠谱一些。而且我们要知道，越是远古时代，古人的科技水平越低，对抗环境变迁的能力越低，因此古文明受自然环境的制约就越大。在距今约4 000年前的时代，气候变化对古文明的影响，很可能会是决定性的。

不管怎样，在四周古文明相继暗淡的时候，华夏文明的一轮明月升起了。下面，就让我们欣赏一下这轮明月的文化景色。

初升的太阳照向了伊洛河，河水泛起亮色，河北岸的高地也沐浴在清晨的阳光中。这块高地就是二里头，我们正穿越回3 500多年前。

二里头是位于今河南的伊洛河北岸冲积平原最南端的一块高地，四周则是平坦、肥沃的泛滥平原。如果视野放广一点，我们会发现二里头及其周围地区坐落在群山环绕的一块盆地中，盆地的北面是连绵起伏的邙山，南面就是赫赫有名的中岳嵩山。

这是一片安居乐业的土地，但二里头的居民可能并不知道，就在几百年前，这里曾经爆发了汹涌的洪水。洪水并不是二里头局部的现象，在整个黄河中游及其支流，甚至淮河上游都洪水滔滔。我们有理由认为可怕的洪水与"东亚雨神"有关。

这次大洪水事件给当时的仰韶—龙山文化时期的先民以沉重的打击，却也改变了二里头地区的地貌和水文，劫后余生之后，这里变得更适合人类生存，冲积平原土质肥沃，有利于早期农业的开展。

二里头居民种植的农作物中，最多的仍然是土生土长的粟和黍，也就是小米和黄米。但早期居民在农作物品种上是多多益善的，也种植大豆和小麦。大豆在当地的农业生产中始终占有一席之地，种植规模和比例虽然不突出，但相对稳定。这里的居民并不知道，他们当时种植的小麦其实来自遥远的西方，起源于西亚。到了二里头时期，小麦已经变成了中华文明一种重要的农作物。

东亚的二里头种上了原产西亚的小麦，说明远古时期亚洲大陆东西方就已经存在了交流。

有趣的是，二里头还种植水稻这一原产于南方的农作物。这是因为当时二里头地区的气候并不像今天的河南这样干旱。3 500年前，这里的人们生活在较为暖湿的亚热带北缘自然环境下，气温比今天高，降水也比今天丰沛。据估计，当时二里头的年平均气温约为16摄氏度，年降水量在1 000毫米左右。如此暖湿的气候让二里头的平原上分布了相当多的积水洼地，这些地方不适合种植耐旱的粟、黍、麦等，却是种植水稻的理想水田环境。因此在二里头时期，这里水稻的种植面积比此前有所扩大。

粟、黍、麦、豆、稻，古代中国所谓的"五谷"在二里头全都齐了，可以想象二里头秋收的时刻，真可谓五谷丰登。

早期先民的生活当然不会那么惬意，当时各种农作物的亩产量是很低的，为了填饱肚子，他们必须想尽办法获得更多的食物。

二里头文化时期，人们的肉食已经不再主要依靠狩猎，家养的牲畜已经能够提供大量的肉食。比如说家猪，早在二里头文化之前3 000年，野猪就已经在中华大地上经过驯化变成了家猪，但在二里头文化时期，由于农业的发展，先民们有了更多的剩余粮食和残羹冷炙给猪食用，因此家猪的养殖变得很兴旺。

总之，二里头先民的肉食菜谱十分丰富。贝类、鱼类、爬行类、鸟类，只要能获得的肉食，他们来者不拒，当然最主要的食物来源还是哺乳动物，特别是猪、牛、羊这几种家畜，以及野生的梅花鹿。

有了充足的食物，早期文化的繁荣就有了底气。占据天时与地利的二里头文化不愧是中华文明早期文化中的一轮明月。

一座巨大的夯土"城市"傲立在二里头高地上，俯视着周围的平原和河流。这是一座井然有序的大型建筑群，有着纵横交错的大道、方正规矩的宫城，宫城内还排列着多座建筑，具有明显的中轴线格局。

二里头的道路十分宽阔，外围大路最宽处超过了20米，主要建筑之间也有通道相连或相隔，比如考古学家发现，在东西并排的两座大型建筑基址之间，就有宽约3米、长达百米的通道相隔。通道的路面下，还有木结构的排水暗渠。其中一处基址是一座多进院落的组合式建筑，它的南院和中院有多座东西并排的墓葬，而北院发现了有积水迹象的大型池塘遗迹，当年这里也许是一片美丽的宫廷池塘，蛙鸣鱼跃蜻蜓飞。

当时的二里头社会已经是一个阶层井然的社会，在宫城周围特别是宫殿区以东区域，居住着二里头的贵族们。从出土的一些较精美的玉器和陶器，后人可以推断出他们身份高贵。而在这座"城市"的西部和北部，则是一些小型的地面式或半地穴式建筑，在小型墓葬中出土的一些陶器，说明这个区域是二里头一般先民的生活区。

二里头先民不仅忙碌地在田地劳作，在丛林狩猎，他们也在"城市"里辛苦工作着。从宫殿区向南200余米的位置，就是他们的一处重要的工作场所——铸铜作坊，面积竟然达上万平方米左右。二里头遗址的青铜作坊规模大，延续使用时间长，包括了浇铸工场、烘烤陶范的陶窑，展现出当时的铸铜工艺设施已经有较高的专门化水平。这其实并不奇怪，二里头时期属于青铜时代，铜器在那个科技不发达的时代具有非常重要的价值。二里头又不仅仅是一处"城市"，它实际上类似于首都，统治力向外辐射，控制着四周广阔区域，因此二里头有需求也有能力长期维持规模很大的铸铜作坊。

而在宫殿区和铸铜作坊之间，还另有一处作坊，这是绿松石器制作作坊，二里头先民主要在这里制作绿松石管、珠及嵌片之类的装饰品。

铸铜作坊和绿松石作坊应该都有围墙包围着，说明当时对这些重要生产部门的管理较为严格，很可能是由统治阶层直接控制和管理生产。

然而，二里头自身并没有铜矿和绿松石矿。在铸铜作坊里，如今所见都是熔炼渣，说明这里只负责进行青铜的熔炼和铸造工序，而开采矿料和冶炼矿料是在其他地方完成的。至于绿松石矿，可能来自向南几百公里（千米）之外的山区，那里有绿松石矿的矿带。矿石来自远方，也佐证了二里头作为都邑的控制力是很强大的。

对神灵的崇拜，是科学不昌明的远古时代的普遍现象，二里头先民也不例外。在"城市"的中东部，也就是宫殿区的北方和西北方一带，集中分布着一些与宗教祭祀活动有关的建筑和其他遗迹，主要包括一些圆形的地面建筑、长方形的半地穴建筑，以及附属于这些建筑的墓葬。二里头先民可能就是在这些祭祀点，祭拜先祖和神灵。或许他们在参加仪式的时候，会带上精美的绿松石装饰品和光亮的青铜器物，祈祷神灵保佑这片土地和土地上的人民，风调雨顺，人丁兴旺。

从二里头文化的辐射范围看，它已不限于与邻近地域的松散交流，而是大范围地向外扩散。例如，作为二里头文化重要礼器的盉、爵等，在二里头文化的兴盛期，已经到达了距中原相当远的地域：向北发现于燕山南北的夏家店下层文化，向南发现于今四川到今浙江的长江流域一带，向西扩散到黄河上游的今甘肃、今青海一带。

更有意义的现象是，从出土位置上看，二里头传播出去的这些陶器、青铜器，并不是距离二里头越近，出土就越多，这些礼器往往出土在二里头文化扩散的远方，尤其是与其他古文化的交界处附近。

为何会出现这样的一种扩散现象呢？

这是因为，礼器和普通日用陶器的扩散方式是不一样的，礼器的作用是连接了二里头文化涉及的各个地方的中心据点，它们的传播其实是在不同区域的社会上层之间进行的。换句话说，二里头文化在当时已经与南北方广阔区域的族群有着频繁的联系，而且对各地的族群有着重大影响力。

这样的扩散现象揭示出当时的二里头政权的一种策略、一种观念。二里头文化应该不可能有非常强大的军事力量，去远距离征服从燕山南北到长江流域的广大地区，就像我们不认为有外来文明依靠武力制造了"月明星稀"的文化景象一样。但二里头政权显然并不满足于自己这"一亩三分地"的统治区域，而是想在更广阔的天地中拥有影响力。

如何才能把自己的影响力辐射到广阔区域？那就是——文化输出。

二里头政权的确利用自己的文化输出，用原始的礼器和礼制，在文化层面上，在广大地区实现了初步的文化融合。正是看到二里头文化时期广大地区在文化上的融合现象，有些考古学家指出，我们可以把这个时期看作"最早的中国"。此中国并非是疆土的统一体，而是在文化上的趋向统一。

换句话说，在以中原为核心向外辐射的广大区域中，文明的融合首先是从文化上开启的，而不是武力先行。

二里头文化是一种以农耕为主要特征的文化。农耕生产方式是古代先民一种极为重要的谋生手段，本书将把以农耕生产方式为主要谋生手段的地区称作"禾的世界"。在秦汉时代形成了长城以南的广大政权后，我们可以整体上将这片区域称为"华夏"，从整体上看，华夏是以农耕为主要生产方式的地域，属于禾的世界。

距今3 500多年前，北至燕山山脉，南达长江流域，西到今甘肃、青海，东临大海，以中原为核心的"禾的世界"在文化层面上的融合已悄然开启。中华文明融合的重要剧目开演了。

历史贴士·商朝人没听说过夏朝

对夏朝，中国人有特殊的感情，因为根据历史传说，夏朝是中国的第一个朝代，是大禹的儿子启建立的世袭制国家。根据史书推断，如果夏朝真的存在，它的时限在公元前21—前16世纪，可能是多个部落联盟组成的较为松散的国家。

但对考古学家来说，一提起夏朝，却令人伤心。在中国古代史书中被尊为上古第一朝代的夏朝，竟然找不到支持其存在的现实证据。

首先是没有找到夏朝人的文字记录。其次是有关夏朝的各种文献资料的形成年代，基本都比传说中的夏朝晚了好几百年，特别是系统记载夏朝历史的司马迁的《史记·夏本纪》，写作时间更是比传说中的夏朝灭亡的时间都晚了约1 500年。

按照历史研究的一般规则，当时的人叙述当时的事，称为第一手史料，价值是最高的。如果后期的记载与历史事件发生的时间相距过于久远，记载的可信度就大大降低了。

更让人生疑的是，史书上都记载商朝推翻了夏朝，取而代之。那么，商朝人留下了大量的甲骨文记录，这些甲骨文充分证明了商朝是真实存在的。可是，关于改朝换代、光宗耀祖的"推翻夏朝"的重大事件，甲骨文里竟然没有一处提及。更诡异的是，商朝人的甲骨文里连"夏"这个国名或者族群的名字都没有。

虽然商朝人在甲骨文里根本没写夏朝如何如何，但是对商朝建立前的那段岁月还是有记述的，而且特别赞颂了他们的先祖多么多么伟大。这其中就记载有一个叫王亥的商族人首领，甲骨文里尊称他为"高祖"。在司马迁的《史记》里，也提到了商族人的先祖王亥这个人。

更有趣的是，在一本叫作《竹书纪年》的古书中也记录了王亥，而且讲述了一个故事：王亥赶着牲口去做生意，结果被人杀死，他的儿子甲微，也是商族人的先祖之一，向河伯借兵，为自己的父亲报仇雪恨。

《竹书纪年》发现于战国时期魏国君主的墓地，所以躲过了秦始皇征服六国后焚书坑儒的浩劫。这本书的一些记载与《史记》等著作有出入，但是甲骨文发现后，学者们发现《竹书纪年》对商朝国君的次序、名字的记录比《史记》更符合甲骨文记录，因此这本古书的史料价值很高。

如此看来，在汤建立商朝之前，商族人就已经有了一定的文明，而且后人还把一些事迹记录了下来。商朝之前，应该还有许多部落和商族人一起生活在中华大地上，当时的文明程度是很高的，出现一些强大的"方国"也是有可能的。

那么，其中是否有一个非常强大，统治了很大范围的夏方国存在呢？

从商朝甲骨文的记载看，商朝人并没有用"夏"来指代当时任何一个方国，当时的人也没有所谓的朝代的概念，在他们的观念里，天下是由许多类似本国的方国组成的，只是有的强大一点，有的弱一点。商朝人似乎完全不知道有个夏朝存在，但这不代表夏朝就一定不存在。

为排定中国夏商周时期的确切年代，国家于1996年5月16日启动了"夏商周断代工程"项目。2000年11月9日，项目组发表了《夏商周年表》，认为夏商周始年是公元前2070年。但是关于这一说法，国内外学界存在不少争议。

夏朝真的存在吗？随着考古工作不断深入，我们总有一天会找到答案。

商周天下：中国与四方

商朝是中国古代的一个重要的朝代，在夏朝并无确切考古和文字证据的情况下，目前许多国内外学者把商朝看作中国最早的朝代，并认为中华文明从商朝开始，逐渐进入了统一国家的门槛。从时间上看，二里头文化的后期可能已经进入了商朝的时代，两者有所承接。

由于时间过于久远，考古证据不足，围绕商朝这一古代文明，存在许多未解之谜，其中一个有趣的谜团就是：商朝的地盘有多大？

湖北黄陂盘龙城紧邻长江，1974 年，考古学家在这里发现了一个规模很大的商朝遗址。这是一座典型的商朝城市，里面有城邑宫室、奢侈墓葬、手工业遗址等，发掘出来的各种铜器、陶器的风格，与考古学家在郑州附近的商朝都城遗址里的所见相同。

从湖北黄陂到商朝的核心地带即今河南黄河流域，可谓相距千里，如果这里的商朝遗址也在商朝的版图内，那么商朝的疆域之广真是太惊人了，光是从都城向南就扩展了至少千里[①]，更不用说还有北面、西面和东面的疆土了。从这座长江边的商朝城市判断，商朝的疆域似乎很广大。

然而根据周朝初年的文献记载，周武王伐纣灭亡了商朝之后，在原来商朝的王畿区设立"三监"管理，即把商纣王的儿子武庚分封在商朝都城，并将商的王畿区划分为卫、鄘、邶 3 个封区，分别由武王的弟弟管叔、蔡叔、霍叔统治，总称三监，以监视武庚的一举一动。这三监的具体

---

① 里，旧制长度单位，现在 1 里约合 500 米。——编者注

地域范围，大概在今河北中南部、今河南大部，以及今山东局部地区。这个范围就是商朝晚期商王直辖的控制区域了，也就是方圆一二百公里的一片面积不大的区域。由此看来，商朝的疆域似乎又很小。

那么，商朝的地盘到底有多大呢？

有考古学家指出，商朝的王畿区和整个疆域并不是一个概念。根据商朝甲骨文记载，商朝把国土分为"内服"和"外服"，内服就是王畿区，即商王自己直接控制的地区，而外服则是周边臣服于商朝的一些方国。有些学者认为，如果把这些方国也算入商朝的疆域里，那么商朝疆域的确十分广大。

不过从甲骨文记载分析，我们真不能高估了商朝外服的地盘，因为商朝周边那些方国，基本上都没拿商朝当"天朝上国"，它们屡屡与商朝兵戎相见。

就拿商王武丁来说，他在位59年，以武功最为显著，按说那时候商朝不弱了。可是就在武丁的时期，商朝的西北，即今山西一带，居住着几个强大的部落，比如工方、土方和鬼方这几个方国，它们与商朝经常发生激烈的冲突。

在一片甲骨上，记载了这样的事情（大意如此）：有一天，坏消息从西方传来，工方侵入我方领土，掠走75人。另一天，占卜师问，未来10天还平安吗？商王看了卜骨上的裂纹后说，有麻烦，可能会有不幸的事发生。过了几天，果然有坏消息了，土方又攻入我方西部领土，占了我方两个邑。

这些事情就发生在武丁时期，而且在不到一个月内边境频频告急。

为了平定西北方向的威胁，武丁动员了 5 000 名将士，首先选择对土方用兵，还与自己的妻子妇好一起出征，终于擒获土方首领，并使其余部远遁。平定土方的威胁后，武丁转而进攻势力更大的工方。这个部落似乎是游牧民族，向来出没无常，很难寻觅。为了达到打击工方的目的，武丁几乎每次战役都亲自出征。甲骨文中记载，武丁曾多次向祖先占卜询问，究竟应该征集 5 000 人还是 3 000 人进行讨伐。

商朝最大的一次征兵数额记载，是商王带兵万人，加上妇好的 3 000 名将士一起出战。这样的军队规模，已经占了当时商朝总人口的 1/10，几乎可以算是举国作战了。

商朝其他方向上也都是不好惹的主儿。为了稳定国家，武丁曾经大举讨伐南方的荆楚和更靠西北方向的鬼方；妇好带领军队参加过对羌方、土方、巴方和夷的一系列战争。商朝的武装力量主要是宗族武装，兵员来自各宗族，平时从事生产劳动，战争的时候跟随本族首领，在商王的带领下出征。

总的看来，四周这些方国都和商朝是敌对关系，肯定不属于商朝疆域。商朝就算有某些方国"小跟班"，其实力和疆域应该也十分有限。

商朝地处中原地区，从好的方面说是身处四通八达的交通要道，但是从坏的方面说，四面受敌，属于典型的四战之地，国际生存环境太恶劣。商朝的灭亡也归咎于这种糟糕的国际环境。

商朝晚期，威胁主要来自西方和东方。在西方，周人的势力崛起，拉拢各个方国准备向商朝的地盘发展；在东方，夷人势力大增，频频入侵。夷人并不是一个统一的方国，而是分成了许多国家，包括夷方、林方、盂方等，分布在今山东、今安徽等地。早在商朝中期，几任商王就曾经兴兵伐夷。

而到了商朝晚期，商纣王的父亲帝乙在位时，夷人的威胁让帝乙不得不亲自东征。这次出征在甲骨文中有大量记载，商王带领大军，联合了诸侯攸侯喜的军队，用了130多天对夷方和林方作战，然后又花费了同样的时间返回都城。但是显然这次大规模会战并没有解决夷人对商朝的威胁。直到商朝末年，商纣王仍然不得不继续派出重兵，向东南方向的夷人进攻。

公元前1046年，西面的周人趁商朝的大军在东南被夷人牵制，王畿空虚之际，挥兵东进，直逼商都朝歌。商纣王仓促应战，与周人的大军战于牧野。留守商军终因兵力悬殊而被击溃，商纣王败亡后收拾美玉金帛，和娇妻相拥自焚而死。驰骋中原几百年的商朝就此终结。

商朝的灭亡告诉我们，自始至终商朝都处于强敌围绕的尴尬局面，商王控制的区域不会比王畿区大多少。其实商朝人自己也很谦虚，用甲骨文记载战争时，称呼自己为"商方"，意思是本国与其他方国都是平起平坐的，强不到哪里去。

既然商朝的疆域十分有限，那么我们怎么解释长江边上出现的商朝城市盘龙城呢？盘龙城显然是商朝的贵族率领一批人马建造并长期经营的，这个远离商朝疆域范围的孤城肯定负有特殊的使命。

商王们虽然也希望扩大疆土，但毕竟国力有限，把黄河流域和长江流域都融合在自己的版图内，恐怕商王做梦也没这个奢望。他们的现实追求是疆域之内的安定和周边"国际环境"的和睦。有没有事半功倍的方法呢？

正如二里头文化借助文化输出来扩大自身影响力那样，商朝历代君王一定也明白文化输出的重要性。

文化输出就要拿出独特的"文化创意产品"。考古学家经常说，没有青铜就不成商朝。

商朝铸造了大量的青铜器，其中包括重达800多千克的后母戊鼎。商王武丁的妻子妇好的墓中，青铜器共有468件，其中青铜礼器就有200余件。我们后人看到妇好墓的随葬品，觉得大量的青铜器让人目不暇接。那么真正的商王的大墓中，青铜器随葬品该有多么辉煌？虽然现在的历代商王大墓早就被盗，空空如也，但我们可以猜想，历代商王在下葬的时候，青铜器随葬品比起他们妻子的随葬品要档次更高，也更加丰富。

要铸造青铜器，就需要有高质量、大批量的铜矿。商朝疆域内的铜矿远远不能满足铸造青铜器的需要，于是任何有铜矿的地方，就成为商朝人垂涎之处。而长江中游地区，正是铜矿富集的区域，为了获得那里的铜矿，商王必然不惜一切代价。

所以一些考古学家推测，黄陂的商朝城池应该就是商朝为了控制长江中游的铜矿而建立的。通过这座千里之外的城市，商朝人可以获取珍贵的铜矿资源，当然也可以顺便收获长江流域的一些其他资源。

可以想见，商朝人为了控制铜矿和其他资源而建造的孤城不会只有一座。所以除了王畿区外，商朝在广袤的大地上也建设了一些据点，它们大多是为了获取资源而兴建。因此，商朝所谓的"疆域"并不是我们现在理解的国家疆域，商朝的疆域不是一个整块，而是以都城为中心，控制了一小块王畿区，然后四周远近分布着几个或几十个归属于商朝的诸侯据点。这些据点间的空隙地带并不一定听命于商朝，有可能是人烟稀少的"无主之地"，或者控制在与商朝敌对的方国手中。

疏而有漏，这才是商朝疆域的真实情况，这才是商朝的"天下"。

青铜器对于商朝人的国内稳定和国际关系都有至关重要的价值。从国内来说，商朝人祭祀祖先时用来存放和奉献肉类、谷物和酒等祭品的礼器都是青铜制的。没有青铜，祭祀典礼就没法进行，商朝人的社会生活也就乱了套。所以商朝贵族们都将祭祀时最常用而又特别重要、特别宝贵的青铜器，视为圣物世代保存。在这种情况下，青铜制造的"锅碗瓢盆"就不仅仅是宫廷中的奢侈品、点缀品，而是政治权力的必需品。没有青铜器，商朝就不成国家，商王也就无法治理本国。

面对周围的方国，青铜器是商朝"国际外交"的重要文化输出物品。由于青铜器制造技术掌握在商朝人手中，属于一种垄断高科技，通过赐予或者不赐予青铜器，可反映商朝与其他方国之间的亲疏远近，友好或敌对："想要青铜器吗？那就和我们站在同一阵营吧！"

比如，考古学家在今山东济南的老城区附近发现了商朝的墓葬群，出土了一些青铜圆鼎、方鼎，有些青铜器上还带有族徽和铭文。这说明商朝时期济南地区的"据点"与河南安阳商朝"本部"有着密切的关系，商朝很可能是通过拉拢这里的部落，来达到控制遥远的东方大片区域的目的。

商朝不论是疆域还是文化影响力，都要比二里头文化大，甚至在长江流域都建有飞地，但实事求是地说，商朝并没有让广阔区域的族群都认同它的权势和文化。因此，说商朝建立起了真正的朝代，总是感觉很勉强，它只能算是一个正在迈向朝代级别的地区性政权。

中华文明中"天下"概念的初次形成和传播，是周朝时候的事情了。

周朝吞并了商朝的疆土后，把陕西、河南、山西这些远古文明区域整合起来，再通过向四周扩张、建立军事据点的方式，实现了疆土的扩大，以及更大范围的间接统治，同时继续发展和传播礼制文化，在广阔的区域内建立起了思想文化上的统一。

而且，周朝继承了商朝的文字，通过把青铜器赠予各诸侯国乃至周边的政权，使汉字文化圈扩大开来，诸侯至少在名义上接受了周王为天下的共主。所以周朝不仅用军事力量在一定程度上实现了疆土的扩大，也继承了二里头文化乃至商朝的礼制衣钵，用文化力量实现了广阔区域的思想意识上的统一。

为巩固自身的统治，在推翻商朝统治之后，周朝君主还派遣王室成员及其亲密盟友到各处战略要地，建立军事移民据点。最早，这些军事据点的绝大部分都分布在黄河中下游沿岸及太行山脉两侧，后来又扩散到其他地区的战略要冲。这些军事据点的首领被周朝王室授予了不同等级的爵位，爵位及其特权是可以世袭的。慢慢地，许多军事据点逐步扩展成为城邑–国家的形式，也就是所谓的诸侯国。

为了对诸侯国进行控制，周朝的创建者们创立了一套宗法制度。

其中，嫡长子及其一系的后裔称为"大宗"，庶子及其一系的后裔称为"小宗"，因此，所有诸侯均属于周王室的"小宗"。周朝形成了所谓的分封制的国家结构，天子在金字塔的最顶端，下面分封了一些服从天子的诸侯，在诸侯的下面是由诸侯分封的卿大夫，在卿大夫的下面是士。

在宗法制度、分封制度的基础之上，周朝还制定了一套复杂的礼仪体系，规范王公贵族在不同社会场合的举止行动。

到了西周时代，鼎作为等级的标志，出现了列鼎制度。所谓列鼎，是一套形制相同、大小依次递减、数量成单数排列的鼎。据记载，天子用九鼎，诸侯用七鼎，卿大夫用五鼎，士则用三鼎。祭祀时这些铜鼎中都盛放各种肉食。与鼎相配的是盛放饭食的青铜簋，它使用的是偶数组合，也有多少之别。据记载，天子用八簋，诸侯用六簋，卿大夫用四簋，士用二簋。

古书《周礼》将周朝的政治结构描绘成一个以周朝王室为中心的整齐划一的体系，在这种政治模式下，国与国之间紧密相连，井然有序。后世包括孔子在内的大量古代学者都赞美周朝建立的这种礼制社会，认为这是最理想的天下治理模式。

但是，"理想"不等于现实。

回到周朝的前期看一看，与商朝类似，广袤的大地上人口并不多，各个诸侯国的据点之间距离相当远。从管理上说，周朝的前期只是一个十分松散的大联盟，大家虽然依靠青铜器和礼制联系在了一起，但是周王室对于各个诸侯国的控制力仍然是十分微弱的。

不管怎样，周朝毕竟建立起了一个广大区域的松散政治模式，让大量诸侯国名义上团结在了周王室的周围，在思想上融合在一起。因此，如果说商朝只能算是一种朝代的半成品，那么周朝就是名副其实的朝代。即使到了后来的春秋时期，天下大乱，"春秋无义战"，但大小诸侯国名义上还都尊奉周天子为天下共主，给周王一个面子；战国时期，七雄争锋，大国之间或合纵或连横，但许多诸侯国都有与周朝近似的天下观念，认为发动战争的目的是实现自己心目中的天下统一。

那么，商周时期的人们到底是怎么看待"天下"这个概念的呢？

"普天之下，莫非王土，率土之滨，莫非王臣"，这是《诗经》里的名言，似乎在当时人的心目中，"天下"就是天空之下的所有大地。其实，这是后人对于商周时期的"天下"的一种误解，拿后来的认识替代了早期的认识。

在商周人心目中，"天下"是用来区分自己和外界的概念，是区分内与外、"中国"与"四方"的概念。这里所谓的"中国"，在商朝的时候差不多也就是今河南、今山东一带，在周朝前期也没有扩张太多，在"中国"的外部，还有不属于自己的"四方"或"四裔"。在商周人看来，"中国"就是"天下"，范围并不大。

只是到了后来，周朝不断扩张自己的势力，他们的"天下"才逐渐向外扩展开来，一些原本属于"四夷"的地方逐渐进入了"天下"的范围，而这些"四夷"之外的更遥远的区域，变成了新的"四夷"。

周朝"天下"的扩大并不是一帆风顺的，周王室既要有软实力的青铜器，也要有硬实力的军事强权，才能将自己的理想传播到远方。在周朝建立后的很长时间，有一个势力始终不服，并且让周朝吃尽了苦头，这就是活跃在汉水和长江流域的楚国。

楚国早期的历史晦涩难解，大致上人们认为楚国先民不断南迁，最终发展为一个南方大国。楚国君主的一块心病是，在周朝的政治体系中，他们只是子爵，封号太低了，与楚国的强大国力并不相称。第六代楚君熊渠扩张到汉水中游后，说了一句话："我蛮夷也，不与中国之号谥。"

从这句话中人们可以看出，当时周朝的"天下"确实是不包括四方蛮夷的。而熊渠说出这句话，就是表明楚国不愿继续存在于周朝的"天下"体系中了，以后可以自行其是，不需要看周王的脸色。

其实楚国早在西周初期就与灭掉了商的周朝有分庭抗礼的态势。第四位周王即周昭王多次亲率大军征讨楚国，其中大约公元前982年伐楚时，周朝最为精锐的西六师竟然被楚军全部歼灭。周昭王后来在第三次率军伐楚时再次失利，史书记载他"南巡不返"，其实就是暗示周昭王战败身死，据说他是在败逃中淹死在汉水了。

周楚征战给两边带来了深刻的影响。对周来说，征战导致元气大伤，从此之后周朝的武力扩张基本上停止了，只能依靠礼制及青铜器"温柔地"管理各诸侯国，再无凌驾于诸侯国之上的强大军力了。

楚国的桀骜不驯，代表了商周沿袭而来的"天下观"在传播过程中有着颇多阻力。没有"以力服人"的实力，就没有"以礼服人"的底气。客观地看，至少在周朝的前期，还没有哪个政权有实力兼并黄河流域和长江流域两大文明圈。

对楚国来说，从此自信心爆棚，逐渐不把周王室的权威放在眼里，甚至有了平起平坐的态度了。楚国强大起来后，干脆一脚踢开周王，在春秋前期的楚武王时代就自称为王，脱离于周朝的那套礼制之外。公元前704年，第17代楚君熊通荡平邻国，征服江汉平原，又向周天子请求提高封号，再次被拒绝了。熊通大怒说："王不加位，我自尊耳。"于是他自立为楚武王，开诸侯僭号称王之先河。

时至今日，武汉人要表达自己不服气、不甘心的时候，会说"不服周"，这句简单且倔强的话语可能已经从春秋时期开始，流传了两千多年。

当然，楚国"不服周"的态度也并非夜郎自大，而是因为一方面楚国在军事上确实有了问鼎中原的实力，另一方面当时荆楚文化与中原文化虽然迥异，但同样辉煌灿烂。

诸子百家中，老子和庄子的学说应该与楚国关系密切。老子学说源于楚人的思想传统，而庄子在楚国做过官，《庄子》著作里涉及了大量楚地的人和物。在文学上，楚国屈原的《楚辞》绮丽、奇诡、想象丰富，开创了浪漫主义诗歌传统，和《诗经》为代表的中原北方文学的质朴、写实风格区分明显。

还是回到周王室的话题。日渐衰落的周王室经常受到来自周边的挑战，特别是南方的荆楚和北方的少数民族构成了越来越大的军事威胁。终于在公元前771年，犬戎与周的两个诸侯国——申国、缯国联合攻打周朝，洗劫了西周的京城镐京（今陕西西安市西南），周幽王被弑。第二年，平王被迫东迁到东都成周（今河南省洛阳市），东周开始，纷乱的春秋战国也拉开了序幕。

而盘踞在长江流域的楚国国运一直延续到了战国末期，最终通过战争融入了"天下"。秦灭六国，将楚国也纳入了大秦帝国的版图之中。

但楚国的文化其实并没有消失。

比如在取代秦朝的汉朝，楚文化就颇受推崇，如果追究秦末揭竿而起的陈胜、吴广，或者汉朝的创立者刘邦，从地域上看，他们都是楚人。所以《史记》记载，汉高祖刘邦偏爱楚声、楚舞、楚服，他的《大风歌》

也是楚地风格。而刘邦和项羽之间的楚汉相争，本质上是楚人和楚人之间的"内战"。

秦国用军事灭掉了楚国，与中原商周文化长期分庭抗礼的荆楚文化最终与前者合流，长江流域不再只是商朝的盘龙城飞地，或者周朝自欺欺人的分封之地，而是与黄河流域一起融入了同样的天下。商周的天下从整体上实实在在地向南扩大到了长江流域。

从二里头文化开始，到秦朝一统江山，禾的世界持续扩张，终于囊括了包括黄河流域、淮河流域、长江流域在内的广大地区。由于相近的语言、文化也广布于这片地区，因此禾的世界不仅实现了疆域的整合，也在进行着文化上的融合过程。

那么，这段禾的世界的扩张历史，能代表早期中华文明的全貌吗？

答案是不能。因为从宏观的中华文明的视角看，不仅有禾的世界，还有与禾的世界正在并驾齐驱地发展着的另一个世界——草的世界。

历史贴士·商朝灭亡要怪雅利安人吗

武王伐纣的故事尽人皆知，周人在两代明君周文王和周武王的领导下，励精图治，终于推翻了暴虐的商纣王，建立起辉煌的周朝。周人从西向东扩张，消灭了商朝，目的显然不是小说里描写的要教育一下酒池肉林的无道商纣王。如果我们的视野放得更广阔一些，就会发现，周人的向东扩张是与当时世界的大变局息息相关的。

公元前20世纪开始，原来居住在中亚草原地区、属于印欧语系的雅利安人兴起，他们越过今阿富汗和巴基斯坦交界处的兴都库什山脉，向南涌入伊朗高原和印度次大陆西北，并带来了自己的文化和宗教。雅利安人的强势扩张得益于他们最早把铁和马匹用于战争。对当时的古代战争来说，无论战车还是骑兵都可以算是超级武器，所以雅利安人取得了空前的战果。

比如公元前1450年，一批雅利安人驾着马车从中亚草原南下，首先控制了美索不达米亚平原，也就是古巴比伦文明的区域，随后又向西兼并了叙利亚地区，向东兼并了伊朗地区，建立起一个强大的雅利安人国家，史称米坦尼王国，后来这个王国亡于亚述人之手。

从公元前1500—前600年，雅利安人一波又一波地南下，其中一支甚至远征印度河流域，开创了印度文明史上的雅利安时代。

那么东方的中华文明境况如何呢？在公元前1500年左右，雅利安人杀入中亚和伊朗高原，把当地的吐火罗人赶到天山以东，直至黄土高原边缘。而吐火罗人控制了天山山麓和河西走廊一带，迫使当地的游牧族群羌人、戎人向东逃跑。如同一张一张倒下的多米诺骨牌，原本居住在黄土高原西北一带的周人，在羌人和戎人的压迫下，被迫向东、向南拓展生存空间，恰好遭遇盘踞在中原的商人。

商人作战很少使用马和马车，而长期与西北游牧族群打拼的周人却早已学会用马拉战车建立军队。军事技术上的劣势，加上大量商军主力被牵制在更东方的对夷人的战争中，商纣王被周人偷袭得手，武王伐纣大获全胜。如果追溯因果关系，商朝的灭亡和雅利安人扩张有着间接的联系。

获胜的周人自然不会告诉天下人，他们是因为顶不住西方的攻势而向东进发的，这多少有点丢面子。他们编织出了商纣王荒淫暴虐的故事，来标榜自己战争的合法性。

迷雾中的北境

前面所说的"天下"，属于我们所熟悉的教科书中描述的中原早期历史，较为丰富的史书记载让这段历史与文明丰富多彩地呈现在我们面前。但是我们不要因此产生一个错觉，以为在中原的外围，是文明的荒原，是一片蛮荒之地。记载的缺乏不代表中原之外就没有文明，不代表那里的文明就落后。

那么，从中原向北望，又是怎样的一片文明的天空呢？

一座面积400万平方米的巨大石头城曾经矗立在黄土高原北部。陕西神木县的石峁遗址揭露出来一段隐秘的远古往事。

石峁遗址恰好位于北方草原和黄河中下游地区的交汇地带。目前的发掘表明，石峁城址由核心的"皇城台"、内城和外城构成，规模甚至超过了陶寺城址、良渚城址。从石峁遗址中出土的文物，既有大量精美的玉器，也有造型独特的石雕和石刻人像，部分人像头戴异域风格的尖帽子，高鼻深目。

从石峁遗址的延续时间看，大概从4 300年前开始建城，到4 000年前被毁弃。从文明持续的时间段看，符合中华大地"月明星稀"变迁的过程。石峁遗址让人震惊之处在于，它地处北方农牧交错地带，反映了4 000多年前这里曾经出现过一个非常繁荣的古文化，丝毫不逊色于同时代的、地处农耕区的陶寺、良渚等古文化。石峁当年一定有较为丰富的食物来源，农业应该是比较发达的，再辅之以畜牧业等，有了充足的食物才会有大量的人口，有了大量的人口才会有劳动力去兴建巨大的城市。

历史学家必须重新认识这一地带的文明程度。早在4 000多年前，中原文明的北方可能就已经存在着发达的古文明。

而石峁遗址显示出，当年这座城市具有很强大的防御能力。那么，这个神秘的族群要防御的是谁呢？很可能是来自草原的强大势力。

虽然中原的商周文明曾经用狄、戎等有贬义的词汇来称呼北方大地上的族群，但不可否认的事实是，中原文明的北方不仅不是黑暗之地，反而是哺育中原文明的重要区域。如果我们把青铜器看作衡量早期文明先进程度的标志之一，那么北方文明在最初的岁月中，甚至可能曾领先于中原文明。

前面已经多次强调，商周的天下，特别是商朝到周朝前期这段时间，其势力范围仅限于黄河中下游一带。所以在这个时期，与商周文明打交道的"北方"，并不是我们现在认为的内蒙古草原，而是黄河中下游的平原区与内蒙古草原之间的地带，从地形上看，这个地带包含了鄂尔多斯高原、阴山山脉、燕山山脉以及黄河的中上游区域，我们决不能把这部分简单地认为是草原地区，这里更像是许多山间小盆地的集合。这片"北方"其实就是日后修建长城的地区，我们姑且提前称呼这里为"长城地带"。

被群山分割的地理条件决定了长城地带不容易形成一个整体的强大政权，而是会形成诸多部落或小的部落联盟。这就是商朝和周朝前期要面对的北方势力。

西亚从公元前6000年以前就开始使用铜,而在欧洲的巴尔干半岛一带,公元前4000年就已出现双范合铸的铜斧。所以,东亚地区的青铜器和纯铜的冶炼、制造技术,很可能是通过与西方、北方的文化交流,经欧亚大陆传入的。中国的北方和西北地区接触到青铜技术的时间,要比中原地区更早一些。

比如甘肃河西走廊一带曾经有一个四坝文化,年代略早于二里头文化,这个文化的墓葬中出土了一种套管式铜锛,在俄罗斯西伯利亚地区、蒙古肯特省和哈萨克斯坦东部的古代遗址中都曾发现过这种文物。这种锛的较原始的形式也在西伯利亚地区发现了,目前判断是起源于西伯利亚一带。所以,这种铜锛可能是从西方、北方经过新疆、甘肃逐渐传入中原地区的。

不过进入青铜时代后,北方与中原的青铜文明呈现不同的特点。长城地带出土的青铜器主要是兵器、工具、车马器具及装饰器,与中原文明不同的是,这里没有将青铜用于生产大批礼乐器具,而是制作了许多实用的工具、兵器和艺术品。青铜短剑及随身装饰品是这一地带的重要文化标志。

商周时期,中原与西方也有着一定程度的交流,一些商品、技术和习俗在遥远的地区间流动。比如红玛瑙,最早在西亚的两河流域和南亚的印度河流域被人们普遍佩戴,一小部分红玛瑙还通过草原地带被传输到了中国北方。到了西周时期,混用了红玛瑙珠子的复杂挂饰突然出现在中原,主要出土于女性墓葬之中,让考古学家猜测,这些女性也许是少数民族，有可能是通过贵族间的通婚来到西周境内，并把红玛瑙珠子的制作工艺及佩戴习俗也带了过来。

当时对中原地区影响最大的莫过于紧邻的长城地带，它夹在平原与草原之间，从生产方式上也兼具两边特色，既在山间盆地发展农业，也会在山坡上放牧牛羊，从事畜牧业。由于可以较早吸收更北方和更西方的先进军事技术，所以长城地带的部落一度让中原文明寝食难安。

比如，商代的鬼方、西周的犬戎都是驾马御车的部落，战斗力非常强大，犬戎的攻击甚至直接让西周遭受了灭顶之灾。当时周朝内乱，姜姓的申侯联合了西戎中的犬戎部落攻入都城丰镐，周幽王出逃不及被杀，西周就此灭亡。强大的犬戎占据了丰镐，周朝的晋、郑、卫、秦等诸侯不得不组成联军，才赶走犬戎，拥立平王登基，把都城东迁到洛阳地区。周王室倾颓的春秋战国时期开启了，而在驱逐犬戎中获得了地位和地盘的秦，也终于挖到了建立未来霸业的第一桶金，此乃后话。

犬戎直接导致了西周的灭亡，这一事件清楚地告诉人们，长城地带的非中原文明对于中原文明造成了巨大的影响，甚至影响了中原文明的进程。商周的天下体系运转了几百年，最终毁于申侯与犬戎的联军。此后的春秋时期，中原文明中哪个诸侯能够抵御外敌并重整天下体系，哪个诸侯就具有称霸天下的资格，这应该是当时各方诸侯的共识。

正是严重的外部军事威胁，一定程度上塑造了春秋时期的中原文明的形态。

春秋时期，北方长城地带的少数民族依然是中原文明的大麻烦。齐桓公能够率先在春秋乱局中称霸天下，其中的一条理由就是"尊王攘夷"，消除北方戎、狄对中原文明的威胁，令各诸侯国不得不服气。就连孔子也说过："微管仲，吾其披发左衽矣。"意思是说，如果没有管仲让齐国强大起来，抵御了北方少数民族，中原人就会被征服，改变自己的风俗习惯，与少数民族一样披发、前襟向左掩。

但是当中原的战国时代来临，中原文明逐渐形成若干个强大的地域政权后，长城地带散落的部落就开始处于军事劣势了，这些部落成为中原文明兼并的对象。

最典型的莫过于历史上的中山国。中山国的前身是白狄，最早活跃于陕北一带，此后逐渐转战到太行山区，建立国家，甚至走出山区，向东部平原发展，成长为春秋战国时期的"千乘之国"。然而中山国生不逢时，面对的是战国七雄级别的虎狼之师，先是在公元前407年被魏国消灭，中山国残余势力退入太行山中蛰伏30年后再度复国，却又在公元前296年被赵国再次灭国，彻底并入赵国的版图。

和中山国类似，辗转于长城地带的若干北方势力先后被战国七雄中的北方诸强蚕食干净，商周所奠基的天下版图也不断把疆域向北推进。虽然已经没人拿周王室和他们那套礼制当回事了，但中原文明还是随着军事征伐而扩张，最终融合了长城地带的山岭、盆地。

终于，在战国接近尾声的时候，中原文明要直面比长城地带更靠北方的那片一望无际的绿色原野了，那里生活着中原农耕民所不熟悉的草原游牧民。没有了长城地带的缓冲区，禾的世界与草的世界正面遭遇，中华文明最为波澜壮阔的融合史诗即将上演。

欧亚大陆是地球上最大的一块陆地，面积足有5 000多万平方千米。

在这片巨大的陆地中央偏北，横亘着一条绿色的"飘带"，这就是欧亚草原带，游牧民策马驰骋的舞台。

欧亚草原带西起欧洲的多瑙河下游及黑海北岸，向东蔓延，直至中国东北地区的大兴安岭，跨度达到了上万公里。这条草原带的形成，要归因于地理和气候，远离海洋、干旱少雨的温带大陆性气候令土地不适合耕种，却适合草的生长。

从地形上看，可以用山脉将巨大的欧亚草原带由西向东分成三个部分，乌拉尔山以西是一部分，乌拉尔山到阿尔泰山、天山之间是一部分，阿尔泰山、天山以东到大兴安岭之间是另一部分。虽然有山脉相隔，但人们若想在整个草原带东西向迁移，并不是很困难的事情，一方面山脉不是十分险峻，河流不是十分湍急，另一方面山脉中也有可供穿越的通途。整个草原带都是放牧的好地方，人们基本上有着类似的生活方式，就地安家很容易。

从阿尔泰山、天山向东到大兴安岭之间的这部分草原带绵延于中国的北方，对中国历史有着久远的影响，是本书关注的重点区域，与禾的世界相对应，我们可以称这片区域为"草的世界"。

如果更微观地分析，这部分草原带又可以分成若干小的草原带，比如夹在阿尔泰山和天山之间的准噶尔盆地里的北疆草原，以及被今蒙古国南部戈壁南北分割的漠南草原和漠北草原。

此外，由于草原带最东端的大兴安岭并不险峻，翻越大兴安岭后就进入了东北地区，那里是丛林、沼泽、溪流、草甸混杂的世界。由于历史上东北地区与蒙古高原同属于长城以外的世界，为了叙述的方便，本书有时也会把东北地区纳入草的世界去分析，只是读者们要注意，东北地区内部的自然环境更加复杂。

游牧人在草原带迁徙是非常便利和迅捷的，这一点对于我们理解历史现象十分重要。我们可以对比一下南北方向的迁移，比如一个先秦时期的人想从今北京附近迁移到杭州附近，这段距离还不足1500千米，他竟要跨越海河流域、黄河流域（可能还要包括曾经存在的山东境内的济水流域）、淮河流域、长江流域，最后抵达钱塘江流域，路线上都是横向阻拦的河流。而且南北方的气候也不一样，因此植被和作物也就不一样，他要应付不同的情况。

而如果这个人骑马从大兴安岭脚下的草原向西跑1500千米，旅途快捷而轻松，他甚至不需要为马匹准备饲料，随处都是草场。

一句话，南北方向的迁徙路线要比在草原带东西方向迁徙困难多了。

重点来了！迁徙的便利性带来了文化与技术交流的便捷性，在草原带的一端出现的先进技术，可以很快传播到草原带的另一端；欧亚草原带某处兴起的古代文化，也可以迅速地扩张到广阔的草原区域。

这片广阔的草原最开始可能只是人类的狩猎场和采集场，而不是畜牧场。古人类曾在这里猎杀大型动物，采集浆果。驯化大型动物并开始畜牧活动，其实是农业和定居生活出现之后的事情了。考古学家认为，驯养动物需要长时间的试验和长期的技术知识积累，还要为饲养动物提供足够的饲料。要满足这样的驯养条件，人类首先要有足够发达的农业。

因此，农业早于畜牧业出现，并且是后者出现的必要条件。

而一旦一些大型动物，比如马、牛、骆驼驯化成功后，草原就变得非常诱人了，因为这些动物可以作为草原上的运输工具，甚至可以和人类一起并肩作战，不仅让狩猎变得更加有效率，而且还创造出新的生活方式——游牧。最早的游牧人群可能是从绿洲部落中分化出来的，因为绿洲环境恰好有利于农耕与游牧两种生产方式共存。一开始，绿洲部落中的人们既农耕，也畜牧；后来，一部分人专门从事农耕，另一部分人专门从事畜牧；最后，从事畜牧的那部分人完全脱离了绿洲，开始在广阔的草原上游牧，新的生产方式就此出现了。当然，游牧民和农耕民之间还是会互通有无，彼此交换物产。

前面说了这么大段草原特点和游牧起源的事情，是为了更好地解释从春秋战国时期开始，华夏文明逐渐要面对的草原局面。

前面已经提及，在战国晚期，战国七雄中的燕、赵和秦不断向北扩张，将长城地带的部落吞噬后，华夏和草原之间的缓冲地带消失了，中原与草原正式开始直面彼此。

当时的草原族群，可能已经不是长城地带的那些部落似的"软柿子"了。让我们首先跨越今天的国境，深入草原腹地，到俄罗斯联邦图瓦共和国首府克孜勒西北的阿尔赞附近山谷去看一看。

在那里，考古学家发现了距今2 700多年的古代游牧人的王陵，从中发掘出数以千计的金器、铁器、青铜器以及古代纺织品，单是黄金艺术品，就多达4 700多件。墓中出土的兵器都是铁器，这些铁质兵器如短剑、匕首、战斧乃至箭头等都镶嵌着黄金，一共发现约20千克的黄金艺术品。

这个大墓修建的时代，相当于中国的春秋时期。它靠近今俄罗斯和蒙古边境，周围是大片的草原。由此往南偏东，翻越蒙古国的杭爱山和中国内蒙古的阴山，就可以抵达黄河流域。

无独有偶，在中国新疆北部中蒙边界的草原上，有三道湖泊群分布在三处谷地中，当地人称呼这里为三道海子。在这里，考古学家发现了三道海子遗址，有巨型石堆遗址3座、中型4座，小型百余座，以及鹿石和岩画。三道海子的石围石堆，在建构材料、形制布局、主方向的选择上，以及鹿石类型、动物艺术主题等方面，和俄罗斯图瓦阿尔赞王陵非常相似，可能是同一游牧人群的遗存。三道海子各种圆形石堆应该是祭祀遗址，这里是当时的游牧政权在夏季的一处祭祀活动的场所。

阿尔赞大墓和三道海子遗址群所代表的游牧人群，生活在公元前1000年以后的欧亚草原东部。考古学家推测，阿尔赞是这一人群的王族墓地，而三道海子则是他们的夏季祭祀中心。三道海子遗址本身在阿尔泰山海拔3 484米的雪峰之下，早期游牧政权的首领及其核心集团通过在阿尔泰山巅谷地定期举行的礼仪活动，控制着民众与上天、诸神的沟通权力，宣传他们所崇拜的教义和文化，垄断阿尔泰山丰富的黄金、宝石等资源，同时向其统治范围内的次一级首领分配各种资源，不断确认和加强自己统治的合法性，增强不同地区人群之间的认同和凝聚力。

当时的草原进入了铁器时代，人们的生活方式已经进入游牧时代，强大的部落可以依靠骑马来增强自己的军事力量。这样的变化必然带来草原部落的大动荡和大整合，进而形成若干称霸一方的草原政权。

这个位于中国西北方向的草原政权可能并无自己的文字，没有留下关于他们自己的记载。不过，在东西方的古老文献中，与它相关的记载时有出现。在中国古籍《山海经》中有"一目国"的记述,而在古希腊哲学家希罗多德所著的《历史》中,也留下了关于"独目人"的文字。这些看似荒诞不经的记述,都指向了阿尔赞、三道海子一带的古老草原政权。也许所谓的独目,是当时游牧民的一种服装,或者是一种祭祀仪式的装扮。

虽然这个"独目人"草原政权仍然迷雾重重,但从它兴盛的时间看,很可能对东西方的历史产生了深远的影响。"独目人"政权的强盛,可能向西迫使斯基泰人西迁,并影响了古希腊和古波斯的历史进程。而这个政权向东的影响,很可能与前面提到的西周灭亡有一定的关联性。

历史学家从历史文献中发现,在公元前7世纪中叶,华夏的北部边境突然受到了迅速增强的外族入侵压力,比如赤狄、白狄和山戎等族群更加频繁地骚扰边境。他们为何对华夏突然发难?

也许正是因为草原深处出现了一个或若干个强大的政权,并且向四方扩张,给了草原边缘地带的部落非常大的压力,中国河西走廊以及长城地带的部落政权不得不向东、向南寻找生存空间,于是出现了文献中记载的频频入侵华夏的事件,西周可能就是这一趋势的牺牲品。

《诗经·采薇》中写道:"采薇采薇,薇亦作止。曰归曰归,岁亦莫止。靡室靡家,猃狁之故。不遑启居,猃狁之故。"学者考证,这首诗描写的应该是西周晚期周宣王抵御外敌之一猃狁的情形,士兵们抱怨自己一年到头回不了家,无法照顾妻儿。

猃狁的威胁如此之大,以至当时很多青铜铭文都记录了与猃狁作战的场景。比如在多友鼎铭文中记载,周军在一次战役中俘获了猃狁的100多辆战车,但猃狁实力犹存,仍然与周军多次作战。如此强悍的部落让学者们怀疑，猃狁这个部落可能有草原背景。

而考古发现告诉人们，至少在公元前7世纪，草原上就已经存在强大而富裕的国家政权了，铁制武器和马拉战车让草原政权如虎添翼。草原政权兴起，甚至可能早就对中国历史产生了间接的影响。

或许华夏与草原之间的联系，早在两边的人们直接相对之前很久，就以一种"隔山打牛"的方式开始了。西周的灭亡可能就是一例。

春秋战国时期，晋国以及之后的赵国是与草原政权距离最近、接触最频繁的势力。史书记载，公元前5世纪的时候，晋国的赵襄子就"并戎取代，以攘诸胡"。这几个字十分简洁地描写了华夏诸强吞并长城地带的部落后，面对草原政权的发展过程。

"诸胡"这两个字耐人寻味，"胡"显然不是指长城地带的那些亦农亦牧的部落，而是指生活在草原上的骑射族群。而且在赵襄子时期，"诸胡"并不是一个统一的族群，而是分成若干族群，当时汉族人统称这些自身刚刚遭遇的草原族群为胡人。也许紧邻长城地带的草原上，还没有形成阿尔赞一带那样强大的草原政权。所以赵国面对的草原政权还不算太可怕。

在汉族人笔下，胡人逐水草而居，他们畜养动物，骑马作战，擅长射箭。

赵国与草原政权直面相对，给赵国与战国诸强的争锋带来了有趣的变化。曾经的赵国，除了要与华夏各诸侯国抗衡外，其东北方有东胡，北方有匈奴，西北方有楼烦和林胡，可谓强敌环伺。为了富国强兵，赵武灵王积极吸收草原政权的先进军事技术，提倡"胡服骑射"，让赵国一跃成为七雄之中仅次于秦国的第二强国，不仅灭掉了卧榻之侧的中山国，还向北扩张领土，最大限度地把草原诸胡向北逼退。

如果我们要说华夏与草原之间的融合，那么赵国无疑是两大世界融合的先驱，把草原的军事优势与华夏的农耕优势初步结合在了一起，甚至在文化上也尝试着融合。

然而，武装起来的草原诸胡已经不是过去的"吴下阿蒙"，善于学习的赵国可以击退对手，甚至向北深入，却无法彻底消灭对手，特别是逐渐强大起来的匈奴。到了战国后期，强大的赵国不得不派出精兵良将来守卫北部边境，比如位列战国四大名将的李牧就曾率领大批赵军与匈奴、林胡、东胡长期作战。来自北方草原的军事牵制，严重削弱了赵国与战国七雄中其他国家作战的能力。

相对来说，从中原逐鹿的视角看，战国时期的秦国、齐国、楚国的背后并没有草原诸胡这样强大的对手，至少不像赵国那样直面如此多的草原对手，算是它们的运气。

面对越来越强的北境边患，地处北方的战国三雄——秦国、赵国、燕国花费了大量的精力，修筑了各自的长城，来抵御草原骑兵的侵扰。它们不惜成本地修筑长城，无声地向后人证明：胡人的威胁真的很大。

白登山前后：两个世界的战与和

分处长城两侧的草原和华夏，似乎正在进行一场整合的军事竞赛，到底是草原上的"诸胡"率先实现整合，形成一个统一的草原帝国，面南背北，俯视华夏呢，还是战国七雄率先完成整合，形成一个统一的华夏王朝，君临天下，傲视北境呢？

"六王毕，四海一"，秦国领先一步，完成了统一华夏文明圈的重任，变成了秦朝。

秦始皇根本没有喘息的时间，他必须立刻解决实力不断增强的胡人的威胁，尤其是卧榻之侧的强敌——匈奴。

大将蒙恬在攻破了六国中最后一国——齐国之后，立刻领取了向北攻击的新任务，带领30万大军攻向河套地区，也就是黄河的"几字弯"位置。虽然今内蒙古河套地区较为干旱，甚至还分布着毛乌素沙漠和库布齐沙漠，但是在秦朝的时候，那里是丰美的草原地带，不论对于匈奴还是秦朝，都是一块肥肉。匈奴人一度占据了河套地区，与秦都咸阳相距不远，对秦朝的威胁极大。

而如果秦朝占领了河套地区，就能够拥有一大片牧场，骑兵所需的马匹将有粮草保障。战国时期，战车已经逐步退出了军事舞台，代之以灵活机动的骑兵和组织严密的步兵。从那时起的中国整个冷兵器时代，骑兵都是北方争霸战中的决定性军事力量。

当时尚未统一整个草原的匈奴还不是蒙恬大军的对手。挟歼灭六国的余威，秦军顺利拿下了河套地区，匈奴首领头曼单于只能带着部众向北退却，避让秦军兵锋。然后蒙恬将昔日秦国、赵国、燕国修筑的长城连成一线，构筑起一条绵延万里的防御工事，把包括匈奴在内的各个草原政权挡在华夏王朝的外面。

如前所述，骑兵在草原上飞驰是很方便的，匈奴可以很容易集结起自己的骑兵，在河套地区与秦朝作战。反观秦朝，要从中原地区把步兵军队调集到河套地区就比较困难了。为了消除调动军队的缺陷，在继万里长城之后，秦始皇又高瞻远瞩地下令修建了一条秦直道。秦直道从秦都咸阳城附近的甘泉宫出发，向北一直延伸到今包头市西南的九原县，穿越整个鄂尔多斯地区，抵达河套地区的边境线。修筑秦直道就为了方便调动军队，威慑和打击匈奴。一旦塞外有事，浩浩荡荡的秦朝大军便可以从都城咸阳城附近整军前进，直达边塞。

其实，这条通往北部边境的秦直道，只是秦朝建设的交通网络的一条而已。秦朝以都城咸阳城为中心，向外辐射，修建了大量叫作驰道的国家级道路，把都城和天下其他郡连接起来。根据文献记载，秦朝统一天下的第二年，也就是公元前220年，驰道就已经连接了东方的燕、齐，南方的吴、楚，而且一直通到了沿海地区。驰道有固定的宽度，沿途还种植了青松，道路外侧用铁锤夯实。

秦始皇坐着马车五次巡游天下，就是行走在这些沟通了全国的驰道上的。所以，大秦帝国并不只有防御外敌的万里长城，它还有四通八达的交通网络。

帝国是什么？帝国就是交通！

庞大的帝国必然有庞大的交通网络做支撑，如此才能快速调集军队，维系疆土；如此才能让中央的政令通畅地抵达国家的每一个角落，号令四方；如此才能让商人便捷地贩卖天下货物，促进经济发展。

长城两侧，草原与华夏的这场整合竞赛中，华夏率先撞线，统一天下的秦朝面对北方草原上尚未统一起来的各个游牧政权，拥有强大的国力优势，以万里长城和秦直道为骨干的北方防御工事看上去固若金汤。这样的局面如果持续下去，草原游牧政权只有被动挨打的份儿。

可惜，竞赛才刚刚进行了第一轮，后面还有许多轮呢。

当时的草原上，政权格局是这样的：月氏、匈奴、东胡在长城地带以北的草原上从西到东依次排列，这几个草原政权很可能在秦朝统一华夏之前就已经形成了。当然在它们身后的更北方的草原深处，很可能还有其他一些草原政权存在，只是与战国七雄不接壤，缺乏相关史料。

匈奴地处华夏正北方，是首当其冲受到秦朝正面打击的一方。在蒙恬大军的压迫下，匈奴丧失了原本属于他们的河套地区的大片牧场，国力大损。按照司马迁的《史记》的说法："东胡强而月氏盛"，不仅长城南面的秦朝惹不起，匈奴两侧的东胡和月氏的实力也隐隐凌驾于匈奴之上。

就在匈奴政权岌岌可危之时，迎来了一位草原雄主，彻底改变了草原乃至于东亚的政治格局。

他就是冒顿。《史记》对冒顿登场的描写，犹如一位盖世英雄下凡。冒顿本是匈奴的太子，但是他的父亲头曼单于不喜欢他，把他送到月氏当人质，然后又率兵攻打月氏，希望月氏迁怒冒顿，将他杀死，好让小儿子成为太子，此举真是令人怀疑头曼单于是不是冒顿的亲爹。没想到冒顿逃回了匈奴，头曼单于只好不情愿地给他一个万骑统领当。万骑是匈奴的军事单位，匈奴号称有24个万骑。有了自己的队伍后，冒顿培养起一支忠于自己的力量，杀死自己的父亲和一干兄弟，自立为单于。

此后冒顿东征西讨，向东消灭了东胡。《史记》对此有非常文学化的描述，东胡轻慢冒顿，依次向匈奴索取名驹、美女和土地，冒顿视名驹和美女为无物，都送给了东胡。在放松警惕的东胡再次索取土地时，冒顿奋起反抗，率领早已怒火中烧的匈奴将士，突然发动袭击，一举击破东胡，杀死东胡王。

然后，冒顿向西赶跑了月氏；向北降服了浑庾、屈射、丁零、鬲昆、薪犁等一大帮草原政权；向南吞并了楼烦，甚至趁机夺回了被蒙恬大军侵占的河套地区。至此，莫顿统治下的匈奴基本上完成了北方草原的统一，号称"控弦之士三十余万"。

冒顿能够在草原上纵横驰骋，毫无顾忌地东征西讨，一个很重要的原因是，来自华夏的压力短暂地消失了。曾经让匈奴望风而逃的秦朝在秦始皇死后天下大乱，根本无暇关注草原上发生了什么。

从时间上看，秦始皇死于公元前210年，而冒顿刚好在此后一年，即公元前209年杀父自立，启动了自己的草原霸业。华夏大乱给了匈奴短暂而宝贵的历史机遇，虽然只有那么几年的时间，刚好让冒顿抓住了。

在草原与华夏的整合竞赛中，胜利的天平开始向草原一方倾斜。短短的几年时间，冒顿就基本统一了整个北方草原，而华夏的汉王刘邦与楚霸王项羽还在殊死搏斗。公元前202年，刘邦终于击败了项羽，建立了汉朝，定都长安。经过短暂的乱局后，长城之南的华夏终于再度统一了。然而秦末华夏这短暂的乱局竟然是如此致命，刚扳倒宿敌的刘邦立刻就感受到了凛冽的北境"胡风"。

关于北方草原为何在秦并六国之后很快也出现了整合，有很多解释。比如，有学者认为，正是华夏的大整合促进了草原的大整合。秦国吞并了六国后，以万里长城的形式划定了农耕世界和游牧世界的边界，秦朝给草原的威胁迫使草原各个政权为了谋求生存而趋于整合。

这样的观点本质上是一种华夏本位的视角，认为是华夏主导了自身和草原的政治格局。可是从时间上看，冒顿统一草原的进程恰好是在秦末大乱的时候突飞猛进的，并不是在秦朝作为统一的政权向北施压的时候。

其实，草原多个政权自古以来就相互掠夺和征战，正如春秋战国时期各个诸侯国之间的关系。不论是草的世界还是禾的世界，都经历了长时间的、群雄并起的战国时代，各个政权都致力于军备竞赛，全力加强自己的军事力量，与敌人生死相搏。从春秋到战国，华夏的战争越来越频繁，战争规模也越来越大。几乎可以肯定的是，当时草原上的情景也是一样的，史书所记载的匈奴攻破月氏和东胡的事件，同样是规模很大的战争。

炽热的战争火焰最终会烘焙出统一的帝国。所以，华夏和草原在相距不太长的时间内先后整合，形成统一的政权，这虽然有点巧合，但也是当时的历史趋势造成的。

如果一定要找出关键性的因素，推动甚至决定了这种整合的趋势，那么人口密度的增加应该是要考虑的因素之一。粟、麦、稻等农作物的广泛种植，激发了中原以及长江流域人口的增长，各个区域政权有了足够的人力、物力，来组建庞大的军队，与邻国争夺霸权。关于草原上的食物与人口情况，虽然史料匮乏，但各种生活技术和工具的出现和普及，也一定使草原上生活的人口变多了。至少，游牧技术的不断成熟、放牧的畜群规模和数量的增加，会养育更多的游牧民，于是草原政权也有了大整合的物质和人口基础。

草原自古以来的战国时代终结于匈奴，终结于冒顿，正如华夏的战国时代终结于秦朝，终结于嬴政。至此，草的世界与禾的世界都基本完成了整合大业，并立于东亚的舞台上。走出纷乱的战国时代，双峰对峙，草的世界与禾的世界会发生怎样的碰撞呢？

长安城内，皇帝宝座还没有坐热乎的汉高祖刘邦接到了糟糕的消息，北部的韩王信反叛，伙同匈奴大军南攻而来，已经逼近晋阳。刘邦不得不集结军队，向北迎击匈奴的入侵。

冒顿和刘邦，分别统一了草原和华夏的两大雄主，终于迎来了在战场上直面彼此的历史时刻。

公元前200年秋，平城之战爆发，平城在今山西省大同附近。刘邦的北上大军先后击败韩王信和匈奴左右贤王的几支人马，刘邦率领先头骑兵部队进入平城。也许是初战告捷让刘邦麻痹大意，不等大批步兵赶到平城，他就马不停蹄地率领骑兵向北追击。结果迎头遇到了冒顿率领的匈奴主力大军，被团团包围在白登山上。

按照史书记载，汉高祖被围白登山整整七天七夜，依靠重礼贿赂阏氏（冒顿的妻子），通过阏氏游说冒顿，让包围圈打开了一个口子，被围汉军才从白登山脱险而出。两大雄主的平城之战，以汉高祖狼狈逃跑而结束。

但今天的历史学家对于史书所载的白登之围的许多细节颇有怀疑。比如双方投入的军力，史书所载冒顿率领40万骑兵，而刘邦率领马步军总计32万，感觉双方兵力过于夸大，尤其是匈奴方面的。再比如贿赂阏氏脱逃的情节，更像是戏说而不符合常理。所以，历史学家推测，围绕平城之战出现的许多细节疑点，与西汉前期主战派和主和派之间的矛盾有关，司马迁等人在写史书的时候，更多受到了主和派的影响，夸大了对匈奴作战带来的不利后果。

顺便说一句，西汉前期的主战派与主和派之争，其实和勇气、气节并无太大关系，两派人士主要考虑的都是自己在国内的利益，战争意味着国家资源向备战倾斜，有人获益，也有人受损。

对于白登之围，更符合逻辑的推断是什么呢？根据史料记载，冒顿率领匈奴主力从战场撤退后，平城城下有小部分匈奴军队未能及时北撤，反而被赶来的汉军主力包围并歼灭；韩王信的地盘也被汉军悉数收回。所以，平城之战从结果看，绝对不是汉朝的失败。因此回想白登山解围，更大的可能性是汉军据险而守，匈奴围攻未果。攻坚战也并非匈奴骑兵所长，在汉军主力不断逼近，自己的援军迟迟不至的情况下，冒顿主动选择了放弃包围，避免与汉军主力决战，见好就收。这也说明冒顿的军力与汉军主力相比，并不占优势。

双方都有所顾忌，于是平城之战就这么草草收场了。抛开胜负得失不谈，平城之战具有十分深远的历史意义。统一的华夏王朝遭遇了和自己分量相当，甚至军事力量还优于自己的草原对手。如何与北方草原上的强悍对手打交道，成为接下来1 000多年里华夏王朝的大事，甚至是头等大事。反过来讲，草原帝国如何面对南面人口众多、物产丰富的华夏王朝，也是其要考虑的重要外交关系，甚至是头等外交关系。

双方白登山的这次激烈碰撞，正式掀开了草的世界与禾的世界从接触到融合的漫长历史篇章。

让我们首先来看汉朝面对草原的策略选择。白登之围后，汉朝一度选择了和亲献贡的方式，与匈奴维持和平状态。

刘邦派遣刘敬到匈奴商定和亲之约，主要条款是汉朝把公主嫁给匈奴单于；两军罢战，两国约为兄弟，以长城为界；汉朝每年给匈奴各种织物、粮食，匈奴保证不再侵扰；双方开展一些边境贸易活动。

汉朝采取的这种"给人给物"的外交策略，显然是慑于匈奴骑兵强大军威的理性选择，毕竟汉朝初年的国力，还无法与统一草原的匈奴抗衡。而冒顿时期匈奴实力极强，其统治区域东起辽河流域，西到葱岭（今帕米尔高原一带），北抵贝加尔湖，南接长城与汉朝分庭抗礼。

从汉高祖开始的和亲献贡政策成了汉朝初期的惯例，在汉朝和匈奴出现统治者变更的时候，就会有一位汉朝公主被送到匈奴和亲，以确保两个大国之间的盟约继续有效。比如，在汉惠帝继位不久，第二个和亲公主就在公元前192年送到冒顿那里，汉文帝和汉景帝也都延续了这一政策。

白登山之后，汉朝为安抚匈奴，恢复生产，休养生息，一方面通过"和亲"政策给人、给物，维系与匈奴"中央政府"——龙庭的关系；另一方面还开放边市，允许边境贸易。

汉朝和匈奴之间出现了几十年的相对和平期，再没有发生大规模的战争。互通关市使得双方接触更加频繁，甚至出现"匈奴自单于以下皆亲汉，往来长城下"的盛况。当时汉匈之间交往频繁，交换的种类和数量繁多，包括铁器、铜器、马具、黄金、服饰、丝织品等各种物资。交易让汉朝和匈奴都获益了，对匈奴的价值更大。

但是，汉朝和匈奴之间还是出了些麻烦。在汉朝看来，通过和亲与纳贡，给了匈奴龙庭（匈奴中央政府）大量的物资，属于花钱买和平的策略。可是这种策略却不能完全奏效，匈奴方面总是会有一些小股人马时不时地南下劫掠，似乎完全不理会汉朝已经支付了很多的物资。这让汉朝很愤怒，认为匈奴人背信弃义，贪得无厌。

为什么汉朝方面的和亲献贡策略会时不时地失效呢？这个策略到底出了什么问题？

与其指责匈奴单于和其部下的人品、道德，不如深入地了解一下匈奴这个草原帝国的国情，也许我们就能够找出和亲失效的原因了。

冒顿要管理的是非常广阔的国土，国土以辽阔的草原为主体。他把匈奴的疆域主要分为东、中、西三个大的部分进行管理。中央是龙庭，也就是单于庭，由单于自己直辖。东西两边分别是左贤王和右贤王管理的区域。单于庭南边对着汉朝的代郡和云中郡。左贤王庭是匈奴的东部地方政府，统治区域东接濊貊和朝鲜，南界接汉朝的上谷郡。右贤王庭属于匈奴的西部地方政府，管辖区域南到汉朝的上郡，西部直抵月氏和氐、羌各部落。

按照匈奴习俗，通常情况下，单于以下以左贤王的地位最高且最尊贵。左贤王不一定都能成为单于，他只是单于的第一顺位人，也就是说相对于同为单于兄弟或子孙、具有继承权的右贤王和左右谷蠡王而言，左贤王成为单于的可能性最大。

这种"三翼"的制度可能在冒顿时代之前就在草原上施行了，范围则可大可小，一直被此后的各个草原政权采用，管辖广袤的草原和各部落。管中窥豹，从三翼制度我们可以发现草原帝国的重大秘密，即它们实际上都是松散的部落联合体。

观察草原政权最微观的结构——家庭，可以帮助我们理解匈奴帝国政治结构的由来。在草原游牧民中，一个大家庭往往由数代有着血缘关系的男性亲属组成，并由辈分高的家庭的年长男性所领导。

男性在成年结婚后，一般会向大家长索要一些牲畜，作为自己的财产，也是自己养活家庭的工具。不过他并不会远离自己的父辈和兄弟们，而是仍然和大家一起生活，放牧牛羊。因为对一个独立的家庭来说，理想状况是男人管理畜群，女人管理蒙古包，但是在草原艰苦的自然环境中，一个家庭是很难完全自食其力的，需要更多的家庭通力配合。于是，有血缘关系的许多家庭组成大家庭，共同放牧大家的畜群，以及协力完成其他事情。许多邻近的大家庭就构成了一个部落，部落甚至可以拥有一定的战斗力。

在古代，部落贵族可能会有几个妻子，但是每位妻子会有属于自己的蒙古包，打理蒙古包中的日常生活，养育儿女。所以在草原上，女性也有自己的权威，甚至有一定的财产权，当然她们在生活中也扮演着很重要的公众角色，有时会影响男人的决策。

草原上，人口密度比平原小，地广人稀，而且人口总是处于不停的流动之中，牧民们分成无数个小的族群，在一定范围内进行有规律的游牧。即使到了今天，一些游牧群体仍然会有夏季营地和冬季营地，然后按照季节在营地之间的草原上有规律地迁移和放牧。这是因为如果固定在一个地点放牧，牲畜最终会把那里的草全部啃光，连草根都不剩，草原会出现荒漠化，不再适宜放牧。有规律地游牧，一方面保证了牲畜的活力和草料，另一方面也维护了广阔草原的生态环境。

松散的族群、游牧的生产方式，决定了匈奴的国家治理方式和华夏区域截然不同。

在冒顿的国度中，龙庭、左右王庭管辖的区域里，有着大大小小的族群在不断地迁徙、放牧，他们认同单于是自己的最高首领，但单于无法直接控制某一个小的族群，他需要通过控制某个大的王，间接控制小的王，把自己的命令一层层传下去，最后抵达一个具体的族群。而且，由于游牧经济的特殊性，不论是单于的龙庭，还是大小王的营地或者某个族群的营地，总是在不断的迁移之中。

所以单于迁移到什么地方，什么地方就可以被称为龙庭。和华夏采用固定的都城截然不同，龙庭的位置是可变的。汉朝使者前往匈奴的时候，曾经困惑于龙庭好像并不在一个固定的地点。

单于和龙庭在移动，他所管理的大小部落也在四季迁徙中。很多时候，单于真的不清楚某个族群当前具体在哪里，他们在干什么。这不仅对于单于的统治有点麻烦，对汉朝来说，麻烦更大。

匈奴单于要维系庞大的松散联合体，除了自己部落有足够强大的军事实力，可以镇得住场子外，更为重要的是，还要能给整个草原的各个部落带来经济利益，这才是草原帝国长治久安的关键。

华夏王朝的运转建立在对广大民众征收赋税之上。农民上缴粮食或其他有价值的东西，或者提供劳役，商人上缴钱或其他重要商品，中央政府将这些东西收集起来，维持王朝的日常开销。草原政权虽然也可以向各个部落收税，但由于人口少，人员流动性大，因此草原政权的中央财政是完全不能与华夏王朝相比的。于是，虽然单于直辖的部落是整个草原最强有力的一支，但单于并不能直接统领所有部落，他只能依靠血缘关系的亲疏远近，建立起草原政权的政治结构。一个草原帝国的权力结构，其实和草原上一个大家庭的权力结构类似。

如果一位贪婪的单于试图从其他部落那里征收更多的牲畜，他会发现他的财富积累也是不可持续的。草原上自然灾害频发，暴风雪、疾病甚至突然的袭击就会让他的牲畜财产损失大半。牲畜和它们的附带产品往往只能当年享用，除了毛皮可以留存较长时间外，其他畜牧产品比如肉、奶并不能长期积累起来。

更麻烦的是，如果其他部落觉得单于对自己的压迫太严重了，他们可以逃跑，而且真的能够逃掉。相反，华夏农民被严格地限定在自己的耕地上，农民逃跑意味着失去自己赖以生存的土地，意味着可能要饿死。但是草原上的政权管理是松散的，游牧民可以赶着自己的牲畜跑到很远的地方，离开单于的监控继续生活，而单于很难制止这种逃跑行为。

为了维持自己作为权力结构中心的地位，单于除了依靠自己部落的强大战斗力之外，必须想方设法靠经济利益来"拉拢"各个部落的首领，让他们愿意跟随自己。正如共同放牧的几个小家庭既有自己的畜群，也共同拥有一些大家庭的公共资源那样，单于也需要为自己的"匈奴大家庭"提供维系各个部落的公共资源。

具体来说，游牧民的草原生活是比较艰苦的，虽然毛皮、肉食、奶制品丰富，但是其他物资十分匮乏，比如盐、谷物、纺织品这些至关重要的物资。因此，草的世界比禾的世界更需要外界的物产，来改善生活质量。

而要获得外界的物产，不外乎两种方式，其一是通过商品交易，游牧民与周边族群做生意获得自己需要的物产；其二是依靠掠夺，也包括通过军事威胁获取贡品。

谁能给大家提供源源不断的外界物产，谁就有资格统治整个草原帝国。冒顿单于做到了，他之后的几任单于也做到了。即使和之后出现的几个草原帝国相比，匈奴统治草原的时间也算是很漫长了。匈奴帝国在最初的 250 年中，完全统治着草原。而在超过 500 年的时间内，匈奴都是草原上最强悍的势力。

匈奴帝国的稳定与单于能够有效地从外部获取物产，让主要部落能够获益有直接的关系。而外部世界最重要的国家，莫过于草原正南方的汉朝。说得直白一些，从汉朝获得足够的物产，是匈奴帝国保持稳定的关键。

草原政权对于军事敲诈十分在行，我们甚至可以猜测，早在冒顿统一整个草原之前的草原战国时代，各个部落之间就已经在频频上演军事敲诈了，一个能够从其他部落中掠夺或敲诈到财物的首领，会受到族人的拥戴。史书记载东胡向羽翼未丰的冒顿频繁索要财物、美女和土地，就是军事敲诈的典型案例。而冒顿建立起庞大的匈奴帝国后，面对汉朝和周边其他政权，自然而然地也把这种草原模式移植过来，奉行军事敲诈的政策。

但是，汉朝与匈奴之前吞并的草原其他部落明显不同。汉朝国力更为强大，匈奴可以向南侵扰，却无法吞掉汉朝。而且，汉朝与匈奴是长城南北两大世界初次直面相对，匈奴并不熟悉农耕地区的管理模式，反之汉朝也不熟悉游牧地区的管理模式，两边也都缺乏了解另一个世界的人才。

所以，匈奴无意吞掉汉朝，只要汉朝能够提供贡品，匈奴甚至会希望汉朝的统治最好保持稳定,不要出乱子,影响贡品的输送。

除了军事敲诈之外,匈奴当然也会利用正常的贸易来获得自己无法生产的物产。比如冒顿的儿子老上单于统治匈奴期间,在与汉朝的和亲协定中,引入了有关边境贸易的条款。这个条款给普通匈奴人带来了与华夏互通有无的贸易利益,毕竟普通匈奴人的部落、家族级别太低,是不可能从汉朝给单于的贡品中瓜分到什么的。

冒顿及之后的几任单于期间,匈奴除了与汉族人进行商品交换外,与其他的北方各族及西域诸国也有贸易往来。

冒顿时期,匈奴基本控制了西域,完全垄断了汉朝与西域之间的交通路线。西域诸国乃至中亚的安息都喜欢汉朝的丝绸、茶叶、瓷器等,但由于交通路线为匈奴所阻,不能直接与汉朝进行交易,所以就只得依赖匈奴做中间人。如此一来,匈奴不仅能从中获得较大的利益,还能满足自己对于一些必需品的需求。这种转手贸易模式,我们会在后面的草原政权中频频看到。

了解了匈奴帝国的国情,我们就可以分析汉朝的和亲献贡策略为什么屡屡失效了。

前面已经点明,匈奴其实是一个庞大的、松散的部落联合体。汉朝送给匈奴龙庭的那些贡品,基本上由匈奴单于先分配给龙庭内部享用了,最多再分配给握有大权的左贤王庭和右贤王庭一些,再往下的那些小部落,根本分不到一杯羹。

对那些小部落来说,生活本来就比龙庭要艰难很多,也需要华夏的物产来改善生活。他们当然可以通过关市来交易,不过部落较小的时候,本身资源有限，达成交易相对困难。再有个天灾人祸什么的，这些部落就只能铤而走险，拉起一队人马冲向南边抢东西，然后带着战利品逃回草原。需要强调的是，匈奴方面本来就有很多从汉朝投降过来的叛将、叛兵，他们对汉朝的边境情况更加了解，也更容易南下劫掠财物。

高高在上的单于可能根本不清楚下面的小部落干了什么事情，即使单于知道有些小部落可能南下劫掠了，游牧帝国的松散特性让他们也不好管束，甚至懒得管束了，反正自己的龙庭定期能收到汉朝的贡品，能够笼络住与自己关系最紧密的那批部落首领，维持住大体上的场面就行了。因此，汉朝的贡品最多只是买到了来自匈奴王庭和主要族群的和平承诺，并不能杜绝边境上的侵扰行为。

高高在上的匈奴单于居然管不了小部落的军事行动？这句话讲给汉朝人听，他们是不相信的，这好比是一群底层农民竟然不听皇帝的话，这怎么可能！

这就是草的世界与禾的世界的不同。

这种结果可不是汉朝想达成的目标，于是汉朝的皇帝们不得不面对一道头疼的选择题：是继续给匈奴贡品换得有限和平，然后忍受时不时被打劫，还是破釜沉舟，与匈奴大战一场，彻底解决北方威胁？

汉高祖刘邦曾经尝试过武力解决，却发现实力不济，于是转而委曲求全，以和亲献贡来谋求和平。不过匈奴与汉朝的力量对比是在不断变化的。决定两国之间是否开战以及输赢的一个重要因素，是人口。

匈奴和汉朝都要面对如何治理庞大国家的课题。从管理民众的角度看，两个国家的区别在于人口密度和流动性。匈奴的人口密度小，地广人稀，而且人口总是处于不停的流动之中。而汉朝经过初期几十年的休养生息后，人口密度远大于匈奴，大量的人口实际上从事农业，农民们长时间被限制在自己的土地和村庄，并不流动。

两边民众和生产方式的不同特点，决定了匈奴必然是一个松散的联合体，而汉朝则形成了一个组织严密、层级分明的国度。比如根据汉朝的律法，三人以上无故聚集饮酒，罚金四两。连几个人喝口小酒政府都要管，更不用说异地迁徙了。

这样的民众管理方式，决定了匈奴和汉朝各自的优缺点。匈奴的优势在于军事力量强大。游牧民每天骑马放牧，可以轻松转化为骑兵、战士，几乎不需要再投入很大的国力去训练和维持一支军队。而汉朝的农民是不可能直接转化为战士的，他们必须要放下锄头，拿起武器，经过一段时间的选拔、训练，才能成为一名合格的战士。战争对汉朝来说，要付出的成本更加高昂。

但是汉朝的优势在于人口数量。在刚结束战乱的汉初，人口可能不算多。但只要休养生息几十年，汉朝的人口就将远远超过匈奴。古代人结婚生子比现在早，假如在大乱之后的和平年代，风调雨顺，病疫不起，在土地和粮食产量未达极限的条件下，农耕国家每25年人口数量增加1倍，那么只要70多年，人口就能增加到原来的8倍。

这基本上就是汉初几十年间的人口增长趋势，从汉高祖刘邦建立汉朝到汉武帝登基，经历了60年左右，汉朝已经发展为一个拥有数千万人口的国家。对比草原上的匈奴人口，据估计长期徘徊在一二百万人，汉朝在人口上具有压倒性优势。

对一个农业国家来说，人口就意味着国力。当汉朝的人口和国力远胜于匈奴时，此时发动战争，固然要付出比匈奴更多的成本，但是汉朝消耗得起，匈奴消耗不起。

匈奴人口远远少于汉朝，因此能够组织起来的青壮年骑兵是有限的。从长期的草原军事历史看，中国北方漠南、漠北草原能够集结起来的骑兵，最多也就十几万人，不会超过20万人。冒顿单于之后，匈奴在老上单于、军臣单于的领导下继续向前发展。在与汉朝战争中出兵最多的一次，史书记载也仅为14万，这可能已经是匈奴兵力的极限了。

因此，只要汉朝愿意赔上一些"家当"，和匈奴血拼一段时间，在匈奴数量有限的青壮年拼掉大半后，就无力再战了。而且一旦战争陷入长期持久状态，匈奴相对脆弱的游牧经济也会受到极大的影响，没有青壮年劳动力来照看牲畜，在苦寒之地艰难维系的游牧生产模式会崩溃。

从马邑之谋到燕然勒石

白登山之后，汉朝从高祖、惠帝、吕后、文帝、景帝一直到武帝初期，对匈奴主要采取和亲政策。在韬光养晦几十年后，国力强盛的汉朝终于不再甘居下风，汉朝与匈奴之间的关系迎来了巨大的转变。

公元前133年，汉武帝召开了针对匈奴的会议，并在群臣讨论之前就表明了自己的态度："今欲举兵攻之。"即便武帝有如此坚决的声明，主和派仍然激烈反对开战，说明当时确实有许多人不愿意打仗。汉武帝决意和匈奴一战，便提拔任用主战派官员，压制主和派官员，强力推行对匈奴的战争。

也正是在这一年，发生了改变汉朝与匈奴外交关系的马邑之谋。根据《史记·匈奴列传》的记载，汉朝边塞商人以边境小城马邑为诱饵，引诱匈奴单于南下。汉武帝则出动了30万大军，集结于马邑附近试图伏击匈奴，另有一支偏师迂回草原，准备切断匈奴的退路。不料单于率10万大军南下时，看到沿途牲畜遍野竟然无人照料，不禁起了疑心。此时匈奴攻下了一处边防小亭，抓获一个地方尉吏，从他口中知道了汉朝的伏击计划，于是急忙北退。马邑之谋就这样落空了。从此匈奴与汉朝彻底翻脸，频频入塞侵袭汉朝。

与白登之围的记述类似，马邑之谋也疑云重重。动用30万大军去搞一场伏击战，真的不会打草惊蛇、功败垂成吗？为了一座边塞小城里的财物，匈奴单于竟然会亲自带领10万大军前来接应，不是有点不合逻辑吗？一个边疆小吏居然能够知道汉朝军队的庞大计划，自己还傻乎乎地被匈奴擒获，汉朝会这么不小心？

这些都不像是真实的历史，倒像是一个拙劣编剧在挑战观众的智商。

马邑之谋确实存在，史书记载汉家大将韩安国等人都领兵出征，应该不是虚构。只是整个军事行动不太严谨，很像是年轻气盛的汉武帝冒失地导演的一次行动，结果无功而返，打草惊蛇。事后，为了平息主和派的怨气，汉武帝不得已迁怒于支持自己打匈奴的主战派将领王恢，迫其自杀而死。

马邑之谋中，虽然汉朝与匈奴都没有什么实际的损失，却酿成了巨大的外交事件，一举改变了亚洲东部两大强国间几十年来相对和平的态势。匈奴断绝了和亲，并开始频频入塞劫掠，以示对马邑之谋的报复。而汉朝既然已经踏上了选择战争的道路，汉武帝决意继续走下去。

即便如此，马邑之谋后的几年中，两边依然开放关市，交换财货。匈奴这样的草原帝国需要关市来获得自己缺乏的华夏物产，而汉朝在紧锣密鼓地准备战争，通过继续开放关市来稳住匈奴，争取备战时间，让后者误以为马邑之谋只是和平时代的一个"不和谐的音符"，已经翻篇了。

5年后，精心准备的汉朝图穷匕见，卫青、公孙贺、公孙敖、李广各率万骑四路出击，攻击关市，深入匈奴境内，正式打响了对匈奴的大规模战争。

然而年轻的汉武帝再遭重创，四路大军除卫青夺回河套一带，建立朔方郡，其余三路几乎毫无建树，李广还被匈奴生擒，后来逃回。此后匈奴也大打出手，大规模侵入汉朝境内。关市贸易完全终止了，双方展开了长期的消耗战。

汉朝与匈奴的战争，是人类古代历史上屈指可数的大规模战争，在一方崩溃倒下之前，战争持续了几十年的时间，把整个亚洲东部的华夏和草原力量都卷入了进去，甚至还波及广阔的亚洲内部的西域地区，即今新疆和中亚等地。

深入草原作战，让汉朝军队的损失远比匈奴军队大得多。不过正如前面分析的那般，汉朝的国力也远比匈奴的国力强盛，即使汉朝的损失更大，未必会先倒下。持久的消耗战中，勉力维持本国经济不倒，才是决定战争胜负的关键。

为了筹钱打赢对匈奴的战争，汉武帝对天下施行重税，还进行了各种改革，比如货币改铸、盐铁酒专卖、均输及平准等物价调节政策，想尽各种办法"捞钱"。汉武帝时期开创的一些商品专卖制度，被日后的许多华夏王朝继承并实施，成为王朝财政收入的重要组成部分，此乃后话。

重税之下，汉朝的民众苦不堪言。虽然有人为汉武帝开脱，说他的重税大多都落到了地主豪强和商人头上，并没对农民有太多压迫。但经济是一个整体，政府的任何税收都会传导到底层民众，更不用说底层民众还要承担长期战争中的各种劳役工作了。

匈奴一方同样生活艰难。战争爆发后，不仅和亲纳贡没有了，关市也消失了，南下劫掠也更加困难了，匈奴几乎无法再获得华夏物产，生活质量严重下降。随着战争陷入漫长的消耗战，匈奴还失去了长城地带附近的牧场，以及大量的牲畜，本身的游牧经济也遭受重创。

更为可怕的潜在影响在于，也许是缺乏了华夏物产的输入和分配，单于麾下的各个部落的离心力会增加，匈奴帝国的稳定性将遭受严峻的考验。

公元前119年，决定汉朝与匈奴国运短长的一场大战爆发了，汉朝发动了一次规模空前的远征。从代郡出兵奔袭2 000多里的霍去病，与匈奴左贤王相遇并进行了激战。汉朝士兵共杀死、俘虏匈奴7万多人，一路追杀余部至狼居胥山。胜利的霍去病在狼居胥山举行了一次祭天封礼。之后，霍去病继续率军深入追击匈奴，一直打到瀚海方才收兵。从此，"封狼居胥"成为后世华夏将领的至高梦想。

经此一役，由冒顿开启的匈奴帝国的强盛期结束了，虽然匈奴作为一个政权还将延续很久，但匈奴单于只能放弃漠南草原，向北越过荒漠带，远遁到今蒙古国的北部大草原，其龙庭再也没有回到漠南草原上来，匈奴游牧民也很少到漠南草原放牧了。匈奴帝国驰骋草原的近百年荣光已渐渐暗淡。

匈奴北退，汉朝一时之间也无力北伐了，长期的战争消耗了大量的兵力，军事上不得不喘口气。更大的危机出现在经济上，正是在公元前119年，由于没钱，汉朝对黄河所开展的各种灌溉和筑堤工程被迫半途而废。而在前一年，山东为洪水所淹，汉武帝派使者开仓救济灾民，结果粮食不够，官府向富豪人家借贷，还是不够救济。于是把灾民迁移到边境各地，要求当地县官来解决衣食，结果那些县官也没钱了。

十几年间，疲惫的两大帝国维持了相对和平的态势，只是这种和平不是因为战争结束了，而是因为两败俱伤，谁都打不动了。

匈奴虽然退却，但仍然盘踞在漠北草原虎视眈眈，伺机反噬。彻底消灭匈奴是汉武帝一生的夙愿，在搞定了岭南的南越国割据政权之后，他再次把矛头指向了北方的匈奴，频频派兵越过荒漠，直击漠北的宿敌。

然而胜利女神似乎不再眷顾汉朝，多次出击都以失败而告终。公元前90年，汉武帝在位期间最后一次对匈奴大规模用兵，李广利等大将率领十几万大军多路出击，试图武力征服漠北的匈奴。匈奴单于把辎重转移到鄂尔浑河以北，自己在鄂尔浑河以南率领匈奴大军背水一战，迎击汉军。这场战役以汉军大败，李广利投降匈奴而告终。至此，汉武帝想生擒单于、根绝匈奴之患的愿望彻底破灭。而且国内民怨四起，长安城外盗寇盈野，"海内虚耗，户口减半"，江山社稷摇摇欲坠。

心灰意冷的汉武帝颁布了历史上有名的《轮台诏》，后悔派遣李广利远征带来军事上的惨败，宣布国家将从横征暴敛、连年征战转向休养生息、和平发展。

其实，如果从战略上来说，汉武帝最应该反思的是试图彻底歼灭匈奴的策略。消灭匈奴，控制草原，把华夏与草原都纳入汉朝的统治之下，这个理想很宏伟，很美好，符合汉武帝雄才大略的性格，却过于超前，不切实际。

汉朝在汉武帝时期四面出击，占领了岭南、云贵、辽东等诸多区域，成功实现了对这些区域的直接控制，看似风光无限，但仔细分析，根本原因是汉朝能够把在中原地区施行的制度以及中原地区的生产方式移植到这些地方。在武力征服之后，汉朝在这些多山的区域中能够找到利用河流、湖泊灌溉农田的区域，以农耕来养活驻军和官民，通过农耕据点控制交通要道，间接实现对广大山区的控制。正是因为岭南、云贵、辽东这些区域中有和中原农耕区很相似的区域，所以汉朝才实现了把这些区域最终纳入汉朝版图的伟业。

反观北方的草原，却是另一番模样。草原游牧生产模式和平原农耕生产模式是如此不同，汉朝即使能够在军事上驱逐漠南草原上的匈奴人，也无法把农耕区的制度和生产方式移植到草原上去。即使有些小河流岸边可以小规模开展农业，少得可怜的收成也无法养活驻军和官员。

汉朝要想控制草原，只能按照草原的方式来，就是采取匈奴人的松散部落联合体的方式。可是草原的这种管理方式与汉朝层级森严的郡县制管理模式大相径庭。

我们后人当然可以说，汉朝可以实行"一国两制"，在农耕区采用从上到下严密的治理方式，把农民固定在土地上精耕细作，而在草原实行松散的部落联合的制度，让游牧民周期性地迁徙放牧，皆大欢喜。可惜，我们谈论的是 2 000 年前的汉朝和匈奴，而不是 21 世纪科技发达的国家和地区，那时候的华夏王朝连草原上的经济模式和风俗习惯都还不怎么了解，更不用说有效管理草原游牧区了。

对华夏王朝来说，控制草原地区的最优策略是什么？

记住，在草原上，解决一个游牧部落的是另一个游牧部落。对汉朝来说，要彻底解决匈奴的威胁，最好的方案莫过于分化瓦解匈奴，用一个草原部落来制衡另一个草原部落，从而保障长城以南的王朝疆域内的长久和平。

退一万步说，就算彻底消灭了匈奴又如何？草原还是游牧民的，还是会有新的草原政权填满权力真空。在明白这个道理之前，汉朝已经付出了极大的代价。

汉武帝带着未能歼灭匈奴势力的遗恨去世了，匈奴仍然如同一颗定时炸弹，在漠北草原滴答作响，始终刺激着华夏王朝皇帝的神经。

不论是草原帝国还是华夏王朝，单于位或皇位继承制度都是关乎江山社稷安危的大事情。我们熟悉的华夏王朝的皇位继承遵循的是嫡长子继承制，皇帝的长子是第一顺位继承人，如果长子被废，继承权则向下一个儿子顺延转移。哪怕继承人是个孩子，只要他血统高贵，符合顺位继承原则，皇族和朝臣也会支持他。他不需要多么有能力，如果能够"垂拱而治""无为而治"，史书上都会称赞他。因为华夏王朝是农耕社会和礼制社会，整个社会要遵照君君臣臣父父子子的尊卑秩序运转。

而草原帝国的继承制度略有不同，父死子继和兄死弟继都是参考方案。就拿匈奴来说，头曼单于、冒顿单于、老上单于、军臣单于四任都是父死子继，但之后的伊稚斜单于是军臣单于的弟弟，此后匈奴的单于之位又在伊稚斜单于的几个儿子之间进行兄弟传递。

草原帝国选择这样的继承制度，纯粹是因为游牧部落不喜欢幼主担任单于。小到一个游牧家庭，大到一个强悍的部落，都需要一个心智健全、勇武有力的成年人来担任领袖，这是草原游牧社会对于领袖的要求，松散的部落联合体只能靠强悍的君主维系。

所以相对而言，草原帝国的继承制度存在着隐患。既然按照程序，单于的儿子和弟弟都有继承权，如果两者年龄差不太多，到底谁更有资格继承单于位，连匈奴人自己都说不清楚。那么或早或迟，权力的争斗就不可避免地会在单于的部落中发生。

隐患在公元前57年集中爆发了。那一年，匈奴竟然出现了5个自称单于的首领，他们彼此征讨。匈奴的这次内乱彻底改变了汉武帝之后汉朝与匈奴僵持的局面，两个世界的力量对比出现了根本性的变化。草的世界与禾的世界都要重新适应这一变化，并探索出一种新的外交模式。

公元前54年左右，匈奴的呼韩邪单于被自己的哥哥郅支单于打败，向南退却，邻近汉朝。看上去呼韩邪单于很快就将丧失自己在草原的全部势力范围了，于是他决定孤注一掷，向汉朝求援，而汉朝很清楚当时匈奴境内的形势，所以立刻漫天要价，要求呼韩邪单于送来质子，以及他本人也要亲自觐见汉朝皇帝，汉朝才会提供帮助。

和当年汉武帝身边既有主战派也有主和派类似，呼韩邪单于的手下也分成了两派。此前的百余年间，从来没有一位汉朝皇帝或匈奴单于卑躬屈膝地去拜见另一位。所以，当呼韩邪单于在匈奴的会议上提出自己的设想时，一群匈奴贵族强烈反对也就可以理解了。他们的观点是，接受汉朝的条件，就意味着匈奴从汉朝的兄弟之国变成了汉朝的附属国，这样一来，匈奴就无法面对汉朝之外的其他国家了，将失去对其他国家的领导地位。

而主和派则非常现实，他们指出，匈奴现在真的不行了，而汉朝还是那么强大，连西边的乌孙等国都是汉朝的附属国，如果他们不接受条件，就要被郅支单于消灭了。

呼韩邪单于面临着困境，很多匈奴人会把他向汉朝的求助等同于向汉朝投降，这样许多匈奴人会毫不犹豫地叛逃到郅支单于方面去，毕竟郅支单于是一位匈奴领袖。而且向汉朝求助，汉朝会如何对待自己，也是个问号。前车之鉴是几年之前，匈奴的日逐王带着自己的部众投降了汉朝，这位匈奴的王虽然得到了汉朝的善待，并被封赏了汉朝的官爵，但是他完全变成了汉臣，在草原上的地位彻底消失了。

呼韩邪单于害怕自己也丧失在草原上的地位。然而形势所迫，呼韩邪单于最终选择赌一把，降低身份请求汉朝的帮助。他先是送出了质子，而后在公元前51年，作为一位单于，他史无前例地动身前往汉朝，觐见汉朝皇帝。

现在，皮球踢给了汉朝，汉朝该如何礼遇有史以来第一位来访的匈奴单于呢？

不足为奇，汉朝的群臣再次分成了两派：一派认为这是匈奴臣服的重大标志，要昭告天下，宣示汉朝的威名；另一派则认为这是皇帝表现自己仁爱的大好机会，而不是趾高气扬。对于该用什么样的级别接待单于，一派认为应该把单于降低到比汉朝诸王低的级别，而另一派则认为单于的级别应该高于诸王，当然还是要低于皇帝汉宣帝。

汉宣帝采纳了宽厚的方案，隆重接待了呼韩邪单于，让他位列汉朝诸王之上，而且也无意吞并呼韩邪单于的部众。比地位高低更重要的是，呼韩邪单于借助这次自降身份的朝贡之旅，获得了丰厚的报酬。据史书记载，在汉朝都城停留期间，他从汉朝接受的物品有黄金20斤、钱20万、衣被77套、锦帛8 000匹、絮6 000斤、马15匹等。当呼韩邪单于返回时，他还带走了大量的粮食。此后他经常获得汉朝的资助。

那些来自汉朝的物资，对于呼韩邪单于在草原上重竖大旗具有重要价值。前面我们已经谈过，谁能给草原上的部落提供所需的物资，谁就有资格成为草原帝国的单于。现在，呼韩邪单于做到了，虽然付出了一点尊严，但毕竟有了物资来笼络草原各部落。

汉宣帝为何不直接吞并了呼韩邪单于的部众？一方面，当时的呼韩邪单于可能仍旧有一定的实力，汉朝未必真能一口吞下。如果毫无实力，呼韩邪单于恐怕也不可能获得汉朝给予的高于诸王的待遇。另一方面，经过百余年的打打停停，汉朝也已经意识到，自己并不具备管理草原的能力，草原最终还是要由游牧民去管理。

正如当年匈奴希望汉朝稳定，以获得定期的献贡那样，现在汉朝也希望匈奴能够稳定下来。因为一个混乱无序的草原会制造出更多的亡命部落，他们对于汉朝边疆地区的侵扰会更加剧烈，让汉朝防不胜防。在自己无法亲自管理草原部落的情况下，支持一个愿意与汉朝合作的单于来统治草原，应该是一个不错的主意。

汉宣帝的选择也不是没有代价的，除了要付出大量的物资外，在汉朝的思想体系中，他也放弃了自己的一点"尊严"。给后世留下《汉书》的汉朝儒学大家班固就看出了问题，华夏王朝的天子竟然和一个少数民族领袖的地位如此接近，虽然匈奴单于送来了人质，自己也亲自来拜访，而汉朝皇帝没有回访，但匈奴单于的地位并不是臣子，这对于天子的威望是有损害的。在班固这样的儒学家心目中，"天无二日，人无二主"，只有把匈奴单于降低到臣子的地位，才符合华夏王朝的礼制。汉宣帝显然没有这么好面子。

汉宣帝冒的另一个风险是养虎为患。虽然呼韩邪单于恭敬地表示了友好，但汉朝其实并没有真正控制匈奴，不论是呼韩邪单于的势力，还是敌对的郅支单于的势力，都还游离于汉朝的监控之外。匈奴随时可能会与汉朝重启战端，不得不防。

不过在短期内，更靠近汉朝的呼韩邪单于没有翻脸不认人的想法，他还需要依靠汉朝来扳倒自己的草原对手——郅支单于。有趣的是，当郅支单于得知呼韩邪单于竟然前往汉朝觐见，并从汉朝带回了大量物资的时候，郅支单于也放下身段，向汉朝送出了人质，希望汉朝也能给自己提供物资，换取边疆的安宁。显然郅支单于已经意识到，汉朝关心的是草原势力的象征性臣服，并不想吞并草原和部众。所以只要放下身段，就有可能从汉朝换到物资。我们再强调一遍，草原之外的物资一定程度上决定了草原帝国的凝聚力。

不过郅支单于却与呼韩邪单于不一样，他在草原上一度是更为强大的一方，大部分匈奴部落都团结在他的身边，因此即使他愿意送出人质，也愿意给汉朝一些草原特产做贡品，他本人也不会亲自去汉朝朝觐，因为他要维持自己在匈奴民众中独立君主的地位和形象。

由于郅支单于不愿意亲自去朝觐，他也就失去了汉朝的资助资格。愤怒之下，郅支单于要回了留在汉朝的人质，并杀死了汉朝使节。为了敲诈汉朝，他选择了向西挺进，联合康居进攻汉朝在西域的盟国乌孙，切断汉朝在西域的通道。

危局之中，汉朝的当地将领陈汤在得到都护甘延寿的默许和援助后，伪造朝廷文书，集结汉军和西域盟国军队与匈奴、康居大战，最终在公元前35年杀死了郅支单于。为了开脱自己伪造文书的罪名，陈汤、甘延寿上书皇帝，说出了著名的一句话："犯强汉者，虽远必诛。"由于对匈奴取得了如此辉煌的胜利，两人得到了赦免，并被封侯。

郅支单于死了，但草原还是姓"匈"不姓"汉"。这一点可以从呼韩邪单于所获得的"赏赐"中看出来。

公元前51年呼韩邪单于第一次到汉朝的时候，是他最为困顿的时刻，他获得了锦帛8 000匹、絮6 000斤。两年后尝到甜头的他再次入汉朝朝觐，获得了锦帛9 000匹、絮8 000斤。汉朝对呼韩邪单于的这两次赞助，可以视作给他提供的争霸草原的经费。但是当公元前33年呼韩邪单于第三次到汉朝朝觐时，汉朝给的赏赐几乎是翻番的，达到了锦帛16 000匹、絮16 000斤。此时郅支单于已经命丧西域，汉朝如此巨额的打赏，有什么内涵？

内涵是，呼韩邪单于已经干掉了郅支单于，成为草原帝国的强有力统治者，而且是唯一的、最高的统治者，他的力量已经增长到能够军事敌诈汉朝了。虽然汉朝获得了单于表面的恭敬,但是双方都清楚,汉朝与匈奴又一次平起平坐了,两国的关系又恢复到了匈奴五单于内乱之前的局面。汉朝仍然要按照过去的惯例,花钱买和平。

此后翅膀长硬了的匈奴单于甚至都不来朝觐了,但汉朝依然会提供给草原丰厚的"赏赐"。比如公元前 25 年的赏赐包括锦帛 20 000 匹、絮 20 000 斤;公元前 1 年的赏赐达到了锦帛 30 000 匹、絮 30 000 斤。汉朝购买和平所花费的物资越来越多,间接暗示了匈奴的力量越来越强。

需要多说一句的是,由于匈奴单于表面上的地位下降,所以汉朝已经不必派出真正的公主到匈奴去和亲了,只需要挑选一些宫女送到草原,就满足了和亲的要求。因此公元前 33 年呼韩邪单于在最后一次访问汉朝时,得到了 5 名宫女,其中就有日后大名鼎鼎的王昭君。她给单于生了两个儿子,并在呼韩邪去世后遵照匈奴习俗,再次嫁给了新的单于,又生了两个女儿,其中一个女儿一度回到了汉朝。

但即使是汉朝获得的虚幻的面子,在力量改变的时候都未必保得住。

在王莽篡位的那段时间里,汉朝境内天下大乱,群雄逐鹿。考虑到之前匈奴从汉朝那里获得的丰厚赏赐,当时匈奴应该拥有很强的军事实力,而且当时的匈奴单于与华夏王朝的关系并不融洽。可以设想,如果当时匈奴单于派遣大军参与汉朝的乱战,完全有机会决定华夏的政坛走向。

但是,匈奴方面保持了中立,就如同汉朝之前并没有在五单于内乱的时候派兵深入草原那样。当时匈奴克制态度背后的思路,也许与汉朝的思路是一致的,那就是:草原总归要由匈奴人来管理,华夏总归要由汉族人来管理。这样的思路表明,当时不论是汉朝还是匈奴,都对对方的国家治理模式没有深入的了解，因此也就没有征服对方并管理对方土地和人口的念头。此时的匈奴真的缺乏对于农耕地区的治理经验。

还有一部分历史学家推测，虽然史书对于篡位的王莽口诛笔伐，说他搞得天下大乱，但是王莽篡位实际上是一次"和平演变"。虽然汉朝变成了短命的新朝，但是实际上边防并没有受到很大的冲击，因此匈奴并无很大的可乘之机。这也可能是匈奴没有浑水摸鱼的原因之一。

不过，汉朝的内乱显然改变了双方的力量对比。24年，已经入主长安的更始帝正式向匈奴提出，匈奴应按照之前的纳贡制度恢复与汉朝的关系。当时的匈奴单于回答，匈奴和汉朝本来是兄弟，匈奴中乱后，汉朝帮助了呼韩邪单于，所以匈奴向汉朝臣服。现在汉朝大乱，被王莽篡权，匈奴也协助了汉朝复兴，因此汉朝应该向匈奴臣服。

这位单于要颠倒纳贡制度的想法是认真的，在更始帝被杀后，匈奴方面甚至试图立一位假冒汉武帝曾孙的人为皇帝。在单于看来，当一个汉朝宗族来向自己求助的时候，应该参照当年呼韩邪单于在汉朝得到的待遇对待他。

因为面子问题，浴火重生的东汉在建立之初就面临着非常麻烦的局面，匈奴频频侵扰边境地区，希望掠夺和敲诈汉朝的财物。但是，由于之前已经有了匈奴向汉朝的朝贡制度的先例，东汉绝不考虑恢复汉武帝之前的汉朝与匈奴的关系，而是试图恢复从呼韩邪单于开始的朝贡制度，这又是当时蛮横的匈奴单于不愿接受的条件。

只要双方实力对比发生变化，面子问题就不再是问题了，而实力总是会发生变化的。

48年，匈奴再次出现了内乱，内乱的起因还是继承制度的隐患爆发了。呼韩邪单于临终前留下遗言，让自己的儿子们轮流做单于，也就是兄死弟继。结果传到了某个儿子那里后，这位单于不想把宝座传给自己的弟弟，而是想留给自己的儿子，改继承制度为父死子继，并杀死了自己的弟弟，埋下了内乱的祸根。

实力的跷跷板再次逆转了，现在汉朝成了更重的那一端，而匈奴则至少分裂为北匈奴和南匈奴两支，其中靠近汉朝的南匈奴是弱小的一方，形势危若累卵，随时可能被北匈奴击溃。100年前呼韩邪单于的那一幕又要上演了，但是这一次剧情略有不同。百年之后的这个南匈奴过于弱小了，连当年呼韩邪单于与汉朝讨价还价的实力都没有。

于是当50年两名汉朝使者来到南匈奴单于处，命令他拜倒在地，接受汉朝诏书的时候，这位单于犹豫了一下，还是跪下了。这一跪，就代表了他是汉朝的臣子，他所代表的匈奴势力成为汉朝的附属。

这是汉朝与匈奴缠斗数百年后的一次重大胜利吗？

这位南匈奴单于甚至也借用了呼韩邪单于的名号，我们可以称呼他为第二呼韩邪单于。他得到了汉朝赐予的黄金王印，以及大量的粮食、牲畜和丝绸等物品，并获准在云中郡建立自己的单于王庭。实际上，第二呼韩邪单于把自己的势力分散在汉朝疆域的北部边境以内，总共分为8个部，这些部由自己的世袭首领管理。但是，汉朝设立了一个管理南匈奴事务的官职——使匈奴中郎将，其职责之一是监管南匈奴部落，所以此时的南匈奴已经不是100年前呼韩邪单于时代的匈奴了，第二呼韩邪单于的政治自治权被汉朝削弱了。

当时的汉光武帝把南匈奴纳入了自己的疆域范围，却没有像100年前那样联合南匈奴向北挺进。有人认为这是汉光武帝的一个错误，丧失了一举击败整个匈奴势力的机会。但也许是因为向汉朝称臣的南匈奴势力太弱小了，暂时还帮不上汉朝什么忙。后世估算，50年时，南匈奴的总人口大概只有5万，以这样少的人口算，能够派出的军队规模也就几千人，数量是少得可怜的。所以汉光武帝可能更现实一些，满足于以长城为界，把弱小的南匈奴先保护起来，把强大的北匈奴隔离开来，等待时机。

所以仅就第二呼韩邪单于称臣的事件来说，这个胜利对汉朝而言很有限，更多的是面子上的一次小胜。北匈奴依然是草原的主人，北匈奴单于才是草原各方部落的首领。汉朝对于草原仍然没有控制力。华夏与草原的关系问题主要是东汉与北匈奴的关系。

北匈奴方面，他们试图与汉朝恢复传统上的和亲纳贡政策。如果能够实现，北匈奴会获得诸多好处：其一是建立起了与汉朝平起平坐的外交关系，有助于自己在汉朝以及周边国家尤其是西域各国的国际声望；其二是和亲纳贡以及随之而来的边境互市贸易，会给草原输入大量华夏物品；其三就是把南匈奴彻底边缘化，将南匈奴在草原上的影响力和合法性彻底抹掉。

北匈奴的算盘打得很好，但汉朝并不是积贫积弱的时候，不仅不会任人宰割，而且还手握南匈奴这样的筹码。汉朝一口回绝了北匈奴的和亲纳贡建议，仅仅同意双方可以在边境进行互市贸易，以此来安抚北匈奴。汉朝采取这样的策略，显然是不愿意承认北匈奴在草原上的合法统治权，至少是不愿意承认北匈奴独占草原上的合法统治权。汉朝手中的南匈奴对于北匈奴始终是一个制约力量，即使不是军事上的大麻烦，也是政治上的大问题。

于是北匈奴再次祭起军事敲诈的模式，在与华夏接壤的漫长边界上频频入侵袭扰、劫掠。国力增强的汉朝在边境南匈奴的辅助下，也开始主动出击，征讨北匈奴。

最初的战斗围绕西域展开，因为东汉与北匈奴之间的关系一开始就不仅仅是两国的事，而是整个亚洲东部的国际关系事务。经过数年的征战，北匈奴在西域惨败。而在汉朝庇护下休养生息逐渐成长的南匈奴也开始逐鹿草原，北匈奴对于广阔草原的控制力濒临瓦解。

在北匈奴对整个蒙古高原的控制力减弱后，原来蛰伏在匈奴帝国巨大身影之下数百年的其他部落看到了冒头的机会。乌桓、鲜卑以及西域的乌孙都开始兴兵蚕食北匈奴的地盘。特别是蒙古高原东部的鲜卑，在87年猛攻北匈奴，竟然一举杀死了优留单于，让独霸草原数百年的匈奴彻底威风扫地，北匈奴陷入一片混乱。整个草原的政坛由昔日完整的匈奴帝国变成了几方势力逐鹿的新局面。

东汉收拾北匈奴残局的一刻终于来临了。89年，东汉大将窦宪等率领汉军与南匈奴部队在草原上会合，联合袭击北匈奴，给予北匈奴毁灭性打击。窦宪乘胜追击，一直抵达燕然山，也就是今蒙古国杭爱山，在山上刻石记功后胜利回师。从此之后，"燕然勒石"和"封狼居胥"一道成为华夏武将文人描绘不世奇功的代名词。

遭受灭顶之灾的北匈奴很快背井离乡，史载"北单于逃走，不知所在"。300多年后，一股强大的草原势力匈人入侵欧洲，改变了欧洲的历史走向，匈人首领阿提拉的兵锋甚至抵达辉煌的罗马城下。人们猜测，他们可能是匈奴的后裔。

不过考古学家和人类学家并不认同匈人与匈奴之间的族裔关系,他们判断,被击溃的北匈奴的归宿,一部分应该是被南匈奴兼并,另一部分则融入了此后统治草原的各个部落之中。比如从投靠汉朝到北匈奴灭亡的40年中,南匈奴的人数从几万人增长到了几十万众,这应该不是简单的内部人口自然繁殖的结果,而是吸收了大量北匈奴部众而带来的人口快速增长。

霍去病曾经说:"匈奴未灭,何以家为?"200年后,以草原帝国形式存在的匈奴终于灭亡了。那么,草原属于东汉所有了吗?

当然没有。没有了北匈奴的草原并不是权力的真空,原来臣服于匈奴的鲜卑人和乌桓人取代了北匈奴,成为东汉新的心腹之患。这就是为什么即使窦宪能够建立"燕然勒石"的不世奇功,东汉的许多大臣依然反对他远征草原的行动。包括司空任隗在内的大臣认为,北匈奴不久前被鲜卑打败了,而且也不再对汉朝采取侵略政策,这个时候滥用国家的财力,让军队远征是很愚蠢的,不应该用将士们的生命去满足窦宪个人建立功勋的愿望。

事实证明,这些"说闲话、拖后腿"的大臣也是有道理的。由于汉朝不能且不愿管理自己并不熟悉的草的世界,即使打败了北匈奴,草原上也还会涌现出新的"匈奴",仅从结果看,窦宪几乎是在做无用功。

而那些被汉朝纳入疆域之内的南匈奴也并不安生。比如94年,南匈奴就与新近归附的北匈奴人联合起来,发动了一次反对汉朝的大规模叛乱。再如109年,乌桓和鲜卑就曾勾结南匈奴的一些部落,劫掠边境的代郡、上谷郡、涿郡、五原郡等地，甚至南匈奴单于也起兵反汉。所以匈奴帝国的消逝，并没有带来华夏边疆的长治久安。

如果从文明融合的角度探讨匈奴帝国灭亡带来了什么真正的改变的话，那么可以说以南匈奴为代表的草原部落内附东汉王朝，埋下了草原与华夏融合的种子。虽然很多内附的匈奴人仍然以畜牧为生，但他们会逐渐熟悉农耕文明的生产方式，甚至有人会放下马鞭，拿起锄头。游牧人开始熟悉华夏的运行规则，反之亦然，汉族人也肯定开始了解游牧世界的运行规则。

从5 000年前满天星斗的时代算起，草的世界与禾的世界就开启了各自的文明之旅，两者的物质与文化交流甚至可以追溯到更早。只是草原上的遗迹难以保存，又长期缺乏口头或文字的记述，那段早期历史隐藏在迷雾之中。直到两个世界分别实现了对各自区域的大整合，以匈奴和汉朝的形式正面相对时，草的世界才借由华夏的记述而变得清晰了一些。

汉朝以农耕为本，是较为单一的华夏政权；匈奴以游牧为本，是较为单一的草原政权。两者从上层组织到生活细节都有着显著的差别。从白登山到燕然山，近300年中，汉朝与匈奴这两种政权模式共同谱写了亚洲东部农耕文明与游牧文明激烈碰撞的历史篇章，两种文明开始相互打量，并尝试理解对方的思维。

双峰对峙，不论是战是和，都促进了双方的族群、物产和文化的交往。有交往就有变化，这种变化是渐进的。随着南匈奴以及其他族群被纳入汉朝的长城地带，也随着一些华夏民众融入草原部落之中，假以时日，单一华夏政权模式与单一草原政权模式必将出现改天换日的剧变。匈奴作为一个草原帝国虽然不复存在,但草原仍在,华夏与草原的文明融合之路,正在向前延伸。

历史贴士·匈奴人也种地

从宏观上来说,汉朝是农耕文明,匈奴是游牧文明。但如果仔细观察,就会发现两者的经济模式并不是截然分开的,汉朝境内也有游牧经济存在,匈奴境内也有农耕经济存在。毕竟在古代,能够多获得一点食物,就多一分生存能力,多一分国力。

早在距今七八千年前,今内蒙古敖汉旗附近就出现了世界上最早的粟的种植农业,粟就是今天我们所说的小米。敖汉旗的所在恰好位于农牧结合带,亦农亦牧。

考古发现已经证实,匈奴人对于农业也非常感兴趣。考古学家在漠北地区匈奴人的方形古墓中发现了与农业有关的石臼,年代大约在公元前3世纪以前。在公元前2—前1世纪的匈奴墓穴中,出土了很多大型陶器,里面有不少盛有谷物和其他农作物的种子。这说明当时匈奴人很看重农作物,甚至把农作物作为陪葬品,与死者一起埋入坟墓中。在其他地区也出土了公元前1世纪左右匈奴人使用的铁镰、铁铧等农具,说明墓穴陶器里的农作物很可能是匈奴人自己种植和收获的,而不是从外界进口的。

史书中还记载了匈奴人建有谷仓。汉朝大将卫青曾在元狩四年(前119年)击匈奴至寘颜山赵信城,也就是今蒙古国杭爱山南部,"得匈奴积粟食军。军留一日而还,悉烧其城余粟以归"。

考古学家甚至在蒙古高原上找到了一些匈奴人的城墙聚落遗址，这些遗址都位于河流、湖泊旁边。在茫茫的草原中，也会有一些温湿条件尚好的地方，适合农业生产，匈奴人当然不会浪费这些宝贵的土地。这些农耕地给匈奴人提供了游牧经济产品之外的宝贵粮食，这些粮食易于储存，提高了他们抵抗自然灾害的能力。

只是蒙古高原上农业生产周期比较短暂，粮食产量有限，要想提高自身的粮食供给能力，匈奴会派兵前往稍微靠南一些的区域，比如西域的车师等地屯田。

在汉朝与匈奴的时代，有很多匈奴人会进入汉朝境内生活，甚至官拜高位，同样也有很多汉朝人由于种种原因而进入匈奴境内，他们会把华夏农耕区的农业技术、农业工具传播到匈奴，促进匈奴人的农业发展。

第二章　胡汉难分——以华夏为主体的混合政权模式

谁来兴复汉室

建兴元年秋八月，忽有边报说："魏调五路大兵，来取西川：第一路，曹真为大都督，起兵十万，取阳平关；第二路，乃反将孟达，起上庸兵十万，犯汉中；第三路，乃东吴孙权，起精兵十万，取峡口入川；第四路，乃蛮王孟获，起蛮兵十万，犯益州四郡；第五路，乃番王轲比能，起羌兵十万，犯西平关。——此五路军马，甚是利害。"

——《三国演义》第八十五回
"刘先主遗诏托孤儿　诸葛亮安居平五路"

罗贯中的《三国演义》脍炙人口，位列中国四大名著。但演义毕竟不是史书，元末明初的罗贯中在写作距离自己已有1 000多年的三国故事的时候，许多细节描写是经不起推敲的，比如这个第五路的番王轲比能。

历史上是否有轲比能这个人物呢？这个人物不仅存在，而且还充满了传奇色彩。不过他是鲜卑一个小部落的人，并不是羌人，所以说他能"起羌兵十万"，是搞错了他的族群归属。

在此我们要稍微回顾一下轲比能登上历史舞台之前的鲜卑故事。前面已经讲述，北匈奴被东汉联合南匈奴和其他势力赶出了草原，这就留下了一大块权力真空地带。位于蒙古高原东部的鲜卑趁势而起,不断壮大。

在汉桓帝时期,鲜卑出了一个英雄人物——檀石槐,他基本上统一了鲜卑各个部落,让鲜卑一跃成为草原上最为强悍的势力。草原上短暂的混乱过后,强大的势力崛起了,草原的再度统一似乎呼之欲出。

草原上的这种趋势够让华夏王朝头疼的。东汉可不希望在扳倒匈奴后,又冒出来一个草原帝国来威胁自己。177年,东汉兴兵讨伐拒绝接受册封并屡屡犯边的鲜卑,三路大军出塞两千里。檀石槐也从东、中、西三路迎战,从这个细节猜测,鲜卑很可能也沿袭了匈奴的三翼制度,这应该是草原政权的政治、军事传统。这次战争以鲜卑大获全胜而结束,汉军三路统帅都只率领数十骑逃回。当时蔡文姬的父亲蔡邕上奏说,鲜卑"兵利马疾,过于匈奴"。

一时之间,鲜卑让东汉难以招架。

面对草原上冉冉上升的鲜卑政权,东汉决定新瓶装旧酒,提出授予檀石槐"王"的称号,以及赏赐等条件。东汉显然希望檀石槐能够像南匈奴一样臣服于汉朝,管理好草原各部落,不要让他们骚扰边境。但是檀石槐对东汉的朝贡制度不感兴趣,一口拒绝了东汉的提议。檀石槐虽然也很喜欢东汉的各种物产,但是不愿意用鲜卑的独立来交换。虽然有个别鲜卑部落会被东汉给的赏赐和互市交易吸引,接受东汉的朝贡制度,但是草原上最强大的鲜卑势力则游离于东汉之外。

檀石槐如此强硬的态度,表明在他心目中,他麾下的鲜卑与南方的东汉是平起平坐的关系。檀石槐并不是以草原上一个分裂政权的首领来面对东汉,而是以一个草原大国君主的姿态来与周边政权打交道的。匈奴帝国的覆灭也才过去几十年的时间，草原游牧族群应该还记忆犹新，檀石槐也许会认为，鲜卑就是匈奴在草原上的继承者，因此鲜卑理应拥有昔日匈奴帝国面对四邻时的外交地位。

但东汉显然不这么看待新兴的鲜卑，东汉皇帝面对鲜卑的策略类似于对待南匈奴，希望对方以"臣"的姿态出现。

东汉出价低，檀石槐的鲜卑要价高，这生意暂时是谈不成了。不过草原的鲜卑和华夏的汉朝还没等到用力掰掰手腕的时候，就都各自出了大问题。

几年后檀石槐死了，鲜卑分裂成三部分：一部由檀石槐的后裔步度根统辖，活动于今山西北部一带；另一部活动于今河北和今辽宁交界一带；还有一部就是轲比能的势力，活动于另外两部之间偏北的草原上。

分裂后的鲜卑暂时丧失了称霸草原的实力。轲比能虽然是鲜卑一个小部落的人，但是因勇猛、公平、不贪财物，天生具有领导才能而成为首领。他还趁着东汉末年天下大乱，吸纳许多从华夏逃来的民众，借此也学习了一些华夏的文化和技术，势力渐大。

当三国时期的一代英雄曹操逐渐统一黄河流域的时候，轲比能不敢逆其兵锋，对他来说，首要目的是重建檀石槐的伟业，先统一鲜卑，在草原上扩张，因此他尽量维持与华夏强大的曹魏势力之间的和睦，并不主动挑战曹魏政权。史书记载，220年，轲比能还派人向曹魏政权贡献马匹，曹丕封轲比能为附义王。

轲比能顺从地接受了曹魏的封赏，接受了自己只是曹魏的一个"王"的臣子角色。这说明他的鲜卑部落与檀石槐的势力是无法相比的，毕竟轲比能连鲜卑族群都没有统一。四分五裂的草原在面对一个统一的华夏王朝时，是没有太多讨价还价的余地的。

但轲比能绝不是草原上顺从的绵羊，而是随时可以攫取利益的"狼王"。231年，蜀国的诸葛亮再出祁山，攻打魏国，同时与轲比能串通，遥相呼应，意图夹击魏国。所以《三国演义》中番王轲比能攻打蜀汉的桥段，完全搞反了史实，不是曹魏拉拢轲比能伐蜀，而是蜀汉要拉拢轲比能伐魏。这次南北夹击的战略并没有实现，诸葛亮被击退，轲比能也撤回草原。

不久之后，轲比能就杀死了步度根，兼并了后者的鲜卑部落。眼看着檀石槐统一鲜卑的伟业就要在轲比能手中再度实现了。东汉对檀石槐的担心现在变成了曹魏政权对轲比能的担心。于是，235年，曹魏方面的幽州刺史王雄派出勇士刺杀了轲比能。鲜卑又一次失去了自己的强力领袖，再度分裂。曹魏终于松了一口气。

轲比能的兴亡，其实是三国时期魏、蜀、吴三国面对的少数民族问题的一个缩影。那个纷乱的时代，并不只有三国之间合纵连横、尔虞我诈的剧情，还有他们与不同的少数民族势力之间的复杂纠葛。

被华夏史书和演义忽视的细节是，决定三国命运的不只是它们之间的战争和攻守，少数民族势力也是决定天下大势的重要因素。谁能够吸收更多的少数民族力量，谁就会在三国鼎立中握有更大的胜算。

还是让我们先从曹魏政权说起。轲比能和他的鲜卑只是曹魏政权要面对的北方草原势力中的一支，与曹魏瓜葛更深的是蹋顿和他的乌桓。

还记得被冒顿的匈奴攻破的东胡吗？鲜卑和乌桓都是东胡的后裔。

学者们猜测，东胡被匈奴击败后，一部分并入了匈奴族群之中，另一部分则向东、向东北方向撤退。撤退的其中一支躲避在乌桓山附近，也就是今东北地区辽河上游西拉木伦河北部大兴安岭山中；另一支更加向北，躲避在大鲜卑山附近，也就是今大兴安岭的北部山中。这两支东胡后裔逐渐发展为乌桓和鲜卑族群，并在匈奴逐渐衰落时趁机扩张，渐渐发展成为东部草原上的两大势力。

那个时期，大致上乌桓在西拉木伦河以南活动，鲜卑在西拉木伦河以北活动，后来才逐渐向南、向西迁移。

乌桓更加靠近东汉领土，所以在北匈奴仍然是草原霸主的时代，乌桓的倒向成为东汉与北匈奴竞争的重要一环。乌桓不仅要与东汉、北匈奴打交道，而且要面对更北方的鲜卑的挑战，地缘政治险恶。因此，乌桓与东汉一拍即合，愿意搞好关系。

早在49年，汉光武帝以大量的钱和丝绸作为赏赐，成功地将乌桓纳入东汉的朝贡体系之中。很多乌桓首领前往南方朝觐东汉皇帝，与南匈奴的待遇类似，乌桓部落被允许居住在东汉边境各郡，朝廷甚至还给他们提供衣食，他们则承担起保卫东汉边境，对抗兴起的鲜卑和衰落的北匈奴的军事义务。

彪悍的乌桓甚至成为东汉镇压境内叛乱的军事力量。例如165年，2.6万名幽州和冀州的乌桓步兵与骑兵被调往南方，平息零陵和苍梧的大规模蛮人地方叛乱。太尉张温也曾派遣3 000名幽州乌桓骑兵前去协助镇压凉州的叛乱。乌桓骑兵在汉朝的声望如此之高，连皇帝都挑选了数百名乌桓人作为皇宫警卫。

《三国演义》中描写了乌桓与袁绍势力有着友好的关系，乌桓的首领蹋顿收容了逃过来的袁尚、袁熙，与曹操对抗，后来被曹操长途奔袭击破，蹋顿也被大将张辽斩于马下。关于乌桓的这段描述倒是与史实很接近。蹋顿的乌桓的兴盛还在轲比能的鲜卑之前。蹋顿一度统辖乌桓和华夏逃难来的汉族人口多达30多万，于是史书称蹋顿"以雄百蛮"。蹋顿与袁绍势力关系很好，所以在曹操打败袁绍后，仍然支持袁绍的儿子们攻打曹操势力。为此，曹操终于下定决心远征蹋顿，彻底解决北方草原上的这股强大势力。

　　《三国演义》中把曹操的出兵描写成了追击袁尚、袁熙。但即使没有袁氏的余党，恐怕曹操还是会与乌桓一决雌雄，毕竟蹋顿的乌桓对华夏政权的威胁太大了。根据《后汉书》的记载，曹操的这次长途奔袭其实十分凶险，选择了一条偏僻的路线，又穿过了鲜卑部落的控制区，直接杀向乌桓的都城——柳城，并在柳城遭遇乌桓数万骑兵的阻击。战况细节暂且不论，最终的战果是蹋顿被杀，曹操收降了各族人口20余万，然后一路艰辛地返回了邺城。

　　史书中对于这段历史的描写，有很多有意思的细节。比如决战的地点是柳城，也就是今辽宁省朝阳地区，这里差不多是北方大草原的东部边界了。乌桓竟然建设了一个固定的城，并且还有大量居民居住在这座城里，这表明乌桓已经不是一个纯粹的草原游牧部落了，它融入了许多非草原的生产方式和管理方式。考古学证据表明，乌桓虽然主要还是一个游牧族群，但乌桓人也种地，收获糜子一类的农产品。通过吸纳汉族人，乌桓也拥有了各种手工业。

反观来自华夏的曹操大军，曹操的战法实际上是一种草原军事方式，以突袭的骑兵作为主要打击力量。这至少说明曹操的阵营中已经包括了来自草原的军事力量，至少是起源自草原的军事力量。这也说明了从东汉接纳南匈奴定居于长城地带以来，华夏北方源自游牧民的族群人口越来越多，已经成为这一地区不可忽视的力量。他们正在越来越深入地介入华夏王朝的内部事务。

乌桓与曹魏的这些有趣细节，向我们揭示出汉末天下大乱之时草原与华夏之间逐渐吸纳彼此的情景。

这一次险胜让曹操付出了著名谋士郭嘉病死的代价，不过终于解决掉了来自草原的心腹大患，而且整编了乌桓的骑兵，随曹魏征战四方，这就是三国时期赫赫有名的"天下名骑"。许多乌桓民众也被迁入塞内，成为官府的编户，定期缴纳赋税。但是，乌桓被击溃后，鲜卑又崛起，直到轲比能被刺杀，曹魏的北方边疆才得到短暂安宁。

公平地说，曹魏所面临的少数民族势力，是三国之中威胁最大的。但曹魏本身也是三国之中最为强大的一方，并凭借艰苦卓绝的征战，瓦解了数个潜在的草原敌手，甚至化敌为友，提升了自己的军事实力，也增加了税收收入，可谓相当成功。

与曹魏政权呈三足鼎立之势的孙吴、蜀汉政权，同样在这一时期积极吸纳少数民族势力，充实自己的力量。

对虎踞江东的吴国来说，威胁不只来自气焰嚣张的魏国和反复无常的蜀国，在自己的疆土之内就有心腹大患，那就是山越。

秦汉甚至更早的时期，中原人就称呼今东南沿海山区的土著居民为百越，在那片广袤的崇山和密林中有大量的部落，部落民众被统称为越人。山越就是百越的后裔之一，在东汉到三国时期，他们主要活跃在扬州、荆州的山区里，这些地方恰好都是吴国的心腹地带。山越人很早就开始在山区种植粮食作物，一些地方的山越人甚至还能够冶铸铜铁、制造兵器和农具。从人口数量看，山越是吴国境内仅次于汉民族的第二大族群，不可小觑。

山越占据险峻的山岭，基本上不受外界官府的管辖，也不向官府缴纳赋税，甚至有的时候还会与官府发生冲突，互有劫掠。200年，孙策被刺身亡，孙权从自己的哥哥手中接管了东吴政权，立刻就开始了征伐山越的军事行动，此后的30多年间，东南山区烽火不绝。

孙权连年用兵山越，并不只是想维护东吴疆土的安宁，一个很重要的目的是希望"以战养战"，通过征服山越各部落，把山越人吸收到东吴政权内部，把山越人变成自己的军队，变成自己的民众，增强自己与魏蜀两国争霸的力量。这和曹操对待乌桓人的做法是一致的。

对东吴来说幸运的是，山越并不像乌桓或者鲜卑那样有着强大的势力，山越人的部落往往在山中各自为战，因此容易被建制完整、人数众多的东吴军队各个击破。东吴的许多名将几乎都有镇压山越、整编山越的经历。比如诸葛恪镇压了丹阳郡的山越后，俘获人口达10万左右，从中得甲士4万，其中自己统领1万，其余的分赏给属下诸将；陆逊在平定东三郡的山越后，挑选其中强健者为兵，得到精兵数万；贺齐在镇压了建安山越后，从中征兵万人……

到底有多少山越人被整编成为东吴军人，很难说得清楚。根据粗略的史料统计，东吴军事力量鼎盛时期大约有30万大军，最后投降晋朝的时候，也还有20万大军，其中山越军团就占了10万之众。没有山越军团的支撑，东吴可能根本就不能坚持那么久。

除了军事力量的补充外，被征服的山越人还成为东吴经济建设的生力军。整个东吴割据时期，在山越聚居区建立了10个郡，把大量的山越人口纳入官府的郡县管理体系内。大批山越人走出深山，移居平地，成了当地郡县的编户，并同汉族人一起承担官府的赋税和徭役。他们一起开发当时并不富庶的江南地区，变荒山野岭为良田美地，促进了江南的迅速繁荣。

东吴政权也因此增强了国力，在三国鼎立中硬抗外敌，不落下风。

目光再转向蜀国。在《三国演义》中，南王孟获是个衬托诸葛亮神机妙算、以德服人的配角，经过诸葛亮"七擒七纵"，孟获最后心悦诚服，效忠蜀汉。在历史上，诸葛亮南征是与南中叛乱有着直接的关联，但孟获只是影响蜀汉安危的南中叛乱中的一个地方将领而已，并非叛乱的统帅。本章开头所谓的五路大军伐蜀桥段里也包含了孟获的一路，其实南中叛乱早在刘备在世的时候就已经爆发了。

南中地区主要是指东汉的牂牁郡、越嶲郡、益州郡和永昌郡，合称为南中四郡，大致在今四川南部、贵州、云南一带。南中地区多山川，比山越活动的东南山区更加险峻，是少数民族的聚居区，但经过秦汉时期的融合，迁移过来从事屯垦活动的汉族人也为数不少。于是在南中地区，形成了汉族与少数族群共同治理当地的局面。

汉族移民包括秦汉以来不断进入西南地区的汉族官吏、商人和移民中的上层人士，经过几百年的相互融合，汉族人变得更加当地化，而当地少数民族首领也吸收了许多汉族人的思想与文化，两者之间关系密切，区别并不明显了。

由于南中地区天高皇帝远，再加上刘备的蜀汉是夺取了益州建立的，刘备的势力属于外来者，因此南中地区的汉族大户和少数民族首领对蜀汉并不是很顺服。再加上东吴的孙权不停地在旁边煽风点火，积极策反南中地区，在刘备还在世的时候，南中地区就已经有了反叛的火种。

比如孙权就曾经派人引诱益州郡的首领雍闿归附自己，任命雍闿为永昌郡太守。其实雍闿从来也没拿下过永昌郡，但雍闿的造反是实实在在的。越嶲首领高定、牂柯郡郡丞朱褒和雍闿一起叛乱，史称"南中叛乱"，几乎搅动了蜀汉名义上所控制疆域的一半。其中高定的角色有点像《三国演义》中所描写的孟获，俨然是叛军的最高首领。而历史上的孟获只是雍闿的一个手下而已。益州郡的一些部落并不愿意跟随雍闿反叛，于是雍闿派孟获去煽动他们，说蜀汉命令这些部落上贡前胸都是黑色的黑狗300头、螨脑3斗、3丈（约10米）长的断木3 000根。这些部落信以为真，于是都跟着雍闿造反了。

南中叛乱之初，蜀汉正忙于和东吴在荆州的争夺战，腾不出手来平定叛乱。直到吴蜀夷陵之战结束，刘备病逝，诸葛亮经过充足的准备后，终于在225年春正式发兵，讨伐南中叛部。

与山越类似，这些南中叛部也是各自为战，最终被诸葛亮一一击破。然后，诸葛亮为了便于管理南中，对四郡的行政区划进行了调整，同时把南中地区的大批汉族大户人家和少数民族首领迁往成都。经过大约20年的治理，南中地区终于安稳下来。那个归降蜀汉的孟获，最后在蜀汉朝廷中官至御史中丞，也算颇有荣光了。

南中地区的少数族群也成为蜀汉的兵源，诸葛亮曾经迁移万余家到蜀地，组成五部，号为飞军。除此之外，南中地区还出产金银、丹漆、耕牛、战马，这些物资充实了蜀国的军事和经济实力。

从三国时代对少数民族的吸收角度看，与秦汉时期的统一王朝相比，三国是一个分裂的时代，也是一个整合的时代。

虽然秦汉时期依靠武力扩大了疆域，比如长城地带、辽东、东南沿海以及西南方向的云贵高原，但是武力征服只能带来浅层次的区域融合，比如在东南沿海和云贵高原，秦朝和汉朝实际控制的仅仅是一些交通要道上的据点、一些可供耕种的山间盆地，周围山区里的少数民族并不服从管理，更不用说融入整个国家中了。

这些新纳入华夏文明疆域的地区真正开始融入文明圈，正是在三国时期。魏、蜀、吴三国都不约而同地先靠武力征伐，后靠管理和经营，把这些地区的少数民族逐渐融入自己的政权体系中，政治、经济逐渐融为一体，文明、文化也开始相互吸收。经济与文化的融合，才是更加深层次的融合。

所以三国时期看似是战火连天的大分裂时代，却也实现了华夏文明圈的扩大和深化，尤其是在蜀国和吴国的南方区域。

不过，文明的融合并不会是单向的，华夏文明在吸纳周边区域少数民族的时候，同样也会受到周边的影响甚至冲击，并孕育了下一次分裂的种子。

这颗引发不安的种子，其实正来自华夏王朝的"老朋友"——匈奴。

匈奴不是已经被汉朝扳倒了吗，怎么会再次咸鱼翻身呢？我们要书接上回，从融入华夏王朝的南匈奴后裔谈起了。

南匈奴臣服于东汉王朝，并在与北匈奴对抗时吸收草原上的匈奴人口。北匈奴瓦解后，也有大量的匈奴人在鲜卑、乌桓等的攻击下，被迫投靠东汉麾下。因此，虽然匈奴帝国已经消失了，但众多的匈奴人仍然是塞北一支不可忽视的力量。

考古学家曾经在河南安阳殷墟考古发掘时发现一批小型的砖室墓。根据墓葬的建筑方式和出土的器物大致推断，它们应该不是典型的中原式墓葬。几乎每个墓葬内都会出土一件鄂尔多斯草原风格的青铜釜，这种带有明显游牧民特点的青铜釜在中原地区很少出现，说明当时一些游牧民已经在中原腹地定居生活了。考古人员还在这些墓葬内发现了串珠、金耳环、短剑、绿松石等器物，这些都与中原地区的出土文物不太相似。

根据出土器物的形制大致推测，墓葬的主人应该是匈奴人。墓葬的时代应该在东汉末年到魏晋，距今 1 800 年左右。当时在中原腹地已经有相当规模的匈奴人生活，可想而知在长城地带生活的匈奴人就更多了。

东汉末年，军阀混战，汉献帝从长安逃亡时，当时匈奴部落的首领之一于夫罗曾经救援并保护汉献帝。这一看似不起眼的事件，其实大有深意。

首先，这说明匈奴人认同东汉王朝的皇帝权威。其次，于夫罗在血缘上属于匈奴单于一脉，而匈奴许多代单于都曾与汉朝皇室联姻，因此在于夫罗看来，汉献帝也是自己的亲戚，现在亲戚有难，自己责无旁贷要去救援。

听上去于夫罗似乎在高攀皇室，其实在那个时代的人眼中，匈奴单于一脉与汉朝刘家一脉合在一起，是整个亚洲东部最显赫的家族。不论是匈奴单于还是汉朝皇帝，都是血缘传承，非自己一脉不得当单于或皇帝。到了南匈奴时期，两个家族又多次通婚，俨然就是一家人。所以于夫罗的血脉身份在华夏也是相当显赫的。

与乌桓和鲜卑类似，于夫罗的匈奴势力同样生不逢时，在遇到曹操这个旷世王者的时候也不得不甘拜下风，俯首称臣。于夫罗死后，他的弟弟呼厨泉成为匈奴单于，却被曹操强留在邺城。南匈奴被分成5部，每一部以匈奴人为帅，以汉将为司马，实际的控制权掌握在了曹魏政权手中。于夫罗的儿子刘豹被封为左部帅，统领一部。

等等，于夫罗的儿子怎么姓刘呢？

其实这并不奇怪，由于与汉朝皇室有亲戚关系，因此匈奴单于一脉在华夏生活时，有时也会取汉姓汉名，而且以皇家的刘为姓，可显其地位的尊贵。等到刘豹去世，他的儿子刘渊接替左部帅职位时，曹魏已经是明日黄花，华夏进入西晋时代了。

经过三国时期的征战与融合，到了西晋的时候，周边少数民族迁到华夏生活的越来越多，有的是被华夏王朝强行迁入的，有的是自己主动投诚过来的。根据西晋名士江统的说法，当时关中百万人口中，已经有将近一半都是少数民族了。甚至早在曹魏的时候，名将邓艾就发现境内的少数民族人口已经相当可观，他主张把这些少数民族重新逐到塞外，避免生乱。

但是,三国到西晋时期,华夏政权的麻烦不是人口多了,而是人口太少。曹操《蒿里行》中那句著名的"白骨露于野,千里无鸡鸣",就是战乱导致华夏凋敝的生动写照。

从三国时期具体的人口统计看,蜀国灭亡时有28万户94万人,吴国灭亡时有52.3万户230万人,魏国灭亡时有66万户443万人。虽然三个政权人口统计时间略有不同,但是如果将三国人口就这么简单相加,总计是767万,只不过是东汉时期5 000多万人口的1/7左右。当然这些统计数字只是政府掌握的编户的人口,在编户之外确实也存在数量可观的流民。不过总体看,动荡的三国时期,华夏文明圈的人口经历了大幅减少是确定无误的。人口多少代表国力的强弱,所以华夏各政权有意无意地吸纳周边少数民族人口充实自己的国力,是有客观动力的。

如果统一了三国的西晋王朝能够安定团结,境内即使有大量的少数民族,倒也没太大麻烦。偏偏西晋统治阶层司马氏自己厮杀起来,史称"八王之乱"。

混乱之中,于夫罗的孙子刘渊站了出来,以匈奴五部为班底,形成了一方势力。304年,刘渊筑坛设祭,设国号为汉,自称汉王,追尊汉禅为"孝怀皇帝",并设了汉高祖等人的神位进行祭祀。在刘渊看来,蜀汉是汉朝的继承者,"我汉有天下,世长恩德,结于人心。是以昭烈崎岖于一州之地,而能抗衡于天下"。

"我汉"二字,揭示了匈奴血统的刘渊在文化意义上已经是一个汉族人了,毕竟他在华夏王朝中任职的时间很长。

308年,刘渊正式称帝。就这样,在汉朝被曹丕终结80多年后,一个匈奴人宣布,现在我来做汉王、大汉皇帝,汉朝在我手中光复了!

这听上去是有点古怪,但我们不得不承认,刘渊确实有血缘资格来继承大汉王朝的正统。刘渊死后谥号"光文",他被放到了与东汉开国之君光武帝同等的地位。

刘渊称帝后不久病死,但他建立的汉国以摧枯拉朽之势,把西晋扫入了历史的垃圾堆。316年,西晋最后一位皇帝投降汉国,西晋灭亡。中原地区的士族为了躲避战火,带着家眷和民户向南方的长江流域迁徙,史称"永嘉南渡";而北方的少数民族势力纷纷入主中原,填补大批汉族人南迁留下的空间。

偏安于南方的东晋宣称自己是"天命"所归,是华夏王朝的正统,幻想着冥冥之中的"天命"能够帮助他们收复中原,天下再度统一于晋。可惜这只是幻想,当时南方的经济基础远远逊色于开发很早的中原地区,融合了草原部落的少数民族政权的军事实力也强于东晋。东晋的数次北伐无功而返,好在他们也抵御了来自北方的大举进攻。

从道理上说,曹魏篡夺了汉朝的基业,司马氏的晋又篡夺了曹魏的基业,然后被匈奴人的汉国赶跑,天命说挺勉强的。

站在这些占据了北方地区的少数民族势力的角度,他们如何看待自己,如何管理华夏呢?

这次时局动荡最初源于东汉末年汉朝政治、经济秩序的崩溃,主要是由带有宗教色彩的黄巾之乱触发的,其实和在北方生活的少数民族并无关系。西晋短暂统一三国后发生了内乱,很多少数民族是被华夏政权引过来协助自己的,这些少数民族甚至致力于恢复汉朝的那套政治、经济秩序，刘渊就是其中最典型的代表。即使在魏晋之后的大乱局中，各路少数民族的主流人群原本就居住在汉朝疆域，并非突然之间冲破长城南下的入侵者。

乱世出英豪，曾经被吸纳并长期蛰伏于东汉和魏晋之下的各部落纷纷崛起，他们当然关注所谓的"天命"问题，要把正统抓在自己手中。在汉朝覆灭之后，各个华夏政权都试图建立自己的统治合法性和话语权。只是由于这些部落追根溯源来自长城以北，因此他们心目中的"天命"，与东晋这样的汉族人政权有着本质的不同。

就拿刘渊的养子刘曜来说，他对刘渊的那套恢复汉朝秩序的思路并不认同。刘渊骨子里已经变成了一个"汉族人"，但是刘曜生长于自己的部落之中，有着浓郁的草原文化背景。319年，他把刘渊建立的汉国的国号改为赵，因为他曾被封为中山王，中山属于古代的赵地。不仅如此，他还诏曰："吾之先，兴于北方。光文立汉宗庙以从民望。今宜改国号，以单于为祖。"

刘曜直白地向天下人宣布，匈奴单于才是我的祖先。刘渊设立汉朝的宗庙，只是顾虑汉族人而已。他在祭祀时也尊崇冒顿这位先于他的时代约500年的匈奴英雄。

刘曜的所作所为，显然代表了支持他的五部匈奴人的意见。虽然刘渊曾经是五部匈奴的最高统帅，大家愿意跟着他干，但是刘渊长期在华夏当官，他的复兴汉室的思想其实并没有得到自己族人的认同。虽然匈奴帝国没有了，但是匈奴的"文化"并未消失。

在血雨腥风的征战之外，"天命"归谁其实只是这些少数民族政权关心的一个次要问题，他们最大的现实问题是：草原血统的部落该如何治理华夏和百姓？

匈奴人也好，少数民族中的其他部落也罢，都必须面对政权如何组织、民众如何治理的问题，因为他们现在的疆域主要是华夏。看看匈奴人刘渊和他的汉国，我们应该把它视作一个匈奴政权还是一个华夏政权呢？在骨子里，刘渊和他的汉国更像一个华夏政权，就像他所标榜的汉朝血统一样，"很华夏"。

不论华夏政权的统治者的族群是有华夏背景还是草原背景，他们现在都要面对一种复杂的局面，那就是辖下民众的族群是多元的，民众的生产模式、文化习俗也是多元的。这样的局面不是之前汉朝的单一华夏政权模式、匈奴的单一草原政权模式所能应付的。在一片乱世中诞生的统治者必须探索一种适合新局面的新的政权管理模式，尤其是在族群人数少的草原背景的统治者要面对大量华夏民众的时候。

"天下"要往何处去？对这个问题答案的求索，将贯穿从刘渊起兵开始长达几百年的魏晋南北朝历史。

汉朝崩塌后，草的世界与禾的世界都处于动荡之中，没有人想到，动荡会持续数百年。然而，正如我们前面所说，疆域的统一未必代表了不同族群的经济和文化的统一，那么反过来，疆域的分裂也未必代表了不同族群的经济和文化的分裂。那些逐鹿中原的草原血统部落在带来异域雄风的同时，在政治、经济、文化等方面也深深地影响了华夏。表面的疆域走向了分裂，里面的文化将走向融合。

走向洛阳城

刘曜的赵国史称前赵,算是匈奴人在华夏建立的政权,它最终亡于从自身分裂出来的羯族人石勒建立的后赵,后赵在长安附近决定性地摧毁了前赵政权。

匈奴人最后的哀歌绝响于曾经的汉朝都城——长安。匈奴与汉朝缠斗了几百年,两大强权曾经左右了东亚的历史,最终匈奴人的历史帷幕竟然在长安城落下,此情此景不禁令人唏嘘不已。

匈奴人退出了历史舞台,但源于塞外的各部落势力仍在华夏混战。自西晋灭亡后,人们在看不见的无边黑暗中探索一条可行的道路。

匈奴人的前赵之所以灭亡,原因之一就在于刘渊之后,该政权过于依赖匈奴人"本家",而没有把广大的汉族人纳入自己的政权体系中。灭掉了前赵的后赵也与前者类似,过于依赖羯人"本家",没有包容汉族人。与前两者相反,灭掉了后赵的冉魏则提出了"杀胡令",政权建立在汉族人的基础上,却把其他部落排斥在外。

前赵、后赵、冉魏等政权在面临政权组织形式的问题时,采取了"一元化"的策略:要么完全依靠战斗力强大的草原血统部落的力量,要么完全依靠人口众多的汉族人的力量,在草原政权模式与华夏政权模式之间采取单项选择,非此即彼。它们的旋起旋灭固然有一定的偶然性,但政权组织形式上的缺陷应该是它们灭亡的必然因素之一。

此后,一度统一了整个中原地区乃至北方地区的前秦,明显采取了不太一样的策略。前秦建立者苻坚雄才大略,他试图建立一个能够包容各个少数民族部落以及广大汉族人的政权。汉族人王猛是苻坚最得力的政权治理助手，而对于其他部落的人才，苻坚也积极吸纳。他对于被他征服的其他部落也宽大为怀，除了少数上层人士外，很多部落民众都就地安置。

所以从政权结构上看，苻坚的前秦政权有点类似于昔日匈奴结构的华夏版本，它由大量的部落联合组成，以苻坚的"本家"氐人作为核心，也积极吸收了其他部落的上层人士，当然也包括汉族人精英，这是前秦政权相对于前赵、后赵、冉魏等政权更为包容的一面。

不过，苻坚的政权模式的蓝图显然还是草原政权模式。假如苻坚的这个部落联合体的组织放到草原上，在地广人稀、时刻游走的草原环境中，或许存活的时间能长一些。问题是，华夏不是草原，华夏的人口数量和构成也与草原大不一样，不仅人口密度更大，而且主要以农业为生，汉族人是所有族群中人口最多的群体，以农耕为经济基础的社会是不能直接移植草原政权管理模式的。经济基础、人口结构要求在政权管理中融入更多华夏政权模式的内容，但前秦显然没有做到这一点。

用单一的草原政权组织形式来管理华夏，结果不容乐观。前秦这种单一的部落联合体，只是用人格魅力或军事强权来维系表面的联合，国家政权结构乃至国家文化层面上都还没有实现多族群的深度融合。

最终，苻坚为了统一天下而举兵南下，试图消灭东晋，却在淝水之战中败北，前秦貌似强大的国家立刻土崩瓦解，各个部落再次裂土分疆，各自为战。

在混乱中此起彼伏的政权，不论这个政权是汉族人建立的，还是少数民族建立的，都存在着致命的缺陷，没能朝着政权组织和国家文化融合方面迈出实质性的一步。

真正的曙光出现在草的世界与禾的世界的交界——辽东地区，以那里为根基，发展起来数个以"燕"为国号的地方性政权——前燕、后燕、北燕等。

辽东地区大体上在今辽宁省一带，曾经是汉朝的控制区域，因为那里虽然远离中原地区，但辽河两岸有可以耕种的土地，所以从经济模式角度看，汉朝在势力扩张的时候，完全可能把自己熟悉的华夏政权组织形式和文化移植到辽东。辽东的地方政权对于中原文化是熟悉的，对于华夏王朝的政权组织模式也是熟悉的。

同时，辽东又紧邻草原和森林地带，受到草原游牧文化和森林渔猎文化的影响。在这块并不算大的区域中，人们可以一一找出华夏村镇与农田、草原游牧营地和丛林村落等不同类型的人类聚集点。这片文化交融的土地，给这段黑暗时期投入了一缕黎明的曙光。

前燕是鲜卑人的一支——慕容鲜卑建立的政权，他们在西晋时已经成为辽东的主人，虽然名义上还臣属于晋朝朝廷。337年，慕容皝自称燕王，前燕登上历史舞台。这个地处偏远的政权有着与周边政权不同的组织结构，它是"二元化"的政权，兼具草原与华夏的色彩。在民政管理方面，它借鉴了华夏王朝的管理模式，大量使用汉族官僚，从而有效管理了境内的汉族人和农田。而在国家军政方面，前燕仍然保留了鲜卑人的部落管理特点，保持了鲜卑人强大的军事力量。

在华夏动荡的时期，前燕政权相对安定，因此成为华夏流民重要的迁移地区。这些流民的到来，给前燕带来了劳动力和农业技术，也带来了华夏的管理人才，大大增强了前燕的实力。

而且，二元化的政权组织形式给了前燕很大的灵活性，当这个政权面对草原上的势力时，它能够以其人之道还治其人之身，用骑兵对抗骑兵。前燕大军曾经深入草原，重创铁勒等游牧部落，俘虏人口、牲口返回。这种掠夺的战略带有明显的游牧政权征战的色彩，前燕清楚地知道华夏政权的优劣势。

而在面对华夏政权时，前燕同样极具战斗力，它既有凶悍的草原血统军队，也有农耕社会的物产作为后勤支撑。前燕曾经在342年击败后赵的20万大军，打开通向中原的道路，占据黄河下游的大片沃野，与西面苻坚的前秦以及南方的东晋一争天下。

虽然前燕在中原逐鹿中遗憾落败，但"莫以成败论英雄"，这并不代表它所开辟的二元化的道路失败了。慕容鲜卑在政权组织形式上的这种尝试，影响了周边的政权，尤其是其他鲜卑部落。慕容鲜卑入主华夏的梦想最终由另一支鲜卑人实现了。

人们通常认为，元朝和清朝是北方少数民族入主华夏建立的统一王朝，此外再无他例。其实，如果历史向前追溯到魏晋南北朝时期，鲜卑族群的一支——拓跋鲜卑从长城地带一个小小的代国开始，逐渐发展成北方的强大政权——北魏，经过短暂的东西分裂后，又重新统合到隋朝的旗号下，最终一统天下。

宽泛地说，如果我们淡化所谓的朝代更迭，那么代国—北魏—隋朝这条历史脉络，同样也是北方少数民族入主华夏的典型事例。特别是北魏南下的过程，是草的世界与禾的世界区域大融合的深度探索，大大影响了此后中华文明的融合轨迹。

前面我们曾经谈到鲜卑人的两位领袖——檀石槐和轲比能，那是鲜卑族群开始与华夏人民接触的时代。而拓跋部作为鲜卑人的一支，其南迁的步伐是比较晚的。

根据史书记载，拓跋部历史上经历过两次大规模的南迁，第一次南迁发生在公元元年前后甚至更晚，也就是东汉初年到中期，拓跋部离开了世居的大鲜卑山，即大兴安岭地区，南迁大泽。学者们目前认为，这个大泽很可能就是今内蒙古北部的呼伦湖。在水草丰美的呼伦湖休养生息了一二百年后（真实情况可能是被强大的草原霸主匈奴长期压制），拓跋部第二次南迁，从呼伦湖一带南迁到匈奴故地，也就是今内蒙古中部一带，时间是160—170年，也就是东汉晚期。

拓跋部两次南迁的过程，正伴随着匈奴被以东汉为首的周围政权打散的过程，所以拓跋部沿途吸收了很多匈奴部落，壮大了自己。

其实对古代草原上的各个族群来说，并没有现代意义的民族概念，族群与族群之间的区分并不是那么泾渭分明。当我们说在草原上鲜卑取代了匈奴的时候，并不意味着匈奴人都被消灭或者迁走了，实际上相当一部分甚至大部分匈奴人都还生活在草原上，依旧从事着游牧生产，只是被新的统治集团鲜卑吸收了，变成了鲜卑人。

此后岁月中统治草原的柔然、突厥、回鹘、契丹、蒙古等族群彼此更迭，也是这样的规律。

总之从时间上看，当檀石槐威震漠南草原的时候，拓跋部还在北方草原上游荡，来不及加入檀石槐的鲜卑大队伍。到了三国时期，拓跋部终于赶上了大部队，拓跋部首领拓跋力微以盛乐（今内蒙古和林格尔附近）为据点，统御周围的各个鲜卑部落，并且和其他鲜卑势力一道，与曹魏政权往来不绝。西晋建立后，拓跋部也与之频繁交流。此后拓跋部几经沉浮，终于在西晋"八王之乱"的乱世中抓住机遇，首领拓跋什翼犍于338年成为西晋所封的代王，几年后定都盛乐，开始参照华夏王朝建立各种政治制度，从此拓跋部从一个纯粹的草原游牧势力演变成一个糅合了华夏色彩的小王国。

在拓跋什翼犍的手下官员中，有鲜卑人、汉族人、乌桓人等。同时，拓跋什翼犍还有自己的"侍臣集团"，也就是由各部落首领和豪族的子弟组成的统治阶层，这是为了将部落贵族和他们的子弟吸收到政权的权力结构中而采取的措施。拓跋鲜卑毕竟是从草原部落联盟起家，需要把各个部落的力量团结在一起，因此贵为君主也不得不妥协，与部落首领分享权力。从拓跋什翼犍的政权权力结构中，可以看出代国已经兼具华夏与草原的特点了。

代国正好也位于长城地带，所以拓跋鲜卑建立的这个国家和慕容鲜卑建立的前燕有类似的特点，它们既有草原的传统，也有华夏的影子。由于南迁和建国相对较晚，拓跋鲜卑的游牧色彩更为浓郁，保持了更多的草原传统。随着政权的发展，代国逐渐学习了前燕的一些政权治理经验，学习如何管理城镇，如何管理大量的汉族人，以及如何管理农耕社会。

早期代国的历史比起前燕来更为艰险。376年，还相对弱小的代国遭受灭顶打击，强大的前秦讨伐代国，代国根本无力对抗，一战而败，代国灭亡。幸亏前秦皇帝苻坚头脑发热，发动大军去攻打东晋，淝水之战打下来，苻坚的前秦土崩瓦解，北方一片混乱，拓跋部的机会又来了。拓跋什翼犍的孙子拓跋珪集结旧部，于386年再次复国，先是即代王位，然后他可能觉得代国没什么威名，马上又改国号为魏，这就是史上赫赫有名的北魏政权。

拓跋珪复国后立刻东征西讨，扫荡了周围的小势力后，与慕容鲜卑建立的政权——后燕（前燕已经被前秦消灭）在华北决战并胜之，版图大为扩张。盛乐小城已经不适合作为大国之都了，于是拓跋珪迁都平城，也就是昔日冒顿与刘邦正面交锋的地方。多么有象征意义的地点！

此时的北魏已经从一个长城地带的游牧小国发展成囊括一部分草原和大片平原区域的北方强国，拓跋珪首先要解决的问题是，最初游牧部落松散的联合体制已经不适合用来管理新的疆土了。

志向远大的拓跋珪采取了部落解散政策，就是将拓跋部旗下的各个部落集中迁居到国都平城及其周边，集中居住的各部落按照方位重新整编成8部，成为北魏国军的核心。同时把各个部落族长对部落的统率权收归国家所有。说白了，就是部落的战士和民众直接隶属于北魏皇帝，不再隶属于各族首领。各族的势力受到了削弱。

北魏的皇帝从拓跋珪开始，从草原政权的联盟首领转变成了有些华夏味道的君主。拓跋珪之后的北魏皇帝继续率领着国军南征北战，逐一扫荡了中国北方黄河流域的各路势力，最终在439年消灭西凉后，基本完成了统一黄河流域的大业。

军事胜利带给北魏的不只是喜悦，还有国策选择的烦恼。

统一华夏的过程，意味着北魏国土中草原疆土所占的比例越来越小，而华夏疆土所占的比例越来越大，最后，北魏统治的农耕区面积远远超过了游牧区的面积。从人口角度就更不用说了，北魏国土中的农民数量远远多于游牧民数量。即使在军事上北魏还可以依靠拓跋族群为主力，但是在国家治理上，显然已经不可能照搬草原上的那套游牧传统了。

作为一个靠游牧部落打下天下的政权，北魏不得不面临抉择：是该更多地维持自己的草原传统，还是该更多地转变为华夏政权？

从北魏建国直到魏孝文帝登基之间的大约100年中，北魏政权采用的是兼具草原传统和华夏传统的二元化结构，也就是政治由内朝和外朝共同运作。

具体来说，内朝就是皇帝身边的侍臣集团，他们都是拓跋鲜卑部落中的实力派人物，他们参与国家大事，以草原游牧时代的一些传统行事，拱卫在和自己同族的拓跋皇帝身旁。而外朝则是基本上按照华夏王朝的治理模式来执行皇帝的各项政策的行政组织。熟悉华夏王朝治理模式的人当然是那些土生土长的汉族人，所以外朝的官员主要由汉族士族中的精英来担任。

所以在北魏的前期，不那么严谨地说，鲜卑人的内朝是决策机构，汉族人的外朝是执行机构。在北魏从一个小王国迅速扩张的过程中，这种二元结构算是勉强应付了北魏横跨草原与华夏的新局面。

但是，随着疆域的日益扩大，特别是大片的华夏区域落入北魏手中，对北魏政权在国家治理上提出了新的挑战，需要管理的农耕区十分广大，相对来说草原游牧区却很少，这就要求政权组织模式进行调整，以适应草的世界与禾的世界不成比例的现状。

北魏粗犷式的二元结构越来越无法应付新局面。具体来说，内朝作为决策机构，如果其成员都不熟悉华夏的经济和文化，怎么做决策？内朝根据自身的游牧经验搞出来的政策，外朝如何向华夏的农耕区推广？内朝与外朝经常"鸡同鸭讲"。

迫不得已，北魏的内朝也开始吸收汉族士族来帮助做决策，而且国家越大，需要决策的事项越多，内朝变得越来越大，内朝和外朝之间的权限冲突也变得非常突出。北魏的二元结构制度越来越不稳定了。摆在当时的北魏统治者面前有几条路。

其一是退回拓跋鲜卑初期的草原部落传统，完全依靠鲜卑人的军事力量，以征服者的姿态凌驾于大量的汉族人之上，治理这个庞大的国家。这一方案相当于退回到单一草原政权模式，可现在北魏的主要国土是华夏区域，采用这个方案，前车之鉴就是匈奴人的前赵和羯人的后赵，看上去不是什么好主意。

其二是彻底转变为华夏王朝，施行华夏的政治制度，同时让鲜卑人彻底融入华夏文化之中。这一方案相当于挺进到单一华夏政权模式，实际上就是向昔日汉朝的组织形式靠拢。

不论选择上述哪条路，都是将国家的管理机构从二元结构转化为一元结构。

其三是在现有的二元政权模式中进行调整，找到更加适合现状的政权模式。比如，在照顾草原传统的同时，更多地采用华夏的政权治理方式，形成一种"以华夏为主体的混合政权模式"，充分发挥草原游牧族群的军事力量和华夏农耕族群的巨大生产力。

听上去这第三条路十分美好，但需要很强的政治能力和高超的技巧，很难把握好尺度。北魏作为很早入主华夏的草原族群，并没有什么经验可以参考，没有蓝本可以借鉴。

北魏的历史告诉我们，北魏统治者选择了第二条路。

魏孝文帝拓跋宏5岁即位后，他的祖母文明太后摄政，北魏启动了非常激进的改革。孝文帝时期最震撼的改革事件可能要算迁都洛阳了。此前的都城不论是盛乐还是平城，都处于农牧交错的长城地带，而洛阳处于中原地区的核心位置，周围是肥沃的农田和大量从事耕种的农民。

493年孝文帝决定迁都时，完全清楚自己的那些鲜卑族人会有多么不高兴。于是他打出了御驾亲征南齐的旗号，率领群臣和大军从平城出师，向南进发。到了洛阳，孝文帝不走了，随即宣布迁都洛阳。即便如此，许多鲜卑重臣依然闹着要回北方，回到自己熟悉的草原去。孝文帝不得不适当让步，允许一部分迁移到洛阳的鲜卑贵族冬天居住在洛阳，夏天返回平城，这些人就是所谓的"雁臣"。

孝文帝改革废除了北魏此前一直沿用的内朝制度，并以法令的形式"禁胡服，断北语，改姓汉姓"，推动鲜卑贵族与华夏士族通婚。

这些激进的改革当然会引发坚守草原传统的鲜卑贵族的不满，甚至在496年还发生了以皇太子为首，一些鲜卑贵族参与的谋反事件。虽然孝文帝迅速镇压了谋反，并处死了闹事的鲜卑贵族，但整个国家从草到禾的天翻地覆的转变，让以草为生的鲜卑族人备感失落，特别是那些中下层的鲜卑族人,感到他们的君主正在抛弃他们。他们会问:这个国家的江山难道不是我们打下来的吗?为什么被忽视的竟然是我们?

让北魏选择迁都洛阳、融入华夏的原因,当然不仅仅是为了更好地治理疆域广大的国家,还因为北魏在草原上遇到了一个强大的敌手——柔然。柔然的崛起,封死了北魏政权向北扩张的路线,压缩了北魏的草原疆土,这也是北魏不得不选择南下发展,向单一华夏政权模式转变的重要原因。

按照北魏的说法,柔然的始祖曾经是拓跋鲜卑的奴隶,一个叫木骨闾的柔然人集合了百余人逃到阴山的北面,投靠了其他部落。大概在4世纪末的时候,复国后的北魏正忙着消灭华夏的各个势力,无暇顾及北方草原,结果柔然趁机扩张势力,占据了草原,初步形成了与北魏南北对峙的局面。

考虑到北魏和柔然是100多年的死对头,因此这段关于柔然崛起的故事显然有贬低对方的意味。不管真实的情况如何,柔然已然成了北魏的心腹大患。5世纪初,柔然汗国建立,柔然铁骑几乎横扫了整个蒙古高原。424年,柔然6万骑兵袭击了北魏旧都盛乐,北魏太武帝拓跋焘不得不亲率大军应敌,甚至被柔然骑兵围困。三年之后,柔然骑兵又直接威胁了北魏当时的都城平城。

所以我们就不难理解孝文帝迁都洛阳的另一个目的——军事防御。不论盛乐还是平城,都离可怕的草原敌人柔然太近了,稍有不慎就会面临灭顶之灾。迁都到洛阳之后,北魏就有了战略纵深,江山社稷更为安全。

柔然的勃兴,改变了亚洲东部的整体国际形势。

历史教科书中往往把北魏这段历史归入南北朝时期，北朝就是北魏以及之后的北齐、北周，南朝就是宋、齐、梁、陈等政权。北朝与南朝，大概可以用三国的疆域来概括，北朝大体上占据了魏国的疆域，而南朝大概占据了蜀国和吴国的疆域。只是后来北朝越来越强大，双方的边界逐渐向南移，到了南朝最后的陈朝时期，南朝已经龟缩到只剩下小号的吴国疆域了。

但是如果我们放眼整个东亚大陆，则是一个更大的"三国"局面：北面的柔然、中间的北朝、南面的南朝，呈现出南北方向的三国形态。至少在北魏的大部分时期，中间的北朝国力基础最好，但是地缘政治最差，处于被草原势力和南朝政权南北夹击的态势。

北魏与柔然之间的关系，类似于汉朝与匈奴的关系，是华夏王朝与草原政权的对峙；北魏与南朝的关系，又像此前三国时代魏国与吴国、蜀国的关系，南北分治。这种南北方向的"新三国"关系，让北魏的位置一下子变得很尴尬了。

在汉族人眼中，鲜卑人是北方那些游牧部落中的一支，北魏是一个胡人南下建立的外来政权。汉族人的正统政权要么已经不复存在，要么应该是江南的那个，不论是叫晋，还是叫宋、齐、梁、陈，毕竟算是汉族人南迁建立的政权。

而在北方草原上的各部落看来，拓跋鲜卑虽然跑到温暖的南方做大了，但当年在草原上也不过是个小角色，没什么了不起的。现在草原上柔然很强大，那么我们认柔然当老大好了。

如果北魏能够依靠武力把北面的柔然和南面的南朝都打服，倒也能强压下这些讨厌的声音。问题是北魏被夹在两大敌对国之间，腹背受敌；而且柔然和南朝还借道西面的吐谷浑政权，彼此频频目送秋波，合谋对付北魏。在一时间无法依靠军事征战解决问题的情况下，北魏不得不考虑改变自身形象，消除华夏和草原上对自己不利的舆论，让天下人的心倒向自己。

向北，面对来去如风的草原帝国柔然，北魏不得不继续保持自己的草原传统，保有强大的部落骑兵性质的军队，以应对草原上的巨大威胁。这些以长城地带为基地的军队并不受汉族官员控制，而是掌握在拓跋人的手中。所以即使魏孝文帝选择走向单一华夏政权模式，北魏短期内也不可能蜕变为一个单一华夏政权，历史也不可能重回汉朝时代。

在军事上，北魏面对柔然采取了两方面策略。一方面，北魏骑兵秉承了草原战法，突击草原部落，以劫掠牲畜和人口为目的。北魏将那些俘虏来的草原人口安置在自己的边疆，充实边疆的军队力量，就像当年汉朝安置南匈奴部众那样。

另一方面，为了对付柔然汗国频繁南下骚扰劫掠，北魏政权不得不加强北方边境的军事防御，主要措施有两个：其一是修长城，其二是建立军镇。前面说了，北魏与柔然的关系，和汉朝与匈奴的关系很像，因此北魏对付柔然的防御方式也借鉴了汉朝的经验。

然而与汉朝不同的是，北魏的南面还有汉族人主宰的南朝政权，他们掌握着华夏正统的话语权，贬损北魏不过是外来人，这对于已经拥有大量汉族臣民的北魏极其不利。汉族皇帝不需要过分强调自己为正统，他们只要说自己受命于天，老百姓就认同他们是汉族人的统治者。拓跋皇帝不是汉族人，这是无法改变的事实。

迁都洛阳、遵循汉制以及说汉话、穿汉服，这些举措都是北魏主动求变的方式。从舆论角度，北魏则不断地向华夏天下宣称"鲜卑不是胡"，对抗南朝的"正统"意识。

可是，如果鲜卑人不算胡人，那么谁是胡人呢？

这就要谈到匈奴帝国解体后的草原族群形势了。随着匈奴帝国的崩塌，匈奴这面大旗黯淡了许多，相反，蒸蒸日上的鲜卑的旗号在草原上越来越鲜亮。作为攻破匈奴的草原势力之一，鲜卑成为胜利的代名词，而匈奴则渐渐被视为失败者。

一个有趣的例证就是草原首领的称号变化。在匈奴的时代，单于是个光辉灿烂的词汇，是草原上至高无上的统治者的名称。随着匈奴的不断没落，单于的光辉也逐渐褪去，在南匈奴部众被并入华夏王朝境内后，单于逐渐变成了许多部落首领都可以使用的称号。在鲜卑等草原新势力兴起后，他们自然觉得将单于用作自己首领的称号并不相称。于是逐渐地，草原上诞生了一个新的称号——可汗，成为草原政权中最光辉的词汇。

于是在北朝文学作品《木兰辞》中，读者会看到"昨夜见军帖，可汗大点兵"的语句，可汗俨然是国家的最高统治者。同样是在《木兰辞》中，还有"归来见天子，天子坐明堂。策勋十二转，赏赐百千强。可汗问所欲，木兰不用尚书郎，愿驰千里足，送儿还故乡"。"天子"与"可汗"指代的是同一个统治者，这是十分有趣的现象，两个词汇并用，恰恰说明了北魏政权（《木兰辞》描写的场景可能是北魏抗击柔然的故事）草与禾兼具的风采，在朝堂之上，北魏的统治者是"天子"，尤其针对广大汉族人来说；在边境的部落民众看来，他是大家的"可汗"。

在拓跋部南征北战，吞并了其他鲜卑部落后，鲜卑这个旗号也基本上被拓跋部垄断了，北魏故意不把拓跋部之外的鲜卑族群称为鲜卑。比如，记载北魏历史的《魏书》把曾经归入鲜卑族群的宇文部称为匈奴，把段部和慕容部称作徒河。

所以北魏的思维逻辑是，胡人指代的是匈奴、乌桓，以及曾经属于鲜卑族群但被"开除"出去的那些人，或者笼统地说，除了拓跋鲜卑外的其他草原族群都是胡。

"鲜卑不是胡"，这句话其实是说给广大汉族人听的，因为面对这些少数民族的征服者，汉族人的逻辑是："自古诫胡人而为名臣者实有之，帝王则未之有也。"也就是说，胡人不能当华夏的皇帝，只能当臣子。现在北魏宣称自己不是胡人，潜台词就是，我们鲜卑人是可以做华夏的皇帝的。

不过对于草原上的族群，北魏就不能大张旗鼓地说"鲜卑不是胡"了，这等于直接把自己放到所有草原其他族群的对立面，会犯众怒。那么，北魏该如何包装自己在草原上的形象呢？

443年，远在北方大兴安岭深处的乌洛侯国派人来到北魏觐见，告诉了北魏一个重要的信息，"称其国西北有国家先帝旧墟，石室南北九十步，东西四十步，高七十尺"，在"去代都四千五百余里"的地方，竟然发现了北魏先祖居住的石洞！北魏太武帝拓跋焘连忙派中书侍郎李敞前去祭祀，并且"刊祝文于室之壁而还"，在石洞的石壁上留下了祝文。

有趣的是，1980年考古学家在内蒙古阿里河的嘎仙洞中发现了北魏祭祀时留下的祝文石刻，石刻内容与史书中所记载的祝文基本一致，从而验证了史书记载的真实性。

祝文虽然是真实存在的，但嘎仙洞是否真的就是北魏先祖的居住之地呢？

考古学家并不能做这样的判断。因为从史书上看，在443年的觐见之前，乌洛侯国与北魏政权素无来往，这个大兴安岭里的闭塞部落怎么知道自己国境内的某个石洞就是几百年前已经迁移远走、部落称号可能变更多次的拓跋部的先祖居住的地方呢？更为蹊跷的是，太武帝拓跋焘怎么会如此轻易就相信了乌洛侯国使者的话，毫不怀疑地、隆重地派人去嘎仙洞祭祀并留下祝文呢？除非——

让我们脑补一下剧情：说不定这出戏就是北魏自己导演的，指示遥远的乌洛侯国派出使者说某个山洞是拓跋部先祖的居住地，然后皇帝顺水推舟派人去嘎仙洞祭祀。这个剧情当然没有直接证据的支持，但北魏自导自演的痕迹还是挺明显的。

演这出戏对北魏有什么好处呢？

当时北魏正与北燕政权打得不可开交，北燕是盘踞在今河北东北到今辽宁西南的一方势力，可以视作前燕、后燕政权的接替者。北魏的动向引起了整个北方草原包括东北亚地区的各个政权的重视，柔然、契丹、高句丽等政权以及其他鲜卑部落和非鲜卑部落都密切关注着"国际形势"，北魏是敌是友，一时之间扑朔迷离。

这时，北魏突然"找到"了自己祖先居住的山洞，"证实"了自己的根在遥远的北方，自己也是大草原和山林中的一员，和北方各个族群是同源的，即使现在北魏主要在"南方"的平原上混了，但故乡还是在北方。如此一来，北魏有朝一日成为北方各族群的领袖也就不违和了，变得合情、合理、合法了。

所以，北魏在草原上打造的形象是——"我也是草原的孩子啊"。再加上北魏在华夏宣传"鲜卑不是胡"，和汉族人套上近乎，于是乎"四海之内皆兄弟"，北魏意图气吞万里草原和广阔华夏的魄力显露无遗。

意气风发的北魏做着一统天下的春秋大梦，却怎么都没想到，毁掉王朝根基的力量不是来自北方的柔然，也不是来自南方的南朝，竟然来自自己内部，来自鲜卑子弟兵。

北魏北方边境的军镇往往被称为六镇，狭义的六镇是指从西到东排列的沃野镇（今内蒙古五原县北）、怀朔镇（今内蒙古固阳县西南）、武川镇（今内蒙古武川西）、抚冥镇（今内蒙古四子王旗东南）、柔玄镇（今内蒙古兴和县）和怀荒镇（今河北省张北县北），广义的六镇指代北魏在北方边境上的所有军事城镇。

在北魏初期，军镇非常受重视，镇都大将的人选不是拓跋部的宗王，就是鲜卑八族王公，地位显赫。戍边的士兵也大都是拓跋族的氏族成员。当时六镇官兵的地位较高，享受很多特殊待遇，而且能够成为六镇官兵，本身就是一种荣誉。

可惜从孝文帝迁都洛阳开始，六镇距离都城远了，地位也降低了，不仅各种特权逐渐取消，官兵升迁的机会也大多被洛阳都城里的人挤占，其他地方的普通民众机会渺茫。

而且六镇地处农牧经济交错带，是拓跋鲜卑建国的龙兴之地，本身的鲜卑传统很深厚。北魏自从孝文帝改革后，把华夏王朝那套制度推向全境，导致六镇和北魏其他地区在经济、文化上的差异越来越大，六镇军民与北魏中央政权的隔阂越来越深。

六镇军民地位的下跌，是北魏向单一华夏政权模式转型的必然结果。

523年，怀荒镇的将领不给抵抗柔然进攻的士兵发放粮食，饥肠辘辘的士兵非常愤怒，聚众杀死了将领，发动了叛乱。很快，沃野镇的士兵在一个匈奴人的带领下也发动叛乱，高平镇也揭竿而起。叛军击败前来镇压的北魏部队，占据了六镇。六镇之乱爆发。手忙脚乱的北魏政权不得不求助于柔然来协助自己镇压六镇叛军。在勉强压制了六镇的乱局后，北魏境内却已经是狼烟四起，叛军此起彼伏，完全无法控制了。

偏偏此时北魏皇室内部还出了乱子，魏孝明帝被胡太后毒死，在镇压六镇之乱中崛起的北部地方豪强尔朱荣率军攻入洛阳城，发动了河阴之变，在黄河南岸杀死了太后、幼帝以及文武百官，皇室一脉几乎被杀光。必须要说的是，尔朱荣虽然协助北魏镇压六镇之乱，但他自己也是个"契胡"，从文化意识上来说，和那些宣称"鲜卑不是胡"的北魏中央政权就不是一路人。所以尔朱荣对于北魏朝廷的大开杀戒，不仅有巩固自己权力的考虑，而且有深刻的文化分歧在起作用。

经受了尔朱荣一番折腾的北魏政权已经名存实亡，很快分裂成东西两部分，并过渡到东面的北齐与西面的北周对峙的局面。

回顾北魏走向洛阳城这段跌宕起伏、血雨腥风的历史，华夏民众在乱世中如风中之烛的命运令人落泪哀叹。但是从文明融合的角度看，北魏时期有着非常积极的意义。不管怎样，北魏从长城地带一路走来，走入洛阳城，并继续维持其政权达40年之久，算是草原背景的族群入主华夏的成功案例。由于缺乏协调草原传统与华夏体制的经验，最终走向了灭亡，但北魏的这段时光给后世草原与华夏的大融合提供了宝贵的经验教训，打下了基础。

就拿"鲜卑不是胡"来说，虽然这一族群融合潮流遭遇了尔朱荣乃至此后北齐时期的文化分歧逆流，但在北周政权里，许多长期生活在华夏的鲜卑人基本上都以汉族人自居，认为自己是华夏正统，而土生土长的汉族人也不把这些鲜卑人当成少数民族了。当时许多鲜卑人的墓志中，在追溯其籍贯和先世时，绝大多数将其籍贯写为"河南洛阳人"，他们追溯自己的先祖时，竟然与汉族人的黄帝、尧、舜、禹扯上关系，甚至还能和汉高祖刘邦套上近乎。

汉与匈奴两大文明双峰对峙的局面，经过魏晋南北朝数百年大乱局的冲击，已经彻底被改变了，游牧人与汉族人之间的界限变得模糊不清，不论是疆域、种族还是文化，都进入了糅合在一起的新阶段。

在游牧还是农耕、向南还是向北的选择题上，北魏最终选择了向南融入，选择了农耕为本，选择了单一华夏政权模式的发展路径，从嘎仙洞一路走入了洛阳城。这一决策给北魏带来了强盛，也给北魏埋下了祸根。北魏虽已逝去，但拓跋鲜卑人不愧为草的世界与禾的世界文明融合之先驱，在他们身后，一个兼具草原与华夏的辉煌时代正走向历史舞台的聚光灯下。

飞旋在亚洲舞台

北魏之后，华夏虽然还分为南朝与北朝，北朝又分裂为东西对峙的局面，但历史趋势已经显露出来，汉末以来的魏晋南北朝400年大动荡正在逐渐走向终点，整个华夏也许要面临又一次的大整合。

等等，当我们谈论"大整合"的时候，是不是也要看看草原上的情况呢？

正如秦朝末年天下大乱，还未等到刘邦统一华夏的时候，草原上的冒顿已经建立起庞大的匈奴帝国那样，历史似乎又一次重演了，一个新的草原帝国先于华夏王朝出现在了亚洲东部的巨大舞台之上，华夏的大麻烦又来了。

这个一时气吞万里的草原帝国叫突厥。

阿尔泰山绵延于今新疆北部，从西北向东南，将蒙古高原与准噶尔盆地分开。这条山脉以东地势较高，以山脉和高原地形为主；以西则地势较低，从地貌上看，广阔的草原向西蔓延。阿尔泰山在蒙古语中的意思是"金山"。

这条山脉是北方许多强悍的族群的摇篮。前面谈到过距今2 700年前，游牧政权修建了规模宏大的阿尔赞王陵，它就位于阿尔泰山。匈奴这一族群的最早发迹，可能也要追溯到阿尔泰山一带。阿尔泰山对于游牧族群具有重要的意义，正是因为它所储藏的"金"。

在匈奴帝国的时代，阿尔泰山附近的普通人墓葬中都有金饰随葬品，可见阿尔泰黄金储量和开采之盛。除了黄金外，阿尔泰山还出产铁。阿尔赞王陵的挖掘证实，这里很早就进入了铁器时代，丰富的铁矿让阿尔泰山成为北方游牧民族的重要"兵器库"。有了大量的兵器,就有了称雄草原的底气,这就是为什么许多族群都在阿尔泰山附近崛起。

突厥人便是在阿尔泰山附近崛起的族群之一,而且最初他们正是一个铁工部落,蛰伏在庞大的柔然帝国的身影之下,以打造兵器为业。550年左右,突厥人一举击败临近的游牧族群铁勒,兼并铁勒后的突厥势力骤然膨胀,连当时西魏都把公主嫁过来,笼络突厥与自己的敌人柔然作战,正所谓远交近攻。

就像许多草原帝国初兴时的情景一样,突厥人像疾风一样,从阿尔泰山向东迅速掠过整个高原,以摧枯拉朽之势歼灭了柔然政权的力量。552年,突厥人在伊利可汗的率领下,大破柔然,迅速建立起一个新的草原政权——突厥汗国。伊利可汗之子木杆可汗继续向四周扩张领土。

突厥汗国的领土西到里海以东的乌浒河,东至东北地区,北接贝加尔湖,南与华夏政权毗邻。此时正值北魏分裂为东魏和西魏,两强相争之际,根本无暇插手草原上的风云,只能坐视柔然倒掉,另一个草原强权突厥兴起。

此情此景,与刘邦、项羽楚汉争霸的时候,北方突然冒出匈奴帝国的历史十分相似。

草原政权与华夏政权之间的力量对比,往往取决于自身与对方是统一的还是分裂的。东魏和西魏的继承者北齐和北周处于分裂对峙状态,在面对一统草原的突厥的时候,只能俯首称臣,向突厥进贡大量的财物,诱惑突厥去攻击自己的华夏敌人。在当时的突厥人眼中,南方的北齐、北周类似于属国,从两国榨取更多华夏财物是突厥人的主要目标。立国尚短的突厥汗国并没有吞并华夏的打算。

从策略和疆域的角度看，突厥汗国基本上算是单一草原政权，因此与草原上的前辈匈奴和柔然类似，突厥在面对华夏政权的时候，考虑的是如何使用军事手段进行经济敲诈，满足自己对于华夏物产的需求，甚至可以"出租"自己的骑兵，通过插手华夏战局，获取物质利益。

在面对北齐和北周时，突厥的如意算盘就是这么打的。突厥佗钵可汗曾经得意地说："但使我在南两个儿孝顺，何忧无物邪。"这"两个儿"，就是指的北齐和北周。

此后华夏历史的走向让突厥汗国有点措手不及，原本处于弱势的北周在577年消灭了北齐，统一了黄河流域。此后，脱胎于北周的隋甚至一举跨过长江，在589年消灭了苟延残喘的陈朝。华夏持续了几百年的南北朝大分裂时期，竟然在隋朝手中就这么结束了。

从史书中的记载来看，北周消灭北齐前后，突厥基本上不动如山，既没有出兵拯救北齐，也没有与北周联手趁火打劫。这完全不像一个强大的草原帝国的行事风格。这段华夏大整合的激荡时期，草原上突厥为什么会坐视不理呢？

如果视野放得更广阔些，我们就会发现，此时的突厥正忙着在亚洲的西部作战，先是联合强大的波斯夹击阿尔泰山西面的另一个草原强权——嚈哒，最终消灭了嚈哒。然后，为争夺贸易线路，突厥与波斯又大打出手。史书记载，568年突厥使者访问了东罗马帝国的君士坦丁堡（今土耳其伊斯坦布尔），东罗马帝国的特使也进行了回访。一般认为，这样的外交举动表明突厥和东罗马帝国想联手对付波斯。

与西亚强国的纵横捭阖牵扯了突厥汗国的精力，让它无暇也无力插手华夏的局势，只能坐视隋朝一举结束华夏的南北大分裂。

现在，华夏和草原都分别整合在统一的旗帜下，隋朝和突厥要直面彼此了。

草原政权的最大弱点就是联盟比较松散，沿着北魏—西魏—北周这条主线一路走来的隋朝统治者对于草原的特点并不十分陌生。虽然突厥汗国看似十分强大，但隋文帝杨坚底气十足，他敏锐地抓住了突厥的弱点，决定采取离间政策对付突厥，这个政策的执行者是鲜卑人长孙晟，即日后唐朝名相长孙无忌和唐太宗皇后长孙氏的父亲。

当时突厥汗国在其首领沙钵略大可汗之下，另有三个势力强大的可汗：一个是西部的达头可汗，在突厥汗国中地位显赫，仅次于大可汗；一个是西北部的阿波可汗，是沙钵略的表兄弟；还有一个是东部的处罗侯，是沙钵略的弟弟。在长孙晟的建议下，隋朝首先拉拢达头可汗，让其与沙钵略不和。然后长孙晟又设计离间阿波和沙钵略，结果在583年，阿波向西投靠达头可汗，突厥东西两边开始相互攻伐，自此正式分裂为东突厥和西突厥两个政权，大致上以杭爱山为界。

突厥内乱，隋朝趁机进攻靠近自己的东突厥。东突厥两面受敌，不得已在585年向隋朝屈服，愿为藩属。隋朝的力量在草原上占据了优势，又经过多年的混战，终于把东突厥的势力赶出了漠南草原，而西突厥也内乱频频。603年，由隋朝扶植的启民可汗接收草原上的突厥各个残部，成为突厥的新任大可汗，听命于隋朝。

一时之间，隋朝的皇帝杨坚竟然成了整个草原和整个中原乃至江南地区的共主，此等荣光就是秦皇汉武都未曾体验过。这是历史上第一次由"南方"的华夏王朝强势掌控整个北方草原族群，而不是仅仅间接控制了部分的草原族群。

隋朝实现了北魏梦寐以求的统一天下的梦想，是因为隋朝的运气太好呢，还是有别的什么原因？

运气只是一个方面。从北魏—西魏—北周—隋朝一路走下来，隋朝统治者并没有丢掉自身的草原基因，甚至相比北魏后期鲜卑人选择全面融入华夏，选择了单一华夏政权模式的道路，隋朝统治者的草原风格还更加浓郁一些。

学者们早就指出，从北魏末年开始，一直延续到隋唐王朝前期，存在一个强大的门阀军事集团——关陇集团，他们来自陕西关中和甘肃陇山，能征善战，左右了这段历史。而如果追溯这个集团的源头，这个集团正是从北魏的六镇将士中走来的。我们前面谈到，北魏六镇将士更多地保留了鲜卑人的草原传统，尤为重要的是他们的骑兵军事传统。因此具体到关陇集团以及隋朝的统治者，他们的思维与北魏后期统治者的思维显然有很大的区别，携带着草原雄风在华夏驰骋的关陇集团不仅不愿意放弃草原，而且只要有机会，他们会很乐意把草原纳入自己的政权体系之中。不管能不能实现，至少在关陇集团心目中，他们要建设的政权应该是：兼具草原与华夏文明的混合政权模式。

混合政权模式，这是北魏也曾致力打造但最终因矛盾重重而未能实现的目标。现在，达成这个目标的重任落在了隋朝和其后的唐朝的肩上。

在那一瞬间，隋朝实现了草的世界与禾的世界的统一，虽然只是依靠军事实现的疆域上的短暂统一。这是一个良好的开始。

可惜，隋朝皇帝君临亚洲东部的荣耀稍纵即逝。突厥汗国的根基仍在，启民可汗的儿子始毕可汗并不甘心局于隋朝之下。615年，他率领10余万骑兵，趁隋炀帝北巡的时候，将其包围在雁门，也就是今山西代县。这情景像极了当年冒顿带领匈奴骑兵围困汉高祖刘邦。隋炀帝杨广最终得以狼狈逃出，但是隋朝疆域内已经狼烟四起，各路反王把整个隋朝搅动得天翻地覆。

草原与华夏的局势立刻逆转，各路反王为了打垮对手，纷纷向强大的东突厥示好，黄河流域的几大势力，如窦建德、刘武周、王世充都向突厥可汗称臣，当然还包括一开始盘踞在太原地区的李渊，即日后的大唐王朝的开国之君。

李渊在举兵南下逐鹿中原之前，首先要解除来自草原的巨大威胁。他写信给始毕可汗，讲述自己起兵是为了恢复隋朝的秩序，重建双方的友好关系。这套官话当然不会打动突厥可汗，于是李渊抛出了诱饵，他与始毕可汗达成协议，如果可汗赞助他举兵，就可以得到他的战利品。这样的承诺表明，李渊和其他几个向突厥可汗称臣的势力毫无区别，在名义上，他们都是突厥人在华夏的代理人，是突厥人的下属。

李渊开出的条件打动了始毕可汗，当617年李渊和两个儿子李建成、李世民从太原出征时，他们得到了突厥人赠送的战马千匹，此后又获得了一些突厥方面的资助。正是在东突厥的支持下，李渊才能进兵攻占长安，从而在隋末的群雄逐鹿中占据优势。

到隋朝灭亡、唐朝建立的时刻，东突厥和西突厥其实是更加强大的政权，两者君临几乎整个亚洲，从东方的大兴安岭一直到西方的高加索山脉。突厥人站在草原上，俯视着南方的各个政权。著名历史学家陈寅恪就曾评价说，当时"亚洲大部民族之主人是突厥，而非华夏也"。

　　唐朝的建立者李渊完全明白，自己的唐朝还处于军事弱势，所以经常要用财物贿赂东突厥不要侵犯本国领土，更不要支持自己在华夏的其他对手。但是突厥人的胃口越来越大，东突厥使臣在长安飞扬跋扈，连唐朝皇帝都不放在眼里。比如，东突厥使节甚至在长安刺杀了西突厥可汗，唐朝只能装聋作哑。

　　为了勒索更多财物，622 年，当时东突厥的颉利可汗率领号称 15 万大军进犯唐朝起家的根据地——太原。之后还屡屡骚扰京城长安周边地区，以至京城在 624 年后期不得不实行戒严。

　　然而有一个现象不得不提，东突厥虽然屡屡进犯唐朝领土，但是似乎并没有入主华夏的打算，他们的目的只是获取财物。从这个角度看，突厥人和昔日的匈奴人类似，满足于从华夏王朝敲诈丰厚的财物，而不是获得农耕土地。我们不要忘了，突厥汗国是一个单一草原政权，它没有吞并南方农耕区的强烈意愿。突厥人并不熟悉农耕区的那套游戏规则，可能也不想熟悉。突厥满足于军事敲诈，以及亚洲大陆的远途贸易，以此获得利益。

　　不过相较于昔日的草原霸主匈奴、柔然，突厥在获得财物方面显然更胜一筹，这是草原世界的新变化。突厥汗国为何能够创建比匈奴、柔然还要广大的霸业？军事力量当然是建立霸业的第一推手，而突厥人之所以能够比匈奴人、柔然人更进一步，是因为他们对于经济力量进行了良好的培育和使用。

军事劫掠是草原政权获取华夏财物的最简单方法,突厥人也不例外。起先华夏分裂的时候,突厥汗国有时候会主动怂恿北周进攻北齐,或趁北周对北齐发动大规模进攻,派遣上万骑兵在北周和北齐鏖战之际,大肆抢掠华北地区的财物。突厥通过政治勒索式的丝绸贸易,几乎致使北周、北齐陷入财政破产、小农不堪重负的境地。

但是在隋唐统一政权建立后,禾的世界整合起来了,突厥在军事力量上往往不占上风。为了获取华夏的财物,突厥人拉来了一个好帮手——粟特商人。

粟特人是中亚地区一个古老的族群,最初活动于中亚阿姆河和锡尔河之间。粟特人并不擅长征战,却擅长做生意,利用中亚地区是东西方贸易的中间站的优势,在广袤的亚洲内陆地区建立起了自己的商业帝国。

突厥汗国兴起后,特别是消灭了嚈哒之后,打通了从东方的隋唐王朝到西方的东罗马帝国之间的漫长区域。从蒙古草原到西域、中亚乃至南俄草原、黑海沿岸等区域,首次处于同一个大型游牧政权的控制之下。

在突厥人军事力量的安全保障下,粟特人如鱼得水,他们从东方采购丝绸向西贩运,沿途的武器、马匹、香料、黄金、白银都是他们的贸易品。

早在568年,以粟特人为首的突厥使团就带着生丝和国书,穿越高加索山脉抵达东罗马帝国。可见突厥人在建立汗国伊始,就和粟特商人紧密联系在了一起。军事力量和经济力量结合在一起,经营东西方贸易,突厥人获得了维系庞大汗国的经济收益,而粟特人也赚了大钱。

前面已经多次谈到,草原政权要维系广阔地区的松散联盟,就必须有足够的财物不断流入草原，满足各个游牧族群的物质需要，如此一来，庞大的草原政权才可以长期稳定。突厥人和粟特人的联手，增强了突厥汗国对于草原的治理能力，这是突厥汗国能够超越过去的匈奴与柔然的关键。

这种军事力量与经济力量的紧密联手，将在此后的千年中被草原上的其他强权借鉴。这是草原上出现的一种新的变革，也将给草原带来深刻的社会变革。

人们一般把汉朝的张骞出使西域视作丝绸之路的开始，但也有历史学家指出早在张骞之前，东西方就存在着远途贸易，比如人们通过草原进行的物产交换，这被称为草原之路。但是汉朝乃至之前的贸易不仅规模很小、距离较短，而且华夏王朝并不热衷于此事。汉朝与匈奴在西域争霸多年，主要目的是在政治和军事上扳倒对方，而不是想通过西域来做生意。汉朝往往通过赏赐的方式，把少量丝绸送到西域各个小国，这些小国再将多余的丝绸转手。

反观草原上的情况，只有横亘在亚洲北方的大草原带被基本纳入一个统一的草原帝国疆土中，大规模的远距离草原贸易才可以顺利开展起来。在突厥汗国之前的匈奴、柔然虽然也是赫赫有名的强大的草原帝国，但它们也只是控制了大草原带的东部而已。只有在突厥汗国崛起后，大草原带第一次被一个强大的草原帝国打通了，大规模的远距离草原贸易才成了现实。

丝绸之路真正名副其实地大规模开启贸易，其实是在隋唐时期，而且对这条贸易道路的兴盛，突厥人和粟特人功不可没。

历史似乎又回到了北魏与柔然南北对峙的经典套路上，这一次是唐朝与突厥的对峙。626年秋，"自夸强盛"的东突厥以数十万大军兵临长安城下，李世民亲自出马，与东突厥的颉利可汗议和，满足了他们索取财物的要求，东突厥才退兵而去。

看上去处于弱势一方的唐朝要学习汉朝初年韬光养晦，用几十年的时间积蓄力量，然后再与东突厥一战了。然而局势转变却异常迅速。仅仅几年之后，东突厥就土崩瓦解了。贞观四年（630年），颉利可汗被唐军俘获，东突厥汗国从强盛的顶峰令人难以置信地迅速跌落了。

史书上把东突厥的灭亡归结于唐太宗李世民的雄才大略，但仔细分析唐朝出兵攻打东突厥的过程，会发现平定东突厥轻而易举。唐朝对突厥的军事打击规模并不大，双方并没有进行激烈的决战，突厥军队大都不战而败或者不战而降。看上去唐朝军队仅仅是在东突厥已经瓦解的形势下收拾了东突厥的残局，直接跨过阴山，控制了漠南草原。

迅速打败东突厥的不是唐朝军队，而是老天，即不期而至的糟糕气候。一些史书记载，贞观二年（628年），"颉利国中，盛夏降霜"；贞观九年（635年），"北蕃归朝人奏：'突厥内大雪，人饥……'"。在大灾之中，当时东突厥的一些下属部落也纷纷揭竿而起，反抗颉利可汗的统治。

这次大灾有多么严重？史书上只有只言片语的描述，幸好现代科学能够一探当时的气候状况。这并不是一次局限在蒙古草原上的灾害，而是整个北半球的大灾害，唐朝也同样受到了影响。贞观元年（627年），黄河流域气候突然变冷，连续三年遭遇严重的霜灾，幸好没有引起严重的社会动荡，老百姓还是可以迁移到邻近地区获取食物，保住性命。

今天的科学家分析，627 年前后的北半球持续数年的大面积气候变冷现象，与大规模火山喷发后的降温非常相似。格陵兰岛上的一处冰芯较好地记录了 553—1974 年北半球火山喷发的历史，因为火山喷发的酸性灰尘的成分会被保存在冰芯中，所以科学家能够据此判断历史上什么时候发生了火山喷发，喷发的强度如何。遗憾的是，这处冰芯记录的 900 年以前的几乎所有火山喷发的地点都尚未被发现，其中就包括 627 年前后的一次火山喷发，但从冰芯记录的酸度峰值来看，627 年左右的这次火山喷发的强度，是 553—900 年最高的一次。

其他研究发现，626 年欧洲出现了干雾、降灰和气候异常等大规模火山喷发的证据，据猜测喷发的地点可能在地中海地区。当地当时的历史文献也记载，太阳光异常黯淡，以至人们以为太阳再也不会恢复到以前的状态了，这段黑暗的时期持续了半年多。

火山喷发带来的灰尘遮天蔽日，北半球气温骤然下降，严重的雪灾和霜灾导致东突厥牲畜大量冻死，造成空前的大饥荒。在唐朝出兵之前，东突厥内部已经分崩离析了，颉利可汗躲在漠南草原一隅，苟延残喘。

还有学者分析认为，由于颉利可汗严重地依赖粟特人和其他中亚人，草原帝国的行政官员大多由他们出任。外人把持了国家的经济命脉，其他突厥贵族对此强烈不满，认为这是对他们利益的侵犯，于是群起反对颉利可汗。

财富是草原帝国维系的纽带，也是草原帝国纷争的祸端。

虽然赢得不是那么堂堂正正，但唐朝毕竟抓住了千载难逢的机会，一举消灭了可怕的东突厥汗国。虽然此后在蒙古草原上又出现了薛延陀汗国，但唐朝有足够的力量对付这个新兴势力，并很快把这个想成为东突厥继任者的汗国消灭掉。到650年，唐朝又消灭了盘踞在阿尔泰山以北的东突厥最后的残余势力——车鼻部。至此，整个漠北地区都向唐朝俯首称臣。

为了管理漠北，唐朝设立了燕然都护府，后来改为安北都护府，管理大漠南北。草原上的突厥、铁勒各部落尊称唐太宗为"天可汗"，并专门开辟了一条大道，名为"参天可汗道"，沿途设置驿站。从此唐朝中央政府的政治管辖权直接行使至漠北地区。

那一刻，唐朝和李世民都达到了自己的人生巅峰，一个飞旋在亚洲舞台上的史诗般的王朝出现了。唐朝军队甚至跨越了西面高入云端的葱岭（即帕米尔高原），在中亚与列强周旋。

为什么在短短的半个多世纪的时间里，突厥、隋、唐能够先后接替，成为整个亚洲东部的主人，草原与华夏之间融合方面的巨大障碍一度变得不是问题了？

草原与华夏在生产方式、文化传统上的差异当然还存在，隋唐与此前政权的不同之处在于，王朝统治者对于草原比过去的华夏王朝更熟悉，他们本身就有深厚的草原背景。

如果对隋朝和唐朝的建立者追根溯源，就要从北魏后期处于长城地带的六镇说起了。"六镇之乱"最终导致了北魏分裂，六镇出身的官兵演变而成的关陇集团却成为北魏之后影响天下政局的重要力量。

从拓跋鲜卑兴起以来，如同走马灯一般在华夏掌控局面的主要政权，都是以北部长城地带的边疆为根据地，由那些边疆军事力量创建的：拓跋鲜卑本身就是在大同地区发展起来的；它的后继者西魏和北周的统治者原来是河西走廊一带的军事指挥官，隋朝上层也来自同一集团；至于唐朝，与北周和隋朝都有着紧密的联系，其最初的权力基础在太原。它们起先都是独霸一方的军事集团，而且更为重要的是，它们能同时从草的世界和禾的世界中获得支持。

比如帮助宇文泰建立北周的将领中，有突厥血统的独孤信，以及带有鲜卑血统、日后隋文帝杨坚的父亲杨忠。这些人的家族之间互相联姻。独孤信有几个女儿，他的大女儿嫁给了宇文泰的儿子，即北周的第一任皇帝明帝；他的七女儿嫁给了杨忠的儿子杨坚，即后来的隋文帝；他的四女儿嫁给了李虎的儿子李昞，这对夫妻生下了李渊。建立唐朝的李渊有"大野氏"这样的少数民族姓氏。

这些有着浓厚北方军镇色彩的关陇集团成员，对于北方草原的游戏规则并不陌生。他们在作战的时候，高度依赖骑兵部队。他们自己要么就有养马的部落，要么从邻近的草原部落中得到充足的马匹，从而能够建立并维持长期的骑兵部队。即使他们在华夏建立了自己的王朝，他与草原上的各个族群有着难以割舍的联系，他们身上融合了草原文化和华夏文化。所以相对于昔日汉朝的君主，他们更容易和草原文明打交道，一旦出现建立霸业的机会，他们马上就知道如何控制广袤的草原和众多的游牧族群。

关陇集团几经打天下和治天下，到隋唐王朝前期，一种兼具草与禾色彩的政权模式成熟起来，我们可以称之为"以华夏为主体的混合政权模式"：以华夏强大的农耕生产力为基础，辅之以草原色彩的军事制度。比如府兵制，就是一种兵农结合的制度。

隋唐的前期作为以华夏为主体的混合政权，从领土上看，不仅包含了华夏，而且包含了一部分的草原乃至西域地区；从族群上看，隋唐不仅包含了人数众多的汉族人，而且包含了极为复杂的其他族群，尤其是有着草原部落血统的大量族群。

虽然以华夏文明为国之根本，但草原文化同样得到隋唐王朝很多人士的推崇。比如唐太宗李世民曾立的太子李承乾，就酷爱突厥音乐和习俗，身边都是突厥仆人。他在郊外建了一座毡房，四周插满了狼头大纛。他经常表达想搬到草原上居住的想法，在那里他可以过一种更自由的生活。这不是个案，实际上唐朝的李氏皇族早期的价值观、习惯、行为以及政策，都表现出一种强烈的草原文化倾向。

隋唐的前期，既有华夏"禾"的基因，也有草原"草"的血脉。这样一种混合政权模式，意味着隋唐不仅要管理好华夏，而且深深地卷入了草原以及西域的政治之中，因为草的世界也是他们生活的一部分，至少在相当长的时间里，隋唐政权是不会放弃草原与西域的。

所以，当历史终于走到突厥与隋唐时期时，东亚出现了登上大洲级舞台的大帝国，这并不是偶然的，这是此前几百年大乱局中孕育出的文明融合的种子最终萌发、生长而促成的。这些大帝国的根脉来自魏晋南北朝的乱局，种子的萌发要追溯到北魏的边境军镇，甚至可以上溯到南匈奴寓居在东汉境内的时候。

在幸运地消灭了东突厥之后，唐朝皇帝李世民要面对自己的"南匈奴"问题了，与当年的汉光武帝刘秀面对的南匈奴降民类似，唐朝需要安置大量的突厥遗民。李世民的策略和当年刘秀的策略很相似,他把这些投降过来的突厥人安置在河套南部的唐朝境内,并拆散了他们原有的部落,让他们散居在边境的各个州县。少部分突厥人被迁入长安地区定居,几个突厥部落首领也被唐朝吸收,出任军事将领。

作为一个"亚洲级"帝国,唐朝需要安置的部落可不只有突厥人,在整个唐朝历史中,羌人、党项人、吐谷浑人、吐蕃人、回鹘人、契丹人甚至来自中亚的粟特人都曾在唐朝境内生活。唐朝将这些部落主要安置于北部边疆一线,于是从今甘肃河西走廊向东,沿黄土高原、阴山山脉、燕山山脉一带,多个民族杂居。

这些外来部落对于唐朝维持以华夏为主体的混合政权模式是至关重要的。虽然隋唐皇族靠军功起家,但是与北魏类似,当政权定都于中原腹地,变成一个越来越依赖农耕模式的王朝时,其军事传统必然会有所削弱。而迁入的部落可以帮助唐朝管理庞大的朝廷养马场,饲养马匹和其他牲畜,甚至直接参军,部落的首领成为军队的指挥官,部落人民充当骑兵。唐朝因此维持了强大的军事力量,能够在草原上与草原政权争锋。

内附的部落是唐朝称雄亚洲的锋利长剑,可惜,它们是既能伤人也能伤己的双刃剑。稍后唐朝会痛苦地发现这一真相。

唐朝对于更为偏远的区域的控制,是通过羁縻州和都督府实现的。那些愿意臣服于唐朝的部落首领,会根据唐朝的羁縻制得到任命,被赐予封号、官爵和俸禄,有的人甚至还能得到唐朝的尊贵姓氏——李。唐朝建立的都督府驻军很少,管辖范围却很大,主要依赖当地支持唐朝的部落来维持局面。

所以，面对草原、西域这些与华夏不同的区域，唐朝实际上只是把华夏的治理方式在区域最上层的管理者中进行了小范围的推广。至于区域的底层部落如何管理，还是由当地管理者自行决定。这是一种很明智、很现实的治理策略。

在差不多半个世纪的时间里，唐朝的直接统治和间接统治扩张到北方草原和西域的荒漠、山地，于是唐朝的政权组织模式也影响了更广阔的区域。在这一过程中，大量边远部落受到了唐朝的"培训"，他们对于华夏王朝的体制有了更深的了解。部落首领会与唐朝皇室通婚，首领的儿子会作为质子到唐朝腹地接受教育，并担当皇帝卫队的侍卫官。慢慢地，这些部落上层对于华夏、都城、朝廷、制度越来越熟悉，很多人甚至通晓汉族人的语言和文化，并模仿华夏王朝的方方面面。

草的世界与禾的世界再次变革的伏笔已经埋下了。

大唐变成小唐

草原和华夏彼此熟悉，草原上的可汗与华夏的皇帝都具有广阔的国际视野，天下大势就变得有意思起来。实话实说，唐朝登上东亚霸主的宝座也就是30年左右的时间，682年突厥贵族阿史那骨笃禄等反叛唐朝，重新建立了东突厥汗国，大唐王朝一下子失去了对草原的实际控制力。但此后几十年间，唐朝面对四邻基本上还是能够占据上风。

与匈奴的单于相比，突厥的可汗更加了解华夏的情况。对唐朝来说幸运的是，突厥人仍然是较为纯正的草原族群，东突厥汗国也还是一个单一草原政权，所以唐朝与突厥的斗争，是一个以华夏为主体的混合政权与一个单一草原政权的斗争。突厥人与匈奴人一样，满足于把华夏看作财富的源泉、会下金蛋的母鸡，希望能从华夏长期拿到金蛋，不希望母鸡死掉。即使在军事上占据优势的情况下，突厥人仍然不打算长期占据华夏。

比如武则天当政时期，突厥在默啜可汗的领导下，十分强大，武则天不得不以献贡和亲的方式安抚突厥人。而且在汉族人看来更为屈辱的是，此时的联姻是武则天的侄孙武延秀与默啜可汗的女儿联姻，也就是现在俗称的"倒插门"。在现代的中国社会，"倒插门"也经常会被拿来调侃，何况在唐朝时期，这样的联姻让唐朝人感觉颜面无光。

即便如此，默啜可汗也并不高兴，认为武氏配不上自己的女儿，熟悉华夏文化的可汗觉得，只有唐朝的皇姓成员即李氏人才足够尊贵，配得上和自己的家族联姻，于是打出"奉唐伐周"的旗号，于698年进攻华夏，当然仍以劫掠为主，并没有长期占据长城地带以南领土的意图。

草原与华夏好似又回到了匈奴与汉朝对峙时期，双方继续玩和亲纳贡、敲诈和反敲诈的游戏。

默啜可汗时期的东突厥在草原上极力扩张势力，逐渐控制了从东北地区到西域伊犁河流域的整个亚洲腹地。司马光在评价这段历史的时候，哀婉地说："西北诸夷皆附之，甚有轻中国之心。"

世事难料，草原帝国又一次"马失前蹄"，让唐朝头疼不已的东突厥竟然自乱阵脚了。原属于铁勒部落一支的回鹘人团结草原上的许多族群，一举推翻了东突厥的统治，整个草原上的势力开始了新一轮的大洗牌。一时之间，回鹘还在忙着统一草原，无暇觊觎华夏的财富。来自草原的军事压力骤然减轻，唐朝和那时的皇帝李隆基迎来了一小段心情舒畅的时光。

是的，只是一小段时光。

草原帝国会发生内乱，难道华夏王朝就不会吗？唐朝的藩镇正好比北魏的六镇。内附部落这把双刃剑突然发难，给唐朝带来了巨大的伤害。

面对周边强大的对手，作为混合政权的隋唐前期依靠的是以骑兵对抗骑兵的军事策略。

当时隋唐的对手很多——吐蕃、突厥、契丹、奚等，除了吐蕃是高原政权，其余皆为草原政权，不过吐蕃也靠骑兵打天下，类似于草原政权的套路。单一草原政权并不热衷于侵占隋唐的农耕区，而是采用军事敲诈的策略，要么突然袭击掠夺粮食和其他物产，要么索要贡品。吐蕃曾经长期控制西北的河西走廊到西域一带。

相比汉朝主要面对单一的匈奴帝国，唐朝的麻烦其实更大，它的对手更多，而且被侵扰的频率也更高。毕竟汉朝一次性用贡品搞定匈奴的单于，就可以解决很大一部分的问题了。可是唐朝周边的吐蕃、突厥、契丹、奚都是各自为政、各自为战的，唐朝经常是按下葫芦浮起瓢，顾此失彼。

从710年左右开始，也就是唐朝在位时间最长的皇帝李隆基即将继位的时候，面对日益严重的边患问题，唐朝开始任命长期的节度使来管理、指挥边境军事防卫区。此后的十几年，节度使制度逐渐推广到了整个边境地带。

为了防御西部的吐蕃，唐朝设立了河西节度使（据点在凉州）、陇右节度使（据点在鄯州）、剑南节度使（据点在成都）。为了防御北方的突厥，设立了朔方节度使（据点在灵武）。主要为了防御东北方向的契丹和奚，设立了河东节度使（据点在太原）、范阳节度使（据点在幽州）、平卢节度使曾长期由范阳节度使兼任，据点在营州……

节度使对自己防区的军务拥有完全的管辖权，每个节度使手下有数万兵力，后勤供应由支度使负责。为了在边境养活庞大的军队，许多防区都要依靠本地区的屯田来解决粮食问题。到742年，唐朝供养的边防军队多达49万人，另外还有8万骑兵。整个国家的军队大约80%以上都由节度使控制，分布于边疆各个防区。为了维持强大的边防军队，唐朝的大量财政都用于这些军队的开销。

长期保持如此庞大的军队，一方面说明大唐国力强盛，另一方面说明外部挑战严峻。唐朝为了维护自己作为一个混合政权的尊严和地位，不仅要保卫华夏免受侵扰，而且要在周边的草原、高原、西域以及东北山林中与其他政权争锋。

所以，混合政权模式只是看起来很美——集合草的世界与禾的世界的各自所长，其实，这种模式既是荣耀，也是负担。唐朝渐渐变得力不从心了。

751年，唐朝和黑衣大食在今哈萨克斯坦境内遭遇，亚洲东西两大王朝在中亚正面交锋，这场被后人津津乐道的怛罗斯之战，以唐军失利而结束。

其实，这场战役的象征意义远远大于其实际意义。这场战役并非两个王朝一赌国运的决战，对唐朝来说，在如此遥远的地区与强敌作战，已经鞭长莫及。即使没有怛罗斯之战的失利，唐朝也难以长期在中亚保持影响力。这场战役对于唐朝的影响并不大。

但也就是在同一年,唐朝八万大军征讨西南方向的大理国,大败而归,大理国向吐蕃称臣,两国结盟对抗唐朝,唐朝西南边境从此陷入长期战乱。还是在这一年,北方的节度使安禄山率领大军,联合奚人征讨契丹,同样遭遇失利。北方的边患依然猖獗。

这一连串的失利表明,唐朝已经很难再继续推行混合政权的策略,很难在华夏之外保持强大的竞争力与统治力。至少到李隆基执政的后期,在外围作战不断受挫的局面下,迫不得已,只能考虑选择战略收缩。

从以华夏为主体的混合政权向单一华夏政权收缩?

扩张势力很难,收缩防线也很难。历史甚至都不给唐朝逐步转型的机会。唐朝以一种激烈的方式完成了从锐意进取的大唐向收缩自闭的"小唐"的转变。

"渔阳鼙鼓动地来,惊破霓裳羽衣曲。"755年年末,身兼范阳、平卢、河东三节度使的安禄山在范阳突然起兵,以奉密诏讨伐杨国忠的借口,联合草原上的同罗、奚、契丹、室韦、突厥等族群的武装部队,率15万大军急速向都城进攻。

迷醉在盛世歌舞中的唐朝完全惊呆了,河北、河南望风披靡,安禄山只用了一个月时间就攻下了洛阳城。

这场动摇唐朝根基的安史之乱历时7年,唐朝甚至宋朝的史书编撰者对叛军首领安禄山父子、史思明父子口诛笔伐。安史之乱看似是一场发生在唐朝内部的叛乱,边关拥兵自重的将领为了颠覆朝廷、取而代之而发动的,似乎只是唐朝的内乱。

然而，如果把视野放得更广阔一些，我们就会发现，安史之乱从起因到后果，都不只是唐朝的内部事务，它从一开始就和整个亚洲东部的局势搅和在了一起，与草原各方势力的博弈搅和在了一起。

叛军之首安禄山出生在草原上，他的姓氏"安"就大有来历，这是一个典型的中亚地区粟特人的姓氏。根据记载，他的父亲是粟特人，母亲是突厥人，有着深厚的突厥汗国背景。而且，语言学家发现，"禄山"在粟特语中是"光"的意思，这有着强烈的宗教含义，表明安禄山的家庭是信奉拜火教的，这正是粟特人的主要宗教之一。

史书中有一段关于安禄山的记载："至大会，禄山踞重床，燎香，陈怪珍，胡人数百侍左右，引见诸贾，陈牺牲，女巫鼓舞于前以自神。"历史学家据这段话分析认为，此大会应该是一种拜火教团的宗教活动，而安禄山不仅是一位手握兵权的唐朝边塞将领，而且是一位拜火教团的宗教首领。在他的周围，有大量包括粟特商人在内的北方族群的各色人等，他们很可能与安禄山结成了复杂的利益团体。

更加让人深思的是，突厥汗国的主流宗教也是拜火教，这当然和粟特商人在汗国中的重要经济地位有关。虽然在安史之乱前，再度复兴的东突厥已经被新兴的回鹘瓦解了，但是突厥人在草原上的影响力仍然不容忽视，聚集在安禄山周围的人群中，可能有许多都是来自刚刚灭亡的东突厥的残余力量。

有着如此深厚的草原背景，又手握十几万边疆精锐之师，这就是安禄山敢于"逆天"的资本，哪怕对面是亚洲东部的霸主——唐朝。

当然，有和朝廷掰手腕的资本，并不表示安禄山一定要造反，安禄山起兵的原因可能非常复杂，既有朝廷之上宰相杨国忠对他的仇视和诋毁，也有身边一帮有突厥和粟特背景的兄弟的鼓动。此外，也许还有他自身的健康问题。

从现代医学视角分析史书对安禄山的描写，这个人很肥胖，在起兵后没多久就失明了，很像有严重的糖尿病症状。甚至有人怀疑安禄山起兵之际，已经感觉自己身体状况开始恶化，他可能担心自己一旦死去，杨国忠就会对他身边的一方势力不利，于是铤而走险。仅仅打下洛阳后，安禄山就急于称帝，这和他此前沉稳多谋的性格也很不符合，暗示了他可能察觉自己时日不多，"过把瘾就死"。

不管怎样，安禄山起兵发难后不久就死了，他的搭档史思明后来也死了，唐朝费了九牛二虎之力，花了7年的时间才勉强结束了安史之乱。当和平重新降临唐朝的时候，隋唐时代前期意气风发的混合政权模式，包括草原上的局势，都已时过境迁。

从整个亚洲东部的局势看，安史之乱不仅是安禄山、史思明叛军与唐朝政府军的对垒，而且是"叛军+突厥余党+其他一些草原势力"与"唐朝政府+回鹘+另外一些草原势力"的对垒，整个草原的力量被裹挟到了这场大乱局之中。这显然是由于当时的唐朝是一个兼有华夏和草原风格的混合政权的特点决定的。

安史之乱中最大的受益者莫过于接替突厥控制草原的回鹘，而昔日的盛世大唐却一蹶不振，龟缩为"小唐"，从以华夏为主体的混合政权转变成了一个单一华夏政权。

安史之乱爆发后，唐朝政府一度无力招架，不得已求助于草原上的新兴强权回鹘，甚至签订了每年进贡两万匹丝绸换取回鹘军事支持的协议。回鹘很满意这笔交易，不仅因为可以获得草原上很稀缺的丝绸，而且因为安禄山一方掺杂了突厥的残余势力，回鹘可不能容忍刚被自己打倒的突厥"借尸还魂"，在安禄山手中再度复兴。于是回鹘和唐朝一拍即合。

突厥人和粟特人达成的"军事力量+商业力量"的国家经营模式，也被回鹘如法炮制。只不过由于信仰拜火教的那些粟特人属于突厥一派，所以回鹘转而选择了与另一批信仰摩尼教的粟特人搭档，由回鹘提供军事力量，摩尼教粟特人提供商业力量。

在回鹘出兵帮助唐朝平定了安史之乱，并收复了长安和洛阳之外，为了"答谢"回鹘，唐朝不情愿地又与回鹘约定开通绢马互市，也就是用唐朝的丝绸制品与回鹘的马匹进行交换。其实唐朝中后期是缺少马匹的，确实需要从草原上购买马匹来充实军事力量，说唐朝"不情愿"是因为绢马互市的价格。

按照规定，唐朝购买回鹘马匹每年最高额度是10万匹，每匹马换绢40匹。如果每年回鹘都赶来10万匹马，不论是好马还是老弱病残马，唐朝都得无条件支付400万匹绢，这绝对是非常沉重的财政负担。可是当时的唐朝别无他法，唐军连安禄山的叛军都拿不下，当然更打不过草原霸主回鹘了，只好花钱买平安。

龟缩后的唐朝基本上变成了一个单一华夏政权，草原与华夏之间的关系又回到了"军事敲诈—破财免灾"的套路上。不管怎样，绢马互市开展起来后，至少回鹘没有了入主华夏的念头，这是唐朝换取的外交成果。

然而，回鹘汗国算是一个单一草原政权吗？未必如此。

绢马互市给唐朝带来了沉重的财政负担，让唐朝苦不堪言。不过这世间有一个道理是，财富是一把双刃剑。流淌向草原深处的丝绸洪流虽然给回鹘带来了美好的生活，但也给这个新兴的草原帝国带来了致命隐患。

手握大量华夏物产的回鹘上层人士再也不是过去那些厉兵秣马的游牧骑手了，他们效仿唐朝人，在草原上修建起可汗城、可敦城等城市，建造宫殿，穿起绫罗绸缎，在草原深处过起了奢靡的定居生活。

回鹘汗国的都城叫喀拉巴格什。9世纪30年代，阿拉伯旅行家塔米姆·伊本·巴赫尔曾经拜访这座草原上的城市。他描写道，这座城市极宏伟，人口众多，商铺林立，并且由12扇铁门环绕构成一座大堡垒。在城市之外的乡野，遍布着大量的良田。

回鹘人在自己的草原疆域腹地兴建大规模城市，最重要的目的就是控制贸易路线，发展远途贸易，从中渔利。东西方的商人，尤其是回鹘汗国倚重的粟特商人会把这样的城市当作货物储存和交易的场所。城市周围的农田则是为了满足商业城市人口的粮食需要而耕种的。

当然，回鹘人并不是化剑为犁，从草原战士彻底变成了农民，回鹘人仍然是游牧民，他们只是把一些擅长耕种的农民带到了草原上，让农民帮助自己种粮食。

站在后人的角度观察这样的回鹘汗国，我们能够感受到回鹘人的苦心，他们似乎有意无意地在探索草原与华夏的融合之路，试图建立一种"以草原为主体的混合政权模式"，一种与隋唐王朝前期一样是混合政权但政权根基在草原的模式。

这种模式显然是一种新的草与禾的融合探索。回鹘人的探索能成功吗？

草原城市给回鹘人带来了大量的财富，也给这个草原帝国带来了隐患。草原政权的特点是流动性、机动性：游牧民逐水草而居，放牧牲畜；游牧骑兵来去如风，令人生畏。可是有了城市，而且还是聚集了大量财富和行政人员的城市，游牧帝国就牺牲了一部分机动性，少数的几个城市成为帝国的"神经中枢"，如果神经中枢出了问题，整个帝国就会瘫痪。

历史证明，虚弱的唐朝在财政重压下苦不堪言，一夜暴富的回鹘也并没有得意多久。回鹘人很快迎来了自食其果的一天。

840年左右，蒙古高原西北部的黠戛斯人突然袭击了回鹘汗国位于鄂尔浑河的支流土拉河流域的中心城市，"神经中枢"被击中了，看似强大的回鹘竟然一击而溃，从其崛起到瓦解，居然只有不到百年的时间。

想想也是，一个把战马换成了丝绸，王族和贵族过起了定居生活的族群，怎能算是草原族群？还怎么做草原的主人呢？

回鹘人失去了广阔的草原，当然还有他们建立起来的富庶城市。一部分回鹘贵族向南退却，据守西域的绿洲地带。在西域及其周边，他们建立起了一些小型政权，比如甘州回鹘和高昌回鹘。虽然这些政权比起曾经的回鹘汗国显得寒酸，也失去了军事敲诈的能力，但回鹘人仍然延续着自己的"桥梁"作用，他们在游牧社会和农耕社会之间建立起了联系，在丝绸之路上热衷于做生意，比如向华夏输出马匹和玉石，换取丝绸。

回鹘人借助商业力量，在草原上兴建城市，试图融合草的世界与禾的世界的努力并没有完全失败，这些经验教训将在未来发挥重大历史作用，给后来者指明发展道路。此乃后话，先按下不表。

草原强权瞬间瓦解，压在唐朝头上的大山被搬走了。也就在此时，青藏高原的吐蕃也因为宗教纷争闹起了内乱，陷入了分裂状态，唐朝卧榻之侧的这一威胁也解除了。大唐盛世还能回光返照吗？

"落花流水春去也"，安史之乱后的唐朝不仅失去了对北方草原和西北方西域地区的控制权，退化为单一华夏政权，而且在长城以南的传统地区，它也只是维持住了唐朝的旗号而已，实际的局面则是藩镇割据。

安史之乱最后是在唐朝与叛军的妥协中逐步平定的，叛军将领张忠志、田承嗣、李怀仙相继脱离叛军，向朝廷表示效忠，朝廷为了笼络这些降将，"悉原其罪，一切不问"。这些降将也毫不客气地"招还散亡，治城邑甲兵"，建立了自己的藩镇。三人后来分别成为成德节度使、魏博节度使、范阳节度使，此三镇史称"河朔三镇"，藩帅不由中央任命而由本镇将士拥立，赋税不上供中央而由将士瓜分。这简直就是唐朝内部的独立王国。

唐朝后期曾经多次兴兵讨伐不服管的河朔三镇，但每次都铩羽而归，可见唐朝后期的中央政府已经孱弱不堪。

幸好其他的藩镇还能够听命于朝廷。比如中原地区的藩镇集结了重兵，当地赋税也不上供朝廷，而是自给自足，但在军事上服从朝廷的领导。唐朝政府需要中原的这些藩镇来威慑河朔三镇，不要再出现类似安史之乱的局面。另一些集结重兵的藩镇地处西北和西南边陲，它们的开支还要仰仗唐朝政府供给。

那么唐朝后期的钱从哪里来呢？主要来自东南地区藩镇的输送，特别是长江下游的浙东、浙西、淮南、福建、江西等道，这些地方兵力不足，钱粮却丰盈，是唐朝后期最重要的赋税来源地。于是，东南藩镇的财力维持了唐朝政府的运转，边疆藩镇给唐朝提供了国防力量，不同藩镇之间相互制衡，这样的体系竟然让衰弱的唐朝又维持了100多年的统治。

所以宋朝人评价说："弱唐者，诸侯也；既弱而久不亡者，诸侯维之也。"所谓诸侯，就是藩镇。

唐朝能够续命100多年，还有一个因素不得不提，那就是"外来人"的帮忙。

虽然大唐变成了"小唐"，龟缩为单一华夏政权，但唐朝并未闭关锁国，它的身体里还残留着草原的基因，唐朝依然在吸收周边的游牧族群，把它们纳入自己帐下，利用游牧族群的战斗力来增强中央政府的力量。这是唐朝一以贯之的策略。

在草原帝国回鹘和高原王朝吐蕃相继瓦解后，唐朝周边是群雄混战的局面，一些在争斗中落下风的部落会向还维持着表面统一的唐朝求援，请求内附。

观察唐朝后期东亚大陆上的局势，表面上看草原上群雄逐鹿，华夏则藩镇割据，似乎又回到了单一草原政权对阵单一华夏政权的老路上。隋唐前期那种草原与华夏天下大同的威武气概，此时全然没有了踪影。

但经过隋唐前期的风云变幻，被胡风浸染的华夏和被汉风洗礼的草原都与过去截然不同了，草的世界与禾的世界都发生了根本性的变革。长城内外都曾经尝试着建立混合政权，差别只是以华夏为主体融合草原文明,还是以草原为主体融合华夏文明。前者即隋唐王朝试图打造的以华夏为主体的混合政权模式,后者即回鹘汗国试图打造的以草原为主体的混合政权模式。

从汉末几百年的动荡时代到隋唐几百年的帝国时代,长城内外进行了大规模的人口交流和文化交流,草的世界与禾的世界彼此更为熟悉,互相借鉴。在形形色色的商人甚至各个政权间频繁贸易的牵引下,华夏与草原的联系更加紧密。或者借用现代的词汇,两个巨大的区域之间正在实现"经济一体化"。经济模式不是两者变成一个样子,而是互通有无,各有所获,互利共赢。这是一种经济层面上的融合,它比依靠军事力量的疆域融合或者政令控制下的融合更生活化,从长远看也更有意义。

从单一政权通往混合政权的道路已经开辟,虽然唐朝与回鹘都遭受了重挫,历史的短暂徘徊仍然暗示了,草的世界与禾的世界更深层次的融合即将展开。接下来的千年中,更为激动人心的大融合时代徐徐拉开了大幕。

第三章　北驰南渡——以草原为主体的混合政权模式

907年1月,塞北草原朔风凛冽。契丹的痕德堇可汗去世,早已手握军事大权的实力派人物耶律阿保机毫无悬念地成为新的契丹可汗,宣布国号为"大契丹国"。

907年3月,洛阳城内一片肃萧。唐朝末代皇帝李柷在梁王朱温的逼迫下禅让,曾经意气风发的唐朝就这么悲凉地走入了历史的坟墓。

华夏的唐朝夕阳落山之日,恰是草原上的契丹朝阳升起之时。强烈的对比似乎暗示着草的世界与禾的世界正在发生巨大的变革。

契丹人的"新农村建设"

似乎从唐末五代时期开始,华夏王朝在面对北方少数民族的时候,变得越来越难以招架,屡屡被北方少数民族攻破长城地带后入主华夏,秦汉时期和隋唐前期那种华夏王朝与草原强权互有攻守、势均力敌的局面似乎一去不复返了。

到底是草原政权变强大了,还是华夏王朝变软弱了呢?

让我们首先从北方的"狼族"——契丹身上寻找历史变革的答案。

北方草原是草原狼的家园。这些嗅觉灵敏的动物群居生活,擅长远距离奔跑,在头狼的带领下,或凄厉呼号声震原野,或静默无语结队奔袭。在一些当代文艺作品中,蒙古族被描写成以狼为图腾的民族。其实这是一个"美丽的错误",在中国古代的北方草原族群中,标志性地以狼为图腾的族群,其实是契丹人,而非蒙古人。

契丹这个族群早在北魏时期就见于史书记载之中,他们一直活跃在辽河上游的西拉木伦河、老哈河流域,即今内蒙古通辽到赤峰一带。与其说这个族群是一个血缘紧密的民族,还不如说其是一个地域性的族群更为妥当。如前所述,草原上的部落往往"随风倒",某一个部落强大起来,兼并了周围部落,这些部落就使用统一的称谓,另一个部落称雄后,大家又开始用另一个称谓。契丹也是这种情况,它是生活在辽河上游的多个部落的联合体。

早期的契丹是较为单一的草原政权,是在突厥、回鹘、唐朝的大国夹缝中生存的一方草原势力,在大国操纵的舞台上随波逐流。当亚洲东部政局出现短暂的真空时,契丹也会成为一枚重要的棋子,对历史进程产生影响。

契丹大贺氏部落首领李尽忠曾依附唐朝,任松漠都督府都督。武则天时期,李尽忠曾率部反叛唐朝,自封无上可汗。唐军最终借助突厥偷袭叛军后方,平息了这场叛乱。李尽忠的李姓是唐朝所赐,而且唐朝一代名将李光弼也是契丹出身,这反映出契丹在唐朝前期就已经和华夏王朝有了很深的联系。

这次叛乱显示出契丹作为北方草原东部的一方势力,已经具备了较强的实力。作为混合政权的唐朝当然希望这股草原势力能够为己所用。可惜,此后契丹与唐朝的关系时战时和,唐朝不得不在辽东一带屯集重兵防御。这间接促成了在这一地区的唐朝边关将领的权力膨胀,也许诸位已经想到了那个搅乱天下的人的名字——安禄山。

安禄山就是在与契丹、奚等辽河上游族群的作战中成长起来的唐朝边关将领，兼任三个节度使，后面的剧情大家就都知道了。就在安禄山南下并在洛阳称帝的时候，契丹和奚也毫不客气地乘虚而入，出兵袭击了安禄山的大本营范阳，可能是报复和掠夺兼而有之。

唐朝后期藩镇割据，中央政权力量软弱，而北方草原上也是群雄分立。在被几大霸主轮番压制许多年后，纷乱的局势给了契丹独立发展的机遇。霸主轮流做，今朝到契丹。和许多草原政权一样，契丹的崛起也少不了英雄人物的统领，这个人就是耶律阿保机。

史书记载，契丹作为一个部落联盟性质的草原政权，原本分为8部，每部都有"大人"为首领，并从这些大人中再经过联盟会议，推举出一人担任契丹的首领，此人通常自封为可汗。契丹的可汗在早期并不是世袭制的，而是有任期的，一般在没有灾害的平常日子里，规定每三年开会选举，轮换首领；而当遇到大灾害发生的时候，8部会打破惯例，聚集在一起选出下一任首领。

耶律阿保机属于8部中较强的一部，并被当时的可汗赏识，被任命为掌管契丹军事的首领，类似于兵马大元帅的职位。足智多谋又骁勇善战的耶律阿保机果然不负契丹上下的众望，他北伐室韦，南击奚，东攻女真，让契丹的统治地区迅速扩大。他甚至还攻入已经陷入一片混乱的唐末的疆土中，掠夺大量的人口、牲畜和财物而归。

然而，耶律阿保机可不仅仅满足于做一位受人尊敬的兵马大元帅，他有着更高的人生追求，他要带领契丹人成为草原甚至更为广大的土地的主人。不过首先，他要成为契丹的可汗。

907年，耶律阿保机终于如愿以偿了。成为契丹可汗的耶律阿保机并不像表面看上去那样英姿飒爽、风光无限，他面对着一个近忧和一个远虑。

近忧是，契丹原有的8部首领轮换制度名义上还存在，他这个可汗按照传统也是有任期的，到期就要下台，可是雄才大略的耶律阿保机并不愿意交出自己的权力。

至于远虑，耶律阿保机面临着草原政权自古以来的治理难题，契丹松散的部落联盟体制与日益扩大的疆域并不匹配，尤其是契丹正在成为一个囊括草原地区、华北平原地区以及东北丛林地区的政权，这个政权中的族群和经济模式是多样的，既有契丹草原游牧的传统生产方式，也有平原农耕的生产方式以及东北地区的渔猎生产方式。

该如何建立一个有效的治理体制来管理不同经济模式和文化传统的广大疆土呢？

以耶律阿保机的智慧，他早就料到契丹部落联盟中的"父老乡亲"对他长期霸占可汗之位会心怀不满，所以他提前开始布局。身为草原部落联盟领袖的他却开启了一场令人瞠目结舌的"新农村建设"。

唐末五代时期，天下大乱，许多百姓为躲避战火，四处奔逃，许多人逃到了契丹境内。耶律阿保机收拢这些从农耕区逃来的人口，加上契丹掠夺而来的民众，在长城地带的农牧交错地区建造了许多城郭，让他们在城郭内从事手工业，在城郭外开垦农田，生产粮食。这些城郭就是所谓的"头下军州"，听命于自己的契丹贵族首领。

草原需要华夏的手工制品和粮食，但是在唐末天下大乱的局面下，正规的贸易难以进行，契丹也很难通过武力要求一个经济富庶的华夏政权进贡。在这种情况下，把华夏的手工业者和农民掠夺到塞外，在自己控制的疆土内生产所需的手工制品和粮食，就不失为明智的策略。

当然，经过此前数百年的族群大融合，我们很难说契丹从华夏获得的人口到底算是纯粹的汉族人，还是昔日草原部落定居华夏的后裔。在草的世界和禾的世界的边界变得日益模糊的时代，双方可能在彼此领土都有些亲戚朋友，都有千丝万缕的联系。

早在担任契丹的"兵马大元帅"的时候，耶律阿保机就南下华夏，多次掠夺华夏人口北归，根据史书记载，早在902年契丹境内就出现了头下军州。在成为契丹可汗后，他继续收拢华夏流民和劫掠人口，建立大量的头下军州，这一时期出现了几十座类似的城镇，其中一些是耶律阿保机的弟弟修建的，也有一些是其他契丹贵族修建的。

头下军州一般都有防御城墙环绕，居民居住在城中。城池按照华夏流行的四方城的模式建造，四边有城门，此外还有城楼、街道和带有钟鼓楼的集市。一些大的城池里，还会修建孔庙、佛寺、道观等与信仰相关的建筑。此外，还有用作政治、军事乃至民间需求的驿站。

所以，头下军州并不是把汉族人集中在草原上服劳役的场所，它们是充满活力的贸易据点和制造业据点。城池外面则是粮食生产基地，解决人口增加带来的食物不足的问题。

回忆一下，回鹘汗国曾经在草原腹地兴建过类似的城池，比如可汗城、可敦城等。显然，耶律阿保机时代的契丹的头下军州以及城池人口有着数量和质量上的跃进。回鹘人的城池只是以聚敛贸易财富为目的的场所，而契丹的这些城池功能更为繁多，也更加像华夏的城池。耶律阿保机是否知道回鹘人曾经在草原上建城，恐怕很难搞清楚，但他的妻子述律氏的家族有着很深的回鹘背景。显然，曾经的草原霸主回鹘的所作所为，必然影响了周边如契丹等草原势力。

不知不觉间，契丹这个单一草原政权正在发生着根本性的变化。不知不觉间，耶律阿保机培植起自己的强大势力，足以用来抗衡契丹8部中的反对势力。

光阴如箭，耶律阿保机已经连续干了"三届"可汗，这期间不要说其他部落不满，就是耶律家族自己的兄弟都不止一次造反，想迫使耶律阿保机让出可汗之位，都被他一一平息。成为可汗9年后，契丹核心的其余7部无法容忍权力被耶律家族甚至被耶律阿保机一人垄断的局面，集体逼迫耶律阿保机交出大权。

史书记载，耶律阿保机以退为进，先是交出了象征可汗权力的旗鼓，然后对7部说，我有很多头下军州，我要带着我的部众去管理这些城郭。回到自己的势力范围后，耶律阿保机立刻反戈一击，将各部首领全部杀死，一举控制了整个契丹8部。至此，再无人可以挑战耶律阿保机的可汗权力了。

916年，耶律阿保机正式称帝，并率领部众建造皇城，也就是辽上京，位于今内蒙古巴林左旗。这次称帝与他9年前继承可汗之位的区别在于，9年前耶律阿保机扮演了契丹部落联盟领袖的角色，而9年后的此时，他成为一个大国的君主，统治的臣民不仅有契丹人，还有其他多个民族。皇帝本是华夏君主的称号，现在耶律阿保机通过称帝这样的举动，让自己的地位凌驾于靠部落大人集体选举才能得到的可汗之位。

契丹，这个曾经的草原部落联盟，在耶律阿保机手中变成了皇权世袭的帝国。这个新兴的帝国已然不是一个单一草原政权，而是一个以草原为主体的混合政权。

回鹘人在草原上曾经梦想打造的政权模式，在耶律阿保机手中变成了现实。

近忧已消，远虑仍待解。面对治理广大疆土的难题，耶律阿保机决意要把"新农村建设"进行到底，他的契丹从一个曾经的单一草原政权，昂首阔步地向一个以草原为主体的混合政权行进。

918年，耶律阿保机下令建造辽上京。经过不断的扩建和完善，最终，辽上京形成了"双城"的格局。南面是一个单独的汉城，房舍密集，市场兴盛。汉城应该是契丹以外的各族群如汉、渤海、回鹘等普通民众、工匠的居住区。北面是皇城，与汉城之间以墙相隔。皇城中央是大内，应该是皇帝起居和办公的场所。皇城北部空旷平坦，考古学家猜测这里是毡帐区，契丹皇族仍然喜欢居住在毡帐之中。

从辽上京的格局就可以猜测耶律阿保机对于国家治理的构想，他既想保持草原传统，又想引入华夏的管理体制，将草的世界与禾的世界融合起来，建立一种以草原为主体的混合政权。

兴建永久性都城，这是一种华夏王朝的治理方式，标志着契丹政权的权力趋向于集中而不是分散。这时，耶律阿保机似乎已经着手建立契丹帝国的双重行政管理体制：北面官负责管理草原游牧地区的部落事务，而南面官主要仿照唐朝制度设立，负责处理定居人口特别是汉族人的事务。早在910年，耶律阿保机就任命他的兄弟管理北面官系统。这一制度于

947年契丹政权正式设立北院和南院时达到顶点。

契丹帝国的根基是草原,所以草原传统不能放弃。

虽然兴建了类似华夏的城市甚至都城,但是契丹的可汗/皇帝一直坚持草原上的游牧生活方式,他们一年中有规律地在草原上迁徙着,从一个传统的季节性放牧草场(捺钵)转移到下一个草场。一年中的大部分时间在草原上度过,可汗与草原各部首领聚会、商谈,处理草原事务。一年之中,他们也会途经繁荣的城市,并在里面居住一段时间。比如一般情况下,每年两次在辽上京,可汗会把官员召集起来商讨国是。讨论完毕后,那些负责契丹南部地区的官员南下管理汉族臣民,而可汗则带着契丹高官继续以游牧方式行军。

同时,华夏政权的经营方式也广泛开展起来,因为在契丹的疆域中,可供开垦的土地相当多。首先是长城地带的农牧交错带,历史上赫赫有名的燕云十六州也位于这一带。这里原本就有着相当可观的耕地,契丹将这块地区纳入版图之后,就等于有了一座可靠的粮仓。

其次是东北地区的辽河平原,这里因为地处北方,气候较为寒冷,所以一度人气不旺,耕种规模十分有限。再加上地处周边各方势力角逐的焦点,社会动荡,生产大受影响。其实从气温、降水、土壤条件来说,辽河平原极具农业开发价值。

在耶律阿保机四处扩张,向东击败了盘踞在东北地区东部的渤海国后,他和他的继任者将许多昔日渤海国的人口迁移到辽河平原上,使这里的农耕社会变得兴旺起来,所谓的辽东就此崛起,并一直泽被后世。其中辽阳后来成为契丹帝国五京中的东京,进一步成为各个族群杂居的繁荣之地。这块土地逐渐成为中华文明圈的重要部分，一些东北族群也正是以辽河平原这个大粮仓为创业基石，开始了逐鹿中原的征程。此乃后话。

总之，从耶律阿保机开始的契丹"新农村建设"，开辟了一条中华文明区域融合的新道路——以草原为主体的混合政权模式。

自匈奴帝国以来，历代游牧政权都是马上打天下，马上治天下，以松散联合体的形式管理庞大的疆土。耶律阿保机的契丹一方面要保持游牧民族的机动性和战斗力，保持草原地区固有的游牧生产方式；另一方面，他在契丹境内建立了包括首都辽上京等五京在内的许多城郭，并移居了大量的人口到城郭里外定居，从事手工业生产和农业生产，把华夏王朝的国家治理模式也嫁接到契丹帝国的体系之中，一定程度上克服了草原政权的松散特性。

在一个草的世界中导入禾的系统，耶律阿保机的这一创举给契丹带来了前所未有的强大国力和稳定性。自从单一华夏政权——汉朝与单一草原政权——匈奴的白登山之战后，历经千年洗礼，直至契丹，草原与华夏的融合之路终于登上了新的台阶，可以同时驾驭草原和华夏的、更为有效的政权模式已经初露锋芒。

就在耶律阿保机一面统御契丹诸部、四方征讨，一面大张旗鼓地进行"新农村建设"的时候，长城以南又是怎样的场景？

大唐王朝笨重的身躯已经轰然倒地，唐朝后期藩镇割据的局面很自然地过渡到所谓的五代十国的纷乱局面。广阔的华夏在一片混乱中探索着自己的未来。

虽然名为五代，分成了后梁、后唐、后晋、后汉、后周5个朝代，但其实总共也只有短短的半个世纪，与汉唐这样延续数百年的朝代相比，五代加在一起都显得袖珍，分别被称为朝代，实在是过于抬举它们了。至于十国，除了北汉外，其他基本上都地处长江流域及以南地区，并没有同时存在过，一般与五代朝廷同时存在的十国只有7个左右。其实在五代十国之外，至少还有大理国在西南方向裂土而治，更不用说还有凌驾于北方的令华夏各个政权不寒而栗的契丹了。

所以，五代十国只是后世史家的总结，当时的局中人并不这样想。那么，当时的人是怎么看天下大势的呢？

许多人都没感觉到唐朝已经是过去时了。就像汉朝灭亡后，匈奴人刘渊高举起汉朝的大旗那样，当朱温篡夺了唐朝的社稷，建立了自己的梁朝时，他一生的宿敌——彪悍的沙陀将领李克用视其为唐朝的叛逆，根本不承认梁朝，甚至继续使用唐朝最后的年号"天祐"，高举唐朝的大旗，与朱温死磕到底。

沙陀军团是五代十国时期华夏影响力最大的军事力量。追根溯源，沙陀人应该是突厥人的一支，活跃于西域天山巴里坤湖一带，曾经归附唐朝，在吐蕃攻陷了唐朝的北庭都护府后，沙陀人改投吐蕃帐下。此后由于受吐蕃的猜忌，沙陀人又向东迁移，再度归附唐朝，生活在北方长城地带。

唐末黄巢起义搅动了天下，沙陀人在首领李克用的带领下，为唐朝击败黄巢、收复长安立下大功，从此以沙陀骑兵为核心，吸纳了周边各个民族力量的军事集团闪亮登场。李克用之子李存勖更是如同战神下凡，不仅力抗不可一世的契丹大军，硬生生地把耶律阿保机的南进一次次打退，更在923年称帝，国号为唐，史称"后唐"，并在同一年消灭了后梁。李存勖这个突厥系沙陀人成了"唐朝"的皇帝。此时，他顺理成章地把天祐的年号改成了自己的年号——同光。

一个沙陀人"复兴"了唐朝。想想当年刘渊建立的"汉朝"，李存勖的"唐朝"如出一辙，都是试图延续此前数百年的王朝社稷。

五代十国时期高举唐朝大旗的可不只有沙陀人。在南方，李昪自称唐朝皇族后裔，也建立了自己的"唐朝"，史称"南唐"，疆域覆盖了今江苏、安徽、湖南、湖北、江西一带，是十国中最为强大的一个政权。由于自称唐朝正宗，南唐甚至有一统天下、光复唐室的野心，可惜受挫于北方的后周，一蹶不振。

这种竞相争夺唐朝正统地位的现象，反映了当时整个华夏的一种文明、文化上的认同感，这种认同感来自延续了数百年的唐朝，基础是大江南北日益联系在一起的经济与文化，其核心是唐朝留下的大一统的文化认同遗产，包括语言、制度、文化、思想等。

唐朝虽灭，文明犹存，文明的认同感才是最为重要的融合，哪怕疆土是分裂的，大江南北的人们依然有着类似的梦想，为了天下的统一而各自奋斗。哪怕是有着浓厚的少数民族色彩的沙陀集团，也把自己视作唐朝的一员，愿意为复兴唐朝而拼杀。

更值得人深思的是，五代之中除了被李克用父子视为叛逆的后梁外，后唐、后晋、后汉都是沙陀集团建立的。当李存勖带着沙陀骑兵与契丹骑兵在沙场鏖兵的时候，真是不太像一位"汉家大将"。换句话说，五代十国时期的华夏，也已经融入了多个族群和他们的文化元素，就像契丹也吸收了华夏的一些农耕经济和制度那样。那个时代的长城内外，大江南北，草的世界与禾的世界已经你中有我、我中有你了。

沙陀人李克用与契丹人耶律阿保机见过面，并英雄相惜地结为兄弟，当然这兄弟情义仅限于酒桌上，战场上两人对垒起来都不含糊。李克用的儿子李存勖与耶律阿保机也有名义上的子与父的说法，也仅限于使臣往来送书的时候。当时的天下大势是契丹强而后唐弱，契丹一心想吃掉后唐，但直到耶律阿保机在平定东北地区的渤海国后去世，也未能得逞。

后唐的内乱终于给了契丹新可汗耶律德光南下的机会，他是耶律阿保机的二儿子，在母亲述律氏的支持下继位。为了让自己的儿子顺利继位，压制契丹内部的反对势力，述律氏甚至不惜自断右手，震慑群雄，当真是刚烈无比，草原风格的契丹可汗选举制度总算是勉强地过渡到了世袭制度。

接下来的历史进程中，在帮助后晋石敬瑭击败后唐的过程中，耶律德光兵不血刃地得到了长城地带的燕云十六州。耶律德光的志向不止于此，他有着逐鹿中原的野心。在后晋大乱的时候，耶律德光觉得时机成熟了，于是率领契丹军队大举南下，试图一举吞并华夏，完成父亲耶律阿保机的夙愿。

然而耶律德光没有想到的是，这是一次让他达到光辉顶点的远征，也是一次让他走向末路的远征。

946年秋，契丹军队从本土出发南征，一片混乱的后晋基本上无力阻止抵抗，到年底的时候，都城开封陷落。947年正月初一，耶律德光的马蹄风光无限地踏入了开封。又过了一个月,耶律德光改国号为大辽,改年号为"大同",似乎在宣告一个囊括了草原和华夏的大同世界来临了。

遗憾的是,耶律德光自己根本就没准备好迎接那一刻。

孤军深入的契丹骑兵出现了粮草短缺。这反映出此次南征根本就准备不足,因为过去契丹军队南下劫掠的时候,抢了财物就撤回草原,不需要后勤补给。但是这次南征是以占领华夏为目的的,没有足够的粮草供给,怎么能持久呢?

耶律德光只好纵容自己的军队扫荡开封周边,并大肆搜刮钱财。这是一种典型的草原劫掠风格的行为,问题是这些契丹骑兵现在并不在草原,而是在农耕区。原本处于观望之中的华夏军民在生死存亡之际,全都奋起反抗契丹侵略军,后晋的地方残部也开始一致对外,攻击契丹军队。没有了粮草,耶律德光的大军战斗力锐减,他在开封待不下去了。从他进入开封仅仅三个月后,这位达到人生顶峰的契丹可汗灰溜溜地撤离开封,向北方的故土而去。

心力俱疲的耶律德光在半路上就突然病死了,他的"大同"世界就像是一场噩梦。耶律德光的失败警示世人,草的世界与禾的世界的融合是艰巨的任务,并不是单靠武力就能够实现的。

契丹军队撤退后,沙陀势力中的一方豪强刘知远轻松进入开封,建立起了后汉政权。几年之后,后汉又被后周推翻,而后周也挺立了不过10年光景,就又被赵匡胤发动的政变推翻,宋朝建立。

华夏政局风云变幻,本来都是契丹入主华夏的好机会,但耶律德光的南征失利,给了契丹人非常惨痛的记忆,以至此后的历代契丹可汗基本上都打消了入主华夏的念头，他们更倾向于回到草原帝国的经典套路上，通过军事敲诈，谋取一些经济利益，而不是占领华夏。

可能正是因为契丹上层出现了这种心理，再加上宋朝的赵匡胤、赵匡义兄弟也很争气，统一了华夏，结果1004年契丹大军再次饮马黄河，进逼北宋都城东京时，双方都有些"麻秆打狼，两头害怕"的心理：心有余悸的契丹对统治华夏没有底气，北宋也没有了当年纵横沙场的决死气概。最终双方坐下来谈判，北宋答应每年给契丹绢20万匹、银10万两，以此换取和平，这就是契丹与北宋签订的"澶渊之盟"。

澶渊之盟让草原与华夏回到了经典的纳贡–和亲模式。但是与匈奴–两汉和突厥–隋唐时代不同的是，在契丹–北宋时代，契丹已经不是一个单一草原政权了，而是融合了大量华夏文明的混合政权。而北宋到澶渊之盟的时候，已然蜕变成了单一华夏政权。

以草原为主体的混合政权对垒单一华夏政权，这是契丹–北宋那个时代的新格局。澶渊之盟给契丹带来了长期稳定的军事敲诈收入，对于这个以草原为主体的政权的长治久安非常有帮助。

当然了，作为一个混合政权，即使契丹不再军事敲诈华夏政权和其他周边政权，自身也具有一定的生产能力，能够制造一定量的手工业品，以及生产大量人口所需的粮食。所以，一方面契丹对于华夏物产的迫切需求降低了，军事敲诈到华夏物产当然更好，但是敲诈不到，契丹管理好自己的头下军州，管理好自己境内的农民和手工业者，日子也照样过得不错。作为一个以草原为主体的政权，契丹的政权显然比过去的草原帝国更安稳。

同时，契丹还收获了管理农耕区的人才和经验，这使过去草原帝国侵占华夏后出现的管理难题在契丹的时代难度大大下降了。占领一片地方后，混合政权有足够的管理人才，能够很好地管理占领的农耕区，恢复生产，产出大量的粮食和其他手工制品，供整个混合政权调用。

新的局面对于华夏政权绝对不是好消息。幸好澶渊之盟后，在大约长达百年的时间里，契丹与北宋基本上相安无事。也许耶律德光的那次惨痛教训过于深刻了，即使契丹已经具备了治理农耕区的人才和经验，它也没有大举南下占领华夏的野心了。契丹逐渐刀枪入库，马放南山，契丹贵族过起了奢华的定居生活，而契丹底层民众该放牧的放牧，该种地的种地，该做手工的做手工，惬意地过着自己的小日子。

抛开澶渊之盟是不是一个不平等条约不谈，这个条约给北宋还是带来了巨大的和平红利。避免了战争带来的破坏和消耗，这本身就可以算作"收入"。而且从岁币支出额来看，每年输送给契丹的绢的份额仅仅相当于北宋南方一个州（比如越州）的生产量，这是北宋完全可以承受的代价。

而且在和平降临后，两个政权之间的"跨国贸易"顺利展开。华夏由于物产更为丰富，因此在与草原的贸易中往往会获得大量的盈余，即使契丹已经不是一个单一草原政权，贸易收支的趋势也没有发生根本性的变化。根据估算，北宋支付的岁币中的银两，大约有60%又回到了宋朝的境内，因为契丹在获得了上贡的绢之外，仍然用大量银两来购买华夏的物产。

所以，澶渊之盟虽然有点屈辱，但对北宋来说，每年的岁币倒也不算巨大的开支。

但是，北宋出现了新的麻烦。安抚了契丹这头凶恶的北方之狼后，西北方向又崛起了党项人建立的西夏，又来了一头可怕的狼。

经过几次大战之后，北宋意识到自己无法消灭西夏，而西夏在北有强邻契丹，西南和西方都有强敌的情况下，也无力再战，双方于1044年达成和平协议，西夏向北宋称臣，而北宋每年岁赐西夏银7.2万两、绢15.3万匹、茶3万斤。这一事件被称为"庆历和议"，堪称澶渊之盟的姊妹篇，北宋再次用华夏的财力购买了与西夏的相对和平局面。

岁币也好，岁赐也罢，对北宋的财政来说并不是难以承受的。北宋财政支出的最大头是军费开支。即使沐浴在和平之光中，北宋还是要面对西夏乃至西南方向此起彼伏的军事袭扰，再加上防备契丹的入侵威胁，北宋不得已建立起庞大的军队防御边境。

虽然北宋留给后世一张经济富庶、文化繁荣的面孔，《清明上河图》以绘画的形式展现了都城东京（今开封）的繁华景象，但北宋的权力和财力其实都集中在东京，这一城一地的繁华，掩盖了北宋在财政压力下对全境民众的高额税收政策导致东京以外的老百姓艰难度日的现实。北宋的生产力确实不错，但开销同样很高。我们甚至可以这样说，恰恰是因为北宋有着严重的外敌威胁，于是背上了沉重的军费开支，才不得不强迫民众开足马力生产更多的物产，转化为财政收入，再转化为财政上的军费支出。

北宋那繁花似锦的外表之下，是并不浪漫唯美的残酷现实。

军费高昂的根本原因，是北宋是一个单一华夏政权，没有强大的骑兵部队，却要面对如狼似虎的混合政权——契丹与西夏的威胁和挑战。

隋唐前期是以华夏为主体的混合政权，拥有草原血统的军事力量，特别是拥有战斗力强大的骑兵部队，可以压制周边的单一草原政权的挑战。隋唐维持边疆军事力量当然也耗费巨大，但好歹只是将草原背景深厚的族群人口转化为军人，或者这些族群干脆就是"战斗民族"，转化成本相对较低。而北宋作为单一华夏政权，只能将纯粹的华夏人口转化为军人，不仅转化成本很高，而且还缺少战马，因此也就缺少机动性强、战斗力强的骑兵部队。

反观契丹这种以草原为主体的混合政权，不仅拥有强大的军事力量，而且还握有一定的农耕基础，如虎添翼，其政权的稳定性和军队的保障能力都超越了单一草原政权，不太容易出现过去草原帝国的老毛病——其兴也勃焉，其亡也忽焉。

此消彼长间，北宋面对契丹乃至西夏，只能靠军队数量来弥补战斗力的巨大差距，号称80万的禁军以及分布在各地的厢军，构成了北宋的百万大军，庞大的常备军进一步增加了军费开支。

说句实话，北宋一直在勉为其难地维持着自己的统治，经受不起一次较大的打击。

与此同时，横跨草原、丛林和一部分华夏的契丹是不是一边收着岁币，一边舒适地过和平日子呢？

并没有。就在澶渊之盟后，腾出手来的契丹马上展开了与自己疆域东南方向朝鲜半岛上崛起的高丽的大规模战争。契丹与高丽的战争起因，是为了争夺被契丹消灭的东北地区渤海国的领土和民众。朝鲜半岛复杂的山区地形绊住了契丹铁骑的马脚，战争最后以相互妥协收场，契丹并没有占到便宜，徒耗国力。

此外，虽然起家是在草原上，但是契丹似乎并没有完全控制亚洲东部的草原。盘踞在今内蒙古西部、陕西北部和甘肃地界的西夏是契丹欲除之而后快的大患，但是多次征讨，也没能消灭西夏。

此外，在契丹的北方、西方，还存在着一些草原部落，比如阻卜，从耶律阿保机时代开始，契丹大军就多次向北征讨这些草原部落。在契丹大军攻打过来的时候，北方草原部落要么像传统游牧族群那样逃得远远的，要么暂时投降契丹。在契丹大军的威胁消失后，北方草原部落往往又揭竿而起，反抗契丹的统治。

从契丹建国直到灭亡，这样的草原征讨持续不断，说明契丹并没有真正有效控制草原地带的北方区域。

站在草原的角度来说，契丹在草原上取得的荣耀远远不能和昔日的草原帝国匈奴、柔然、突厥等相比。甚至与同为混合政权的唐朝相比，契丹也没能取得鼎盛时代唐朝的影响力。当然，唐朝前期是一个以华夏为主体的混合政权，而契丹则是以草原为主体的混合政权，两者的根基有所不同。

契丹无法在草原上纵横驰骋的原因是复杂的，疆域南方的高丽、北宋、西夏乃至西域的回鹘都不是软柿子，必然会牵扯契丹绝大部分的军事力量，让契丹无法集中精力征服草原。但是，与草原上那些松散的弱小部落相比，契丹这一混合政权的国力是相当强大的，没能有效控制草原，也许要从契丹自己身上找原因。

症结也许就在于契丹的混合政权体制上。契丹脱胎于传统的草原政权，有着深厚的草原文明传统，说得直白一些，那就是草原贵族共同议事的政治体制对于契丹的政治有着很深的影响。虽然耶律阿保机压制了契丹8部大人，甚至靠计谋杀死了8部大人，但是耶律氏自己内部仍然旧势力林立，耶律阿保机和妻子述律氏花费了很大的力气，甚至分别付出了生命和右手的代价，才勉强实现了契丹君主的世袭制。

契丹君主叫可汗也好，叫皇帝也罢，都不能不考虑契丹贵族的意见。因为混合政权的主体是草原，契丹的根基是草原上的游牧民，所以契丹贵族虽然被皇权压制，但依然是不容忽视的力量。契丹君主需要这些贵族的草原军事力量的支持，维持自己的统治权以及东亚霸主的地位。

契丹君主鼓励契丹人保留尚武精神，比如契丹早在988年就仿照华夏制度推行了科举考试选拔官员，并一直延续到契丹末年，但是明确禁止契丹人参加科举考试。有一位契丹贵族子弟偷偷参加科举考试，结果被罚鞭打。后来，这位子弟用连续三支箭射杀三只野兔的武功，才得到了提拔。

可是让这些贵族过于强大，又会威胁到契丹君主的统治地位。于是，契丹君主必须掌握好平衡。

现在，我们可以回到征服草原的话题上了。如果契丹主动出击，征服了广袤的草原，获得最大利益的人会是谁？

并不是契丹的君主，而是那些有浓厚草原背景的契丹贵族。

所以，契丹的君主未尝不想建立不世奇功，名垂草原青史，但是如果征服草原意味着自己的宝座不稳，那还是算了。而且草原各个部落的物产比起南面的南宋、朝鲜、西夏甚至契丹自己的产出来说，可以忽略不计，花费巨大的力气去征服这些贫穷的部落，并不值得。

所以站在契丹君主的角度思考草原问题，他会尽量以防御为首要策略，只有当草原部落对契丹造成严重威胁的时候，才会主动出击。契丹君主的很大一部分利益应该是依赖疆域内的头下军州的产出的，如果任由草原部落袭击这些城镇，君主的利益会严重受损。据史书记载，契丹为了防御草原部落侵袭，在草原深处修建了可敦城，驻扎了两万骑兵，以及一些屯垦的人口。而且规定，不管南方发生了什么大事，这两万骑兵不许南下。契丹甚至可能在从今内蒙古的呼伦贝尔草原到蒙古国的漫长北方边界上修建边墙，抵挡草原部落的侵袭。这是一种被动防守的战略，类似于汉朝修建长城抵御匈奴。从这些行动中，后人可以体会到契丹君主的苦心孤诣。

旁观者清。北宋有位大臣叫富弼，这个名字也许不是很有名，不过他的岳父就是写出了"无可奈何花落去，似曾相识燕归来，小园香径独徘徊"的著名词人晏殊。富弼曾经出使契丹，劝说契丹君主不要南下入侵北宋。他的说辞是，如果发动南下的战争，获得的利益就会归契丹的臣子所有，而契丹的君主却要承担战争损失和祸患。如果保持和平，北宋的岁币会归契丹的君主所有，而不是归臣子所有。这就是为什么契丹臣子要鼓动君主打仗。

这套说辞虽然是北宋大臣说出来的，有自己的目的，但深深地打动了契丹君主，因为这段话的确言之有理。

总之，契丹这个以草原为主体的混合政权，虽然是当时东亚的霸主，但也有自身的烦恼，在与周边政权、部落的不断摩擦甚至战争中，强壮的契丹也逐渐显露出了疲态。

历史贴士·中国的名字曾叫契丹

虽然直到灭亡，强大的契丹也没有真正实现入主华夏的梦想，但是"契丹"这个名字实实在在地与中国的称谓挂上钩了。

金朝灭掉契丹后，契丹贵族耶律大石率领部分契丹力量向西迁移，收编了契丹留在西北部重镇可敦城（曾经也是回鹘汗国的重要城市）的两万骑兵部队，于1124年建立西辽，或称喀喇契丹。

西辽的疆域地跨今蒙古国、中国新疆和中亚的部分地区，耶律大石不仅抵挡住了金朝的追击，而且四处扩张，于1141年一举击败当时亚洲西部的强大政权塞尔柱帝国。塞尔柱帝国为突厥人的一支所建立，曾经频频与东罗马帝国交战，所以西辽（即喀喇契丹）的威名也因这一战而远播欧洲。周边的一些政权如高昌回鹘、西喀喇汗国、东喀喇汗国及花剌子模先后臣服于强盛期的西辽。

由于西辽盘踞在中亚一带，阻隔了亚洲东部与西方交流，西辽还继承了契丹时期吸收的许多华夏制度，甚至自认为是古代中国的正统王朝的延续，因此在欧亚大陆西部的国家误认为当时的中国都处于喀喇契丹的统治之下，以为这个喀喇契丹就是中国。而那个与西辽同时代的偏安在江南的南宋，并不为西方世界所熟悉。于是，契丹的西方语言拼写名称——Cathay不胫而走，成为一部分西方国家对于中国的称呼。

1218年西辽为蒙古所灭。此后意大利旅行家马可·波罗游历了元大都后，在自己的游记中描写了蒙古人统治下的契丹省的繁荣昌盛，说那里遍地都是黄金和香料，使契丹的名字不仅在欧洲家喻户晓,而且成为欧洲人向往和追求的梦想,Cathay成为西方人对中国,特别是金朝故地的代称。时至今日,在斯拉夫语国家中,仍然称中国为契丹。

直到1575年,曾到过福建沿海的西班牙人拉达考察后指出:"我们通常称之为中国(China)的国家,曾被威尼斯人马可·波罗称为契丹(Cathay)。"此后明朝万历二十九年(1601年)意大利传教士利玛窦来到北京城,根据他的生活经验以及对于经纬度的实测,确凿无疑地证实,北京城就是马可·波罗书中描述的汗八里,而契丹(Cathay)和中国(China),都是指他所在的大明王朝这块区域。

契丹不仅在实力上曾经是亚洲东部的霸主,而且在其灭亡之后还成为中国的代名词,这是草原文明广阔影响力的一个体现。

女真人南柯一梦

1234年正月十一,蔡州城(今河南汝南)。

寒风瑟瑟中杀声震天,宋军攻破南门,蒙军攻破西城,守城金军在巷战中纷纷战死,绝望中的金哀宗完颜守绪自缢于后龙亭幽兰轩。此前一天,完颜守绪传位给身手敏捷的完颜承麟,希望城破之后完颜承麟能够策马突围出去,为金朝留下一颗火种。可惜在金哀宗自杀之后,金后主完颜承麟也死于乱军之中。金朝宰相完颜仲德在君王死讯传来后,率领最后的余部数百人投汝水而死。君臣皆身死社稷,一代威烈北族的残存血性沉入了华夏的滔滔东逝水中。

至此，金朝这个骤然崛起于东北地区白山黑水间的马上王朝，在距离自己龙兴之地数千里之外的黄河之南气数尽灭，其100多年的兴衰往事犹如南柯一梦。金朝的这段兴衰故事，到底是中华文明数千年融合史的一段小插曲，还是不可或缺的一环？

建立了金朝的女真人是东北地区一个古老的族群——靺鞨的分支，也有说法认为，女真完颜部的始祖来自朝鲜半岛的高丽。总之，那个时代的东北地区有着大量的族群，彼此之间也有人员的交流。至少在五代时期，女真人已经在按出虎水附近形成了较强的势力。"按出虎"在女真语中是"金"的意思，这条河流实际上是松花江的一条支流，大概位于今黑龙江省哈尔滨市东南方向。

与契丹以及之前的草原族群不同，女真人其实并不是典型的游牧民，他们可以被视作丛林民，在东北地区的深山老林之中从事狩猎、捕鱼，以及少量的农耕，所以他们也过着定居生活，只不过不住在草原毡帐里，而是就地取材，利用丛林中丰富的木材搭配树皮以及兽皮，建造原始的木屋。

值得注意的是，他们也养马，因为自然环境中有草料供马食用，他们的打猎、贸易等活动也需要马。马匹是北方族群形成战斗力的重要资源，女真人其实很早就拥有了这样的潜在战斗力资源。

女真人活动的区域曾经是渤海国的疆域，在渤海国被耶律阿保机的契丹大军攻陷之后，女真人转为接受契丹的统治。由于乌苏里江和松花江一带出产天下名鹰——海东青，契丹强迫女真人定期交纳足够数量的海东青，供契丹贵族作打猎之用。此外，女真人还要交纳珍珠、貂皮等当地特产。威震东亚的契丹人并不把丛林中的这些民众放在眼里，所以横征暴敛是常有的事。女真人在做买卖的时候，也会经常遭到契丹人的强抢。

令契丹人没想到的是，女真人正在一点点地积累自己的力量，散落在丛林中的女真各部逐渐联合起来，早在金朝的开国君主完颜阿骨打的爷爷完颜乌古乃的时候，就已经形成了类似于国家的部落联盟。完颜乌古乃接受了契丹的节度使封号，以契丹代理人的身份打击、吞并其他女真部落，成功控制了东北地区的东部。1113年，完颜阿骨打被各部首领推举为女真的领袖，当然他也沿袭了契丹的节度使封号。

面对契丹不断的横征暴敛，完颜阿骨打认为忍无可忍，无须再忍。1114年，女真人的怒火终于如同火山一样爆发了。在完颜阿骨打的带领下，女真人揭竿而起，开始向契丹发起挑战，这场造反看上去就像是蚂蚁与大象对决，前者似乎毫无胜算。至少我们翻看契丹过往的光辉战史记录，会觉得完颜阿骨打是在以卵击石，他最开始召集到的部众人马才只有区区2500人。

不可思议的是，庞大身躯的"大象"竟然会被"蚂蚁"吞噬了。在击败了契丹最初的地方讨伐军后，完颜阿骨打立刻在按出虎水河畔建国并称帝，打出"金朝"的旗号，召集周边早已对契丹的压迫非常不满的各族群，一起向"大象"进攻。

契丹人终于意识到了事态的严重性，但是仍然轻视了这些造反的"蚂蚁"。契丹天祚帝耶律延禧拼凑起一支号称70万的平叛大军，讨伐完颜阿骨打。实际能够打仗的契丹军队当然远远小于这个数字，但肯定比完颜阿骨打的军队要庞大很多。耶律延禧御驾亲征的勇气可嘉，但是他对于军事并不在行，根本无法驾驭庞大纷杂的军队，而且还发生了后院起火的叛乱事件。结果这场平叛战役以契丹惨败、耶律延禧落荒而逃结束。

经此一役，契丹帝国的万里江山走到了土崩瓦解的边缘，所有被契丹人统治的其他族群都看到了机会，纷纷造反，瓜分这个日薄西山的帝国遗产。当然，切得最大一块蛋糕的无疑是女真人的金朝，原来契丹帝国的东部疆土全部被金朝吞下。

被契丹敲诈勒索了上百年的宋朝也想分一杯羹，甚至还派出使者跨海到达按出虎水，与金朝结盟，相约共同攻打契丹。怎奈宋军自己不争气，连处于绝境的契丹残军都打不过，最后还是金军打下了燕云十六州。1125 年，契丹天祚帝耶律延禧被俘，标志着契丹正式灭亡。虽然契丹皇族成员耶律大石带领残部向西迁移，在西域一带"复兴"，建立了西辽，但这一政权完全不能和曾经凌驾于整个亚洲东部的契丹帝国相比。

宋朝的孱弱被金朝完全看穿了，金朝兵锋所指，下一个目标就是在契丹鼻息下偷生百年的宋朝。同样在 1125 年，金朝正式对宋朝发动了攻势，宋朝简直不堪一击，1127 年东京陷落，宋钦宗、宋徽宗及大量皇室成员、官员被俘虏，被带到东北地区。

北宋就这么灭亡了，其实它能在北方契丹强权和周围西夏、大理等国的威胁下存活 160 多年，已经很有运气了。

金朝在极其短暂的时间内从东北地区兴起，并扫荡了契丹和北宋，建立起一个拥有部分蒙古草原、东北地区和中原地区的庞大政权。女真铁骑疾驰而来，横扫了亚洲的东北部，摧枯拉朽一般把契丹和北宋两大政权消灭。

还是那句老话：马上得天下，却不能马上治天下。打下天下之后，不管自己是否意识到了，金朝已然是一个成分复杂的混合政权，它的统治者将要面对昔日契丹的政权治理问题了——如何整合草的世界、禾的世界以及女真人起家的林的世界，将不同经济模式和文化模式的各个区域融合成一个稳定发展的整体？

金朝是从契丹的巨大身躯中诞生的，因此金朝的统治者从一开始就继承了契丹的很多文明融合方面的遗产。比如，女真人虽然在苦寒的东北地区起家，但他们对华夏制度与文化并不陌生，甚至很早就借助汉族人的经验，构建自己的国家体制。金朝的国名来自按出虎水的含义，同时还有一个华夏风格的年号——收国。完颜阿骨打还给自己取了一个汉名，叫作王旻。金朝从一开始就表现出了一些华夏文化的影响。

再如，完颜阿骨打身边有个重要的汉族人谋士，叫作杨朴，其家族是渤海国区域的望族。此人年轻时曾经考取契丹的进士，后来追随完颜阿骨打。金朝立国后，杨朴立刻帮助金朝起草了一份给契丹的文书，提出停战条件，其中包括完颜阿骨打要以"大圣大明皇帝"为称号，契丹与金朝要以兄弟相称，双方平起平坐。杨朴的例子说明，金朝的政权治理从一开始就有汉族人参与其中。

所以把完颜阿骨打和他新建的政权视作单一的丛林文明并不恰当，金朝从一开始就有混合政权的色彩，东北地区本来就是多种经济模式、多种文明相互交融的地区，有适合耕种的平原、适合放牧的草场和适合渔猎的丛林，也受到毗邻的华夏文明和草原文明的影响。昔日的渤海国就带着华夏文明的色彩，此后这里又处在以草原为主体的混合政权——契丹的长期统治之下，自然受到了多种文明的熏陶。

如果我们要给金朝如疾风般扫荡塞北与中原找个理由的话，那么金朝一开始所具有的混合政权的"基因"无疑是十分重要的理由，其重要性可能仅次于女真人铁骑的强大军事力量。女真人擅长渔猎和骑射，但也熟悉农民和牧民的生活，所以才会很顺利地接收了契丹瓦解后的广阔疆域，甚至南下入主华夏。

话说回来，金朝早期在对国家政权的理解和建设方面，基本上是借鉴契丹的经验，并不会超出契丹的混合政权的治理水平。所以金朝既继承了契丹在政权治理方面的优点，也沿袭了与契丹类似的治理问题。

金朝面临的一个重大问题，正是当年耶律阿保机所面对的那个问题，即贵族集团对于君主权力的限制。虽然金朝起家于丛林地区而不是草原，但也是从部落联盟的形式演变而来，女真人的军事力量来自各个部落的支持，完颜阿骨打只是部落首领的大首领而已。如果金朝只是一个丛林政权，这种治理结构也未尝不可，但是在金朝疆域迅速扩张到万里江山后，麻烦就会出现了。

完颜阿骨打自己没有把自己当成华夏王朝的皇帝。据史书记载，完颜阿骨打称帝后，群臣奏事，完颜阿骨打的表兄弟完颜撒改等人跪拜，完颜阿骨打立刻站起来流着眼泪阻止大家说，今天的成功都是大家一起协助得来的，自己即使登上了大位，也不能改过去的习俗。言外之意，大家无须拘泥于君臣礼节，还是不分彼此的好兄弟。所谓过去的习俗，按照汉族人对于金朝建立前的女真人的社会的描述，就是"无大君长，亦无国名。散居山谷间，自推豪侠为酋长，小者千户，大者数千"。

在完颜阿骨打率军攻占燕京后，和自己的几位重臣一起坐在大殿之上，接受燕人的归降。燕人拿出代表皇权至尊的"黄盖"，献给完颜阿骨打。完颜阿骨打问，这个东西还有没有，给自己的大臣也分一下，一起张盖。这件事被华夏民众引为笑谈，象征君主至尊无上地位的"黄盖"，怎么能与他人分享呢？

完颜阿骨打的这些逸事，不论是出自本心尊重兄弟，还是装作尊重兄弟，都说明了早期金朝君主和贵族之间还保留着丛林部落联盟首领之间的淳朴关系，君王的权力并不大，受到贵族臣子的限制。

关于金朝前期皇帝的弱势，还有个有趣的故事。金朝曾经设置仓库，收藏了一些财物，皇帝和群臣誓约，只有发兵的时候才能动用这些财物。金太宗完颜吴乞买私自挪用了仓库里的财物，被群臣中地位较高的谙版发现了，并告诉了另一位重臣粘罕，要惩治完颜吴乞买违背誓约的罪过。于是群臣把完颜吴乞买扶下殿，杖打二十。打完了皇帝，群臣又将完颜吴乞买扶上殿，大家向他谢罪，然后皇帝和群臣该吃吃，该喝喝，和好如初。

一位皇帝竟然在群臣眼皮底下被打板子，这在华夏王朝的皇帝、臣子看来简直毫无礼仪、荒唐可笑，却正是金朝这种部落联盟传统的生动体现。

当金朝开始面对北宋这样的华夏政权时，已经开始暴露出部落联盟传统的问题。攻入北宋境内的金朝大军与过往的许多草原游牧政权一样四处掠夺，却缺少经营华夏的政治远见，和当年耶律德光南征没什么区别。

金朝灭掉北宋时兵分两路，东路由斡离不统帅，西路由粘罕领军。西路军一度受阻，而东路军则长驱直入，渡过黄河围困了东京，并打败了宋军的各路援兵。斡离不本人并不希望灭掉宋朝，而是在勒索了宋朝大量钱财和得到割地的承诺后就引兵北归，体现了典型的草原族群劫掠风格。粘罕听说斡离不捞到大笔财物后，如法炮制，要求宋朝也给西路军大笔钱财。

北宋觉得自己已经花钱消灾，和金朝达成了协议，粘罕再度提出要求表示金朝背信弃义，于是拒绝再次破财免灾，并让各地组织力量抗金。北宋的反击招惹斡离不的东路军去而复返，与粘罕的西路军会师汴京城下，全力攻打。攻破东京后，金军大肆劫掠，最后带着俘虏的二帝北还。

在北宋灭亡这一事件中，北宋并没有意识到金朝的东路军和西路军其实属于不同的部落集团，满足了一个集团的勒索，并不代表安抚了整个金朝。这其实有点像汉朝当年用和亲加贡品来安抚匈奴王庭，却依然不时遭到匈奴其他一些部落的劫掠那样。金朝前期的权力结构是部落联盟式的，虽然有一个大家都承认的皇帝，但皇帝的权力也受到代表各个势力的群臣的掣肘，并不能一言九鼎。

反过来看金朝，纵兵劫掠北宋境内的行为，并不是一个想要入主华夏并实施长期治理的塞北政权的样子。金朝虽然把宋朝从中原赶到了南方，但还没准备好接管大宋的北方江山。金朝的君臣也知道自己无法马上治天下，在把宋朝赶到秦岭淮河以南变成南宋后，金朝对中原地区首先采用了扶植傀儡政权的策略，毕竟汉族人治理华夏更有经验。中原地区相继出现了楚、齐两个由汉族人管理的政权，它们依附金朝，对金朝纳贡称臣。

金朝的设想是，这两个缓冲政权不仅可以帮助金朝防御宋朝的反攻，而且可以吸引一些宋朝的文臣武将过来，帮助治理中原，自己则可以通过纳贡等方式获得稳定的宗主国收益，这是塞北族群熟悉的经典套路。此外，虽然女真人阵营中很早就有汉族人加盟，但毕竟这样的人才还太少，对中原的情况也不熟悉，设置了缓冲政权，还有利于培养出自己的华夏人才。

金朝想得挺美，南宋可不答应。

南宋初年频频意图收复中原的北伐，根本不是傀儡政权能够抵挡的，中原地区的大宋子民也翘首期待"王师北定中原日"，所以只有派出金军才能稳定中原局势。金朝想通过傀儡政权治理华夏，给自己提供充足的华夏物产的企图根本无法实现。不得已，金朝最终全面接管了中原地区，亲自操盘。这意味着金将从一个较为单一的草原/丛林政权过渡到以草原/丛林为主体的混合政权。

女真人的大麻烦来了。

最大的麻烦是人口比例。此前在契丹政权境内有各种族群，虽然也包含了大量逃亡到契丹的汉族人，但从族群人口比例来说，契丹人在疆域的总人口中就算达不到绝对多数，单独与其他任一族群比较，人口差距也并不悬殊。可是金朝的女真人占有草原和中原后，不仅在人口数量上少于契丹人，而且陷入了汉族人的汪洋大海之中。

金朝全国的总人口在四五千万，女真人刚刚入主中原的时候，主要是军队和政府官员及其家属、随从，总人口估计也就几十万，女真人与非女真人的比例估计在1∶100的数量级上。

一个勃兴的人口较少的女真族群要管理人口较多的契丹族群已属不

- 172 -

易，现在又要面对庞大的汉族人群体，在管理上真是巨大的挑战。

相对来说，管理契丹故地容易一些，毕竟契丹已经打好了混合政权治理的基础。为了有效管理北方生产方式不同的草原区、农耕区和森林区，金朝也借鉴了契丹人的捺钵制度和五京制度。所谓捺钵，就是国家权力机构随着季节做周期性的迁徙，一方面可以更方便地管理广大的地区，另一方面可以让游牧政权的核心集团在一年中的每个季节都有好草场来放牧牛羊。这种制度至少可以追溯到匈奴帝国时期不断游走的龙庭。而契丹在这种传统的捺钵制度基础上，又添加了类似华夏都城性质的五京制度，有效管理了农耕区从事固定地点生产的农民。此后的女真人也有样学样。

不过金朝和契丹的重要区别在于，前者比后者多了一大块疆土，那就是中原地区。多了中原这个区域后，金朝农耕区的面积比契丹的农耕区扩大了至少几倍，而且从事农业的人口也大大增加了，金朝统治者需要对农业生产进行更为专业的管理。

经济模式和人口构成上的新变化，并不是女真人过去的管理方式能够适应的。

女真人最初崛起之时，实行的是猛安谋克制度，这是一种军政合一的组织，曾经以100户为1谋克，10谋克为1猛安。1114年，完颜阿骨打确定以300户为1谋克，10谋克为1猛安。猛安谋克不是一个纯粹的军事组织，而是一个包罗万象的社会制度。在女真人的故乡东北地区，每个谋克都居住在由木栅栏围起来的村庄或其周边，大多数以最初居住地来命名，甚至在移居他乡后，也保留着谋克的原来名称。古代东北地区地广人稀,人们必须结成小团体,共同生产、共同作战,这就是猛安谋克制度得以形成的自然与社会环境。

但是在吞并了契丹和宋朝的大片土地后,确切地说是获取了大量的农耕区和农业人口后,金朝不可能让所有民众都采用东北地区的猛安谋克制度来生活,它必须借鉴契丹和宋朝的管理方式,在疆土的大部分地区使用华夏传统的层级式的州县制度。

如果金朝皇帝是华夏王朝类型的皇帝,"普天之下,莫非王土,率土之滨,莫非王臣",管理上并没有什么问题。可是金朝的皇帝首先是部落联盟的大首领,他的权力受到群臣或者说女真贵族的限制,皇帝要依靠人口很少的女真人来管理广阔的农耕区和农业人口,他就必须协调好自己与女真贵族的关系。相比契丹可汗管理自己疆土中的头下军州的情况,金朝皇帝的任务难度大为增加。

不管愿意不愿意,为了治理广大的中原地区,或者更直白一点说,为了让极端失衡的人口比例有所改善,女真人只能选择离开东北故乡,倾巢而出。从入主中原那一刻开始,东北的女真族群就不断迁入中原地区,分散镇守各地。根据记载,当时东北地区的女真人是整村整屯地集结南下的,应该是以猛安谋克为单位的大迁徙。他们来到中原后,除了强健者成为金朝军事力量的中坚外,许多女真人也分得了田地,过上了定居屯田的生活。

身处华夏的女真贵族掌握了大量的土地、人口和物产,皇帝却还在遥远的东北地区,金朝初期所谓的都城在今黑龙江省哈尔滨市附近,与中原地区隔着千山万水。

回溯历史，我们会发现女真人的金朝所面临的问题，昔日鲜卑人的北魏也遇到过。北魏的选择是多次迁都，从盛乐迁都到平城，最后在孝文帝的带领下，南下洛阳城，最终融入了农耕区，从一个单一草原政权一步步地演变成了一个单一华夏政权。

那么现在，女真人的金朝要向何方去呢？

历史惊人地相似，在金朝的第四任皇帝完颜亮期间，也发生了南迁都城到燕京的事件。完颜亮是弑君后登上宝座的，女真贵族中不乏他的反对者，于是他不得不大开杀戒，铲除异己，大量的女真宗室贵族被杀。为了巩固自己的皇权，也为了更有效地统治疆土，完颜亮在1151年宣布迁都燕京，也就是契丹五京中的南京。第二年，完颜亮将燕京更名为中都，定为金朝的新首都，然后在1157年，下令毁掉东北地区上京的宫殿庙宇，连大族的宅子也都毁掉了，彻底废掉了上京的都城名号和功能。

金朝与北魏的不同在于，北魏基本上放弃了长城地带以北的草原，以六镇作为防御线，但是金朝难以放弃长城地带以北的东北地区，因为那里是女真人的根。因此，要让金朝演变成北魏后期那样的单一华夏政权，内部的阻力只会比北魏多，不会比北魏少。

完颜亮执意要把草原/丛林为主的混合政权转向以华夏为主体的混合政权。迁都的同时，他对原来受封王爵的贵族一律削封，并且对猛安谋克制度进行改革。原本的猛安谋克制度中，第一等的首领由女真完颜氏皇族担任，第二等的首领由其他女真贵族担任，第三等的首领则由契丹人、奚人、渤海人和汉族人担任。完颜亮废除了这种等级划分，相当于要削弱女真皇族和贵族的军政大权。

一系列的激进改革激起了女真贵族的集体反弹。1161年，完颜亮兴兵南征，打算消灭偏安在南方的南宋政权。完颜亮的一意孤行，很可能也是想要毕其功于一役，通过对外战争的胜利，压制女真政权内部对他的强烈不满。没想到后方起火，一个女真实力派人物——完颜雍在东北地区造反称帝，很快吸引了大量对完颜亮不满的女真势力加盟。完颜亮试图先击败南宋再回头救火，却在采石矶大败。进退维谷之际，前线士兵哗变，完颜亮被杀。

完颜雍在女真贵族的支持下成为新的金朝皇帝，现在该轮到他处理金朝向何处去的问题了。他的策略明显要比完颜亮温和很多，也明智得多。

一方面，他拒绝了女真贵族要求他把都城迁回上京的建议，金朝不能走"回头路"，永远也不可能回到单一草原/丛林政权了；另一方面，完颜雍也开展了"女真文化复兴运动"，他禁止女真人穿戴汉族人的服饰，禁止采用汉族人的姓名，宫廷中只准讲女真语。他甚至亲自率领皇子皇孙回到东北上京"寻根"，并在金太祖完颜阿骨打起兵之地树碑立传，称颂先祖的功绩，希望后代永远不要忘记女真人的历史、文化和本性。

完颜雍的政策表明了那个时期金朝的走向，那就是坚定地走在一个以草原/丛林为主体的混合政权的道路上。

金朝的行政管理制度就很好地体现了混合政权的特征。沿袭了契丹的制度，金朝也有自己的五京，虽然金朝皇帝不像契丹可汗那样游走于草原之上，但他们也会经常在不同的京城间巡行，处理国家大事。为了管理广大的中原地区，在1137年，金朝创立了行台尚书省，而中央一级的尚书省早在 1126 年就在上京设立了。尚书省的最高官员是左丞相,一共有 16 人曾担任这一职务,其中 11 人出自完颜宗室,4 人来自女真其他支系,还有 1 人是渤海人。左丞相之下的右丞相甚至出现了由契丹人和汉族人出任的情况。总之,级别越低的官职,契丹人和汉族人的比例就越高。

金朝的科举制度也体现了混合政权的特色。早在 1123 年,金朝就开始科举取士,这不能不说是沿袭了契丹的一些做法,不过金朝在科举制上走得更远,一开始科举考试几年一次,到后来一年一次。所以,有很多汉族人都是通过科举考试得到朝廷的青睐,入仕为官的。对于女真人,金朝也设立了进士科,女真人也可以通过科举成为官员,当然大部分女真人还是靠自己的家族背景、世袭特权。

不管怎么说,金朝一直在寻求各个族群的相对平衡,在为广大汉族人提供科举考试的上升渠道的同时,也给予了自家女真人种种特权,确保女真人的统治权不被严重削弱。

实话实说,从治理汉族人和华夏的角度来看,金朝是非常成功的混合政权。

有例为证。1206 年,南宋趁金朝虚弱之际兴起几路大军北伐,史称"开禧北伐"。当时南宋寄希望于金朝境内的汉族人能够群起响应,一举实现"王师北定中原日"。然而实际情况却让南宋很尴尬,金朝境内汉族人的大规模响应并没有发生,与之相反,在战事不利时,世代在四川一带镇守的高官吴曦竟然率领 7 万部众投降了金朝,给了南宋的四川防御体系沉重打击。金朝境内汉族人不响应南宋的北伐,当然原因很复杂,但是我们不得不承认的一点是,金朝通过科举制等吸纳汉族人为官,并在平衡女真人和汉族人利益方面实施种种有效措施,使金朝境内汉族人愿意把自己视为"金人"而不是南宋遗民,对"欢迎王师"没兴趣。面对这样的局面,陆游地下有知,不知道会是什么滋味。

金朝江山的命门仍然是人口比例。通过吸收契丹和宋朝的制度,以及自己活学活用,金朝的女真统治者在广阔的华夏基本上实现了长治久安,对被赶到南方的南宋始终处于优势。然而回望北境,金朝人口比例失衡的问题越来越严重,最终酿成重大危机。

金朝的北方麻烦还是要从海陵王完颜亮南征前后算起。女真人是丛林族群,虽然兴起后急速扩张,把契丹赶到西域变成了西辽,把宋朝赶到江南变成了南宋,但是女真人对于广袤草原地区的熟悉程度和控制能力,其实是逊色于契丹人的,毕竟后者是草原族群。

一方面女真人自己对草原并不熟悉,另一方面当时草原上的各个族群也有相当强的实力,金朝面对广阔的草原采取了以防御为主的战略。契丹为了控制草原,曾经设立了西北路招讨司,金朝也沿用了这一机构,金朝虽然设置了西北、西南和东北三路招讨司,但它们的据点沿着广阔草原的东方、南方边缘分布,比如西北路招讨司的据点并没有深入草原,而是退缩到了大兴安岭以东,基本上放弃了对草原的直接控制,而是采取羁縻方式来间接控制草原游牧族群,尤其是利用分化的手段,让草原族群相互之间争斗,金朝坐收渔利,保障境内安全。

前面我们已经多次强调,对付草原游牧力量最有效的手段还是骑兵。女真人也是靠骑兵起家的,但是毕竟人数太少,单靠女真铁骑控制从华夏到东北再到草原的广大国土,力不从心。于是面对草原上的威胁,女真人非常倚重境内的契丹人的力量,契丹人本来就是草原族群,而且擅长养马、骑射。金朝早期的战略是让契丹部众驻守北境前线,契丹人的身后由少量女真人的猛安谋克坐镇。这种战略在早期基本保障了金朝北境的安全。

可惜,海陵王完颜亮南征,改变了一切。

完颜亮是在女真贵族强烈反对的情况下执意南征的,因此他能够调用的女真军队是有限的,而对于那些跟随他南征的女真军队,忠诚度几何,恐怕他心里也没底。于是,他不得不依靠非女真人的军事力量,在南征队伍中,包括女真人和其他族群在内的猛安谋克将士人数,比汉族将士人数还要少一些。为了进一步加强军力,完颜亮"尽征西北路契丹丁壮",要求契丹的壮年男丁全部南下参战。

一股恐慌气氛立刻弥散在契丹族群中,他们担心壮年男丁都被调走后,老弱病残无人保护,"西北路接近邻国,世世征伐,相为仇怨。若男丁尽从军,彼以兵来,则老弱必尽系累矣"。1160—1162年,契丹人中先后爆发了以撒八和窝斡为首的起义,谋求自立以自保。契丹人掌握着金朝多个马场,轻松组织起了骑兵部队,而金朝部队却因马匹不足而战斗力大减。

虽然金世宗完颜雍费尽力气,终于平息了契丹人的叛乱,但是金朝北境的防御体系彻底被破坏了。战争和动荡让金朝的畜群锐减,战马奇缺。更严重的问题是,叛乱过后,女真人和契丹人不再相互信任,女真人不能再借助契丹人的力量对付来自草原的威胁了。马匹数量可以慢慢恢复,但契丹人的忠诚已经消失了。

从金世宗开始，金朝的北境防御体系发生了根本性的变化，金朝组织了大量人力、物力，开始兴建界壕，简单地说就是把挖壕沟挖出来的土堆砌在壕沟旁边，形成简单的、有一定防御作用的墙壕。金朝耗费了20年的时间才建成这道界壕。在界壕上，还筑造了很多堡垒，有士兵驻守其中。我们可以把这道界壕看成当年汉朝为了防御匈奴而修建的长城的简陋版本。

契丹人叛乱之后，金朝越来越像一个华夏王朝那样思考问题和采取行动了。女真人也不想这样，只是现实让他们无可奈何。

据学者们估算，驻守在漫长的界壕和堡垒中的士兵数量在10万左右。防守的主力部队不可能再由契丹人担任，而代之以女真人和其他族群。这就又出现了问题。女真人和其他族群并不熟悉草原环境，再加上金朝骑兵力量被削弱，界壕只能抵御小股草原势力的侵袭。假如草原上出现强大的势力，万骑席卷草原呼啸而来，低矮的界壕是无能为力的，在草原上最终决定胜负的力量，仍然是骑兵。

女真人也曾经金戈铁马，可是短短的几十年过去，他们就从马背上滑落了。大量猛安谋克嵌入中原大地，金朝分配给他们用于农耕的土地，希望他们能够在经济上自给自足，并保持自己的战斗力。这怎么可能呢？许多女真人缺乏农业经验，不习惯耕种，他们中许多人把土地租给汉族人，然后自己无所事事，开始酗酒，并荒废了军事训练。还有的女真人受到高利贷者的盘剥，又没有谋生手段，逐渐沦为穷人。女真人一步步变得不再像完颜阿骨打时代那般能征善战了。

我们似乎又依稀看到了过去某个入主华夏的政权的影子，那个政权叫作北魏。500多年前，北魏选择了放弃草原、融入中原的华夏政权发展道路；现在，女真人虽然借鉴了契丹人同时治理草原、山林、平原地区的宝贵经验，建立了以草原/丛林为主体的混合政权，但因为自身人口过于稀少这一族群命门难以破解，而变得步履维艰。

如果从907年耶律阿保机成为契丹可汗算起，到1234年金朝灭亡为止，300多年间，北方"狼族"终于实现了入主华夏的千古伟业，单一草原政权对垒单一华夏政权的历史格局，终于在契丹人和女真人的手中发生了巨变，以草原/丛林为主体的混合政权成为新千年的主旋律，草原与华夏的融合之路已经打通。以草原/丛林为主体的混合政权对垒单一华夏政权成为新的局面，而这种局面并不会持续太久。

更强烈而迅疾的马蹄声正在响彻整个大陆。

转进江南：水运即国运

从契丹—北宋时期开始，部分长城地带已经落入草原政权之手，在以草原为主体的混合政权展现出巨大的威慑力之时，南面的宋朝作为一个单一华夏政权，承受着前所未有的巨大军事压力，不得不拼尽全力地迎战。宋朝的对手——契丹人、党项人、女真人、蒙古人，都不仅拥有传统的草原铁骑军事力量，而且或多或少地拥有农耕人口和农耕区，在物产方面缩小了与华夏的差距。而宋朝缺少了长城地带的山区作为屏障，不可能光靠修建长城等防御工事防御北方强敌。长城地带的缺失，还让宋朝缺少了军事上至关重要的资源——马匹，这让宋朝在面对北族骑兵时难以抵挡，唯有靠军队规模压倒北方。

实际上从汉末天下大乱开始，华夏政权就在不断地辗转腾挪，以应对越来越严峻的北方侵袭的威胁。在草原政权不断演进的同时，华夏政权也在不断增进与调适。

华夏政权能够做的，首先是促生产，尽可能多地生产粮食和其他物产；其次是搞运输，将粮食等物产大量运输到前线，支援大规模军队的消耗；最后是广开源，尽可能多地获得财政收入，支撑王朝运转。

华夏政权的增进与调适，在宋朝之前很久就开启了。有趣的是，华夏政权的促生产、搞运输和广开源，都与水有着密不可分的联系。

长江与黄河，是孕育了华夏文明的两条重要的母亲河，4 000多年前文明处于"满天星斗"时，从北到南，从辽河流域、海河流域到黄河流域、长江流域，到处都有文明的曙光。进入"月明星稀"的时代之后，黄河流域一度成为中华文明最重要的舞台，中原地区成为众多王朝的核心地带。

东亚大河中，可以与黄河相提并论的只有长江，在华夏文明发展的早期，相较长江，黄河具有明显的农耕优势。

黄河流域细腻而疏松的黄土层，适宜粟、稷等旱地作物的生长，也较适宜远古简单粗糙的木、石、铜质农具的使用，所以中国古代的农业生产首先在黄河流域大规模开展是有自然条件基础的。尤其是黄河中下游地区，相对平整的平原和山间盆地干湿适宜，冷暖适中，保障了粮食产量的稳定。

立足于黄河中下游地区的农耕条件，商、周、秦、西汉、东汉、曹魏、西晋、隋、唐、北宋等王朝的都城均建立于这片土地之上，并孕育了灿烂的文化。

反观早期的长江流域，在农耕条件上要逊色很多。据统计，在长江流域180万平方千米的土地上，山地面积约占44.5%，高原约占20%，盆地约占13.5%，而地势相对平缓且利于人类生存的丘陵和平原只各占11%，所以长江流域虽然比黄河流域的面积大，但是适宜农耕的面积并不太多，尤其是在文明早期科技落后、物种缺乏的条件下，农耕区更为有限。特别是在长江中下游地带，湖沼密布，过多的地表水并不利于农业的开展。而且从气候上看，长江流域那些平原、丘陵炎热潮湿，远没有北方气候宜人。

南北方的农作物品种也影响了文明的发展。文明早期，南方的主粮是水稻，北方的主粮是粟。水稻不像粟那样易于种植，而是需要花费大量的人力开垦适宜的农田，积水时需要开沟放排，干旱时要引灌；而且水稻在栽培技术方面技艺复杂，要求较高，直接播种很难获得满意的产量。所以水稻的种植规模长时间内得不到扩大，稻谷的收获量不足以让南方民众果腹。古代人口数量多寡证明了黄河流域相对长江流域在农耕文明上的优势。

在漫长的时间里，南方百姓大多以渔猎山伐为业，农耕只能算作一种辅助生存方式。食物来源的不稳定和数量的有限，直接导致了南方人口增长缓慢。比如三国时东吴割据江东，虽对南方地区有一定程度的开发，但一直苦于人口不足，兵源和劳动力都相当匮乏，不得不全力吸收山越人口。当占据东南半壁江山的东吴被西晋灭亡时，人口也不过才230万而已，还不如北方一郡的人口数量。

在古代，人口即是国力。黄河流域养育了更多的人口，它独领农耕文明早期历史的风骚，也就顺理成章了。

自秦汉之交一代雄主冒顿统一蒙古草原，强大的匈奴开始登上历史舞台以来，以黄河流域为根基的华夏王朝开始面临挥之不去的麻烦，受到越来越多的北方族群的入侵威胁。一开始草原强权还只是满足于武力索取财物，但是随着长城南北双方对彼此的了解日益加深，草原族群也越来越多地介入华夏政局。从西晋衰弱开始，草原族群一拨拨地深入黄河流域，甚至有问鼎中原之志。

于是，相对于遥远的南方的长江流域来说，黄河流域直接受到塞外的巨大威胁，并频频遭到北方族群的入侵。一方面，由于黄河流域是华夏王朝的必争之地，王朝内部的纷争会引起黄河流域的强烈动荡；另一方面，北方族群南下，也会给黄河流域带来浩劫，比较典型的就是魏晋南北朝时期，黄河流域持续动荡了数百年的时间，从汉末一直乱到隋朝建立。

政局的动荡必然导致人民流离失所，农耕无以为继，经济遭受巨大的破坏，文化遭到巨大的摧残。不过每一次破坏的过程中，同时也孕育着希望的种子，遭到破坏的是黄河流域，孕育希望的是长江流域，把希望的种子带到南方的，就是那些逃亡南方的中原先民。

华夏文明史上，较大规模的人口南迁可以追溯到三国时期。孙吴政权其实就融合了很多北方士族的力量，只是论门第，孙吴政权的核心人士无法与曹魏政权相比，奠定政权基础的孙坚不过是下层军官。虽然孙策、孙权苦心经营，有相当一部分北方士族来到吴地定居，但整体门第还是比北方逊色很多。说白了，三国时期的世家大族都是从汉朝的体系中延续而来的，三国前期，汉室名义上还犹存，这些世家大族为了自己的权力和利益，并不愿意背井离乡，而是寄希望于团结在中原的汉室乃至取代汉室的政权周围，谋取自己的千秋万代。

但是到了西晋灭亡的那段时期，情况骤变，南侵的少数民族可不管什么汉室体系和世家大族，他们要建立属于自己的政权，依靠自己从北方带来的草原贵族阶层的力量来治理天下，至少在早期，中原的世家大族是被边缘化的。很多世家大族比如琅琊王氏、太原王氏、陈郡谢氏等，迫不得已随着东晋政权的南迁而"衣冠南渡"，带着他们的家属、奴仆、财物，也带着他们的文化、技术、思想，迁徙到长江流域。

从实质上讲，不论是东晋，还是后来的南朝的宋、齐、梁、陈政权，都是移民政权，它们的皇室原籍都出自北方。衣冠南渡实际上承接了孙吴政权对于江南地区的初步开发，由于大量人口南迁，集中于长江下游一带，他们不仅给这里带来了足够多的劳动力，也带来了应用于北方的许多先进的农业技术。

长江流域迎来了经济大发展的时代。

长江流域发展农业的最大困难就是耕地里积水太多。早在三国时期，曹魏政权和孙吴政权出于军事需要，在江淮地区开始大规模屯田。在屯田中筑堤防水，这就出现了后来的圩田的雏形。到了南朝，围水造田兴盛起来，人们建起合围水域的堤坝，在围内开辟沟渠，设置闸口，可以排水，也可以灌溉。当时太湖地区圩田水利已经很发达，史书记载"良畴美柘，畦畎相望，连宇高甍，阡陌如绣"，对农田、沟渠、田埂道路进行了生动的描述。

长江下游以及钱塘江流域丘陵地带很多，这些地区的山林也成为北方移民的开发对象。由于山林川泽的开发需要足够的人手和较高的组织管理能力，以及一定的财物先期投入，所以长期难以开发。但是北方的世家大族带着奴仆来到江南，具备了开发山林的条件，开始砍伐山林、填淤湖泊，在山地建起梯田，在湖泊围出鱼塘，使得原本处于渔猎采集状态的丘陵地带的经济也被纳入农耕社会体系之中，物产更为丰饶了。

毫不夸张地说，南朝各个政权对于江南的大开发，增强了自身的国力，这是它们能够长期顶住北魏等北朝政权攻势的经济基础。

从唐朝安史之乱开始，战乱与地方割据经年不断，历史上又一次人口南迁大潮启动了，这次南迁过程一直持续到五代十国时期。如果说此前从人口数量上看，黄河流域还保持着相对长江流域的领先优势的话，那么经过这次人口南迁，中国古代人口分布格局发生了重大变化，黄河流域不再是独领风骚的"文明高地"和人口大区，长江流域开始取代前者，在古代经济中成为最重要的经济区域，在人口数量上也逐渐完成了对前者的超越。

在唐朝末期以前，江南地区的开发主要集中在一些支流冲积形成的谷地，以及一些距离海岸线较远的湖泊附近。唐末至宋初，北方移民给江南地区带去了较大的人口压力，人多地少的矛盾开始突出，人们开始向靠近海岸线的河流三角洲地带挺进。虽然靠近海岸线的土地很难打理，但是在农业技术特别是水利技术的帮助下，人们兴建了大量的堤坝、水门、水渠，把海水挡在农田区之外，并用河湖的淡水冲洗掉海潮倒灌入农田区的积水。经过长期艰苦卓绝的兴建水利与农耕劳作，大量高湿度、高盐度的江南土地被征服了，变成了鱼米之乡。

从人口统计的数据看，742 年，也就是唐朝安史之乱前的美好时代，全国的户数统计是 897 万户。到了 1080 年，比较祥和的北宋神宗时期，全国的户数统计是 1 657 万户左右。经过约 250 年的时间，全国的户数将近翻番。而同一时期，长江中下游地区和东南沿海地区的户数则增加到原来的三四倍之多。

人口增多，粮仓充实，长江流域的其他产业也相应开展起来，一举甩掉了昔日蛮荒之地的帽子。比如丝织业，北宋都城汴梁的许多高级工匠把技艺带到江南地区，推动苏州、杭州等地的丝织业和刺绣技艺发展起来，从此成为全国翘楚。印刷业和酿酒业也因为有了原材料和需求量而繁荣起来。更不用说江南地区通江达海，可以开展沿海贸易乃至海外贸易，在更为广阔的天地中贩卖财物，互通有无，赚取贸易利润了。

经济重心南移，文化的春风也紧随其后，吹绿了江南大地。到唐朝后期，江南已经成为美好生活的代名词，相信读者都知道白居易的那首《忆江南》，描写了"日出江花红胜火，春来江水绿如蓝"的自然美景。其实白居易有三首《忆江南》，另外两首则分别回忆了杭州和苏州，反映了当时的人文盛景，其一是："江南忆，最忆是杭州；山寺月中寻桂子，郡亭枕上看潮头。何日更重游！"其二是："江南忆，其次忆吴宫；吴酒一杯春竹叶，吴娃双舞醉芙蓉。早晚复相逢！"

能让大诗人白居易称赞并追忆再三，这显示江南的文化层次已经站在了唐朝的前沿。更有说服力的是南方士人的崛起，北宋时期的一些名臣如范仲淹、欧阳修、蔡襄等，都出身于南方的文化沃土，这说明在政治地位上长江流域的人才也已经不逊色于黄河流域了。

　　囊括了黄河流域和长江流域的物产、人口后，华夏政权在国力上有了大幅度的提升，在与草原政权抗衡的时候，也就有了更强的物质后盾。长江流域的开发与繁荣，是华夏文明从黄河流域向长江流域的一次成就非凡的转进与扩张。农耕文明圈的结构由黄河"一河独唱"变成了黄河与长江"各展风流"。

　　这种结构的改变，给单一华夏政权带来了从容，也带来了烦恼。

　　从容是说，过去华夏政权遭遇北方势力南侵时，作为政治、经济核心的黄河流域首当其冲，损失惨重，华夏政权很难组织起有效抵抗，没有战略腾挪的余地。长江流域崛起后，再遇到入侵时，即使黄河流域遭受冲击，华夏王朝也有长江流域的物资来组织反击。就算战事不利，华夏政权也可以实施战略转移，将朝廷从黄河流域转移到长江流域，将以中原为中心的王朝变成偏安的江南王朝。被金朝入侵的宋朝就从北宋变成了南宋，以延续社稷。

　　烦恼是说，原本政治中心与经济中心都处于中原地区，因此华夏政权在国家治理上相对容易，只要管好了中原地区这个"主干"，全国其他地区的"旁支"就很好控制了。但是长江流域经济发展起来后，全国的经济中心由一个变成了两个，甚至作为经济中心，长江流域变得比黄河流域更为富庶。特别是拥有足够人口和财富的江南地区，很容易出现强大的地方势力，对中央政权发起挑战，使整个王朝分裂。

　　北方政治中心与南方经济中心的分离，给华夏政权的国家治理提出了新课题，甚至成为此后各个王朝都要小心处理的大问题。

因此，长江流域崛起后，华夏政权在完成不同流域的地区整合之后，无一例外地，都需要面对不同流域的政治、经济、文化上的再次融合问题。

农耕文明圈内部深层次融合的"关键钥匙"，就隐藏在江河之水中。既然要整合的是不同流域，为什么不能让这些河流都融合成一个巨大无比的水系，形成统一的流域呢？

贯通南北的运河是打破流域间的隔阂，打通华夏政权"任督二脉"的不二法门。

一举结束几百年南北朝对峙局面的隋朝，既是需要面对南北融合问题的第一个华夏统一政权，也是贯通整个华夏不同流域，特别是长江流域和黄河流域的第一个王朝。虽然人们把开凿隋唐大运河的历史功绩归于隋炀帝杨广，但其实他并没有从北到南把一整条大运河凭空挖出来，他有许多前朝运河可以利用，只需要做一次跨度几千公里的"连水管"游戏。

早在公元前486年，吴王夫差在今江苏扬州附近开挖邗沟，沟通了长江与淮河流域，这是中国历史文献中记载的第一条有确切开凿年代的运河。此后不论是统一还是分裂时期，各地政权都热衷于开挖运河，早期主要是出于军事目的，后期则是因为需要运河来运输粮食等物资。在北方，一段段的运河逐渐向黄河以北延伸，抵达今河北东部地区；在南方，浙东运河从杭州东渡钱塘江，一直延伸到宁波，沟通了多条自然河流。

经过上千年的陆续修建，华夏大地上的运河已经断续分布在中国东部的广阔区域。但隋炀帝需要的是一条南北方向大跨度的运输水道，跨度越大，运河产生的政治价值和经济价值也就越大。短短几年时间，隋炀帝就完成了以洛阳为中心，东北方向到达涿郡，东南方向延伸至江南的大运河。没有此前历朝历代的运河积累，大运河是不可能如此快速完工的。

这条隋唐大运河连接了华北地区北部的军事重镇、中原的政治中心和江南的经济中心，它沟通了海河、黄河、淮河、长江、钱塘江五大流域。至此，借助于大运河实现的广阔华夏的水系贯通，华夏文明实现了一次凤凰涅槃。由于有了大运河带来的物资和文化交融，华夏大一统的趋势逐渐压制了南北分裂的趋势，华夏政权也更容易集结国力，对付北方叩关的少数民族。

就拿北宋来说，大运河是王朝的生命线。

北宋军队在全盛时期有100余万将士，集中屯戍在华北、京畿和淮南，每年所需的粮食、马料折合成米、粟、麦、豆等农作物，相当于3 000余万石。而北宋每年谷物税收收入大概也就2 700万石，为了养活庞大的军队，北宋不得不依赖大运河的运输能力，从南方调运粮食到北方，比如东南六路每年要运输600万石谷物，哪怕中途有大量的损耗也在所不惜。如果没有大运河，北宋恐怕早就保不住中原这片疆土了。

夸张一点说，沟通南北的大运河的出现，正是华夏政权或以华夏为主体的混合政权针对草原/丛林政权的军事威胁做出的反应。面对东北方向高句丽对于隋朝称雄东亚的严重挑战，隋炀帝以大运河作为回应，通过大运河调集军队和物资，主动出击；面对契丹、西夏带来的巨大军事压力，北宋同样以大运河作为无形的武器，把大量军队和物资调至北方，防御外敌。大运河对于华夏政权的经济价值毋庸置疑，但大运河之所以得以诞生，首先是因为它能够提供军事价值。

水运即国运。宋朝的舟楫不仅来往于中原和江南，而且还扬帆出海，在更广阔的水域获取财富，增加王朝的财政收入，改善老百姓的生活质量。

在陆地上，丝绸之路沟通了欧亚大陆的东方和西方。但是宋朝的西北方向有西夏，北方草原上有契丹，都不是善邻。所以宋朝通过丝绸之路进行贸易并不顺畅，难以把自己境内的多余物产转化为财富。在陆上贸易受到干扰甚至阻碍的情况下，宋朝为了获取足够的财政收入以抵御强敌，更多地把目光投向了宽广的大海，投向了海上丝绸之路。

和长江流域的开发历史类似，其实海上丝绸之路也源远流长，可以追溯到汉代。

早在公元前，不论是中国的邻海，还是东南亚、南亚、西亚、东非、南欧的邻海都已经出现了一定规模的海洋贸易。如果从中国特产丝绸的贸易角度看，最早值得一书的事件，莫过于《后汉书》记载的一次贸易活动。166年汉桓帝时期，"大秦王安敦遣使自日南徼外献象牙、犀角、玳瑁，始一通焉。其所表贡，并无珍异，疑传者过焉"。

在此，大秦指的是罗马帝国，日南指的是今中南半岛上的越南中部一带。汉朝官员显然发现，这些号称罗马帝国使者的家伙可能是冒牌货，因为他们带来的贡品只是中南半岛的特产，没什么奇异之物。不过汉朝还是对冒牌使者的到来很高兴，让他们从交趾郡那里装走了一大船的丝绸，交趾郡即今越南北部红河流域，当时在东汉的版图之内。

此后东吴、晋朝都曾接待过一些冒充罗马使团的罗马商团。再往后，罗马帝国和汉朝两大强国都分崩离析,远距离海洋贸易也就完全中断了,代之而起的是相对近距离的海洋贸易,比如南亚、东南亚与中国之间的贸易交流。但是一方面海洋贸易还处于起步的时期,贸易量很少,另一方面中国自汉末开始了持续几百年大动荡,民不聊生,阻碍了海洋贸易的进一步发展。

海上丝绸之路真正形成气候,并开始对中华文明的进程产生潜移默化的影响,是在唐朝时期。

1998年,一家德国打捞公司在印度尼西亚勿里洞岛海域一块黑色大礁岩附近发现了一艘古代沉船。这艘被命名为"黑石号"的沉船堪称中西合璧,船上的货物来自中国唐朝,而这艘船本身的结构为阿拉伯商船。船上发现的"乾宁五年"(898年)刻款的铭文砖清楚地证实,"黑石号"是唐朝9世纪航行于东南海域上的一艘贸易船。

"黑石号"上出水了6万多件唐朝瓷器,其中绝大多数来自名不见经传的窑口——长沙窑,还有少量来自名气很大的越窑、邢窑等。其中很多瓷器上装饰了釉下彩绘,图案有飞鸟、花叶、摩羯鱼纹和胡人形象,还有连珠纹、葡萄纹、狮子纹、阿拉伯文字纹等西亚风格的纹饰字,与唐朝传统的瓷器纹饰并不一样,显然是为了迎合当时的国际市场的需求而绘制的。

这艘沉船包含了许多值得揣摩的古代信息。一艘运载大量唐朝瓷器的阿拉伯帆船,说明了跨洋长距离贸易线路已经形成,而且意味着曾经有更多船只来往于这条贸易线路之上,还意味着有许多经验丰富的海商和海员参与海洋贸易,唐朝的手工业生产者和西亚的阿拉伯消费者之间建立了密切的联系。

为什么海上丝绸之路会在唐朝兴起？

从唐朝的角度讲，安史之乱前，强盛的唐朝曾经打通了通往西域的道路，虽然其更大的目的是争霸亚洲，压制北方的突厥和西南方的吐蕃，维护自己作为以华夏为主体的混合政权的政治地位，但客观上也促进了陆上丝绸之路的发展。但在安史之乱后，唐朝迅速萎缩到农耕文明圈内，变成了一个单一华夏政权。西域的民间商路虽然还存在，但是在复杂的形势下受到了很大的冲击。

不过，也正是在唐朝后期，南方地区逐渐得到开发，长江流域后来居上，从经济上实现了对黄河流域的逆袭。南方地区河网密布，面向大洋，当地又有着很强的手工业生产能力，特别是古代中国的传统产品——陶瓷的生产在唐朝大为兴盛，具有很强的出口潜力。

而从西亚的角度讲，阿拉伯帝国兴起后，西亚、北非、中亚乃至东非都处于阿拉伯文明的控制之下。阿拉伯人原本就是非常依赖商业贸易的族群，在南征北战打下大片江山后，对商业依然非常重视和支持，自身的造船技术也很发达，而且广袤国土中的民众对于东方的陶瓷有着巨大的消费需求，客观上促使阿拉伯商人向东航行，开拓跨洋贸易的航线。

于是，处于亚洲大陆两端的人们一拍即合，跨越茫茫的大海，东方商人以唐朝的瓷器换取阿拉伯-波斯的羊毛制品，以及阿拉伯商人沿途买进的金银、香料等货物，海上丝绸之路已成气候，以至唐朝后期，大量阿拉伯商人因贸易来到东方，有多达10万的异域商人常年在广州生活和做生意。

可惜的是，就在"黑石号"沉入海底后不久，黄巢起义爆发，农民武装侵袭唐朝大部分地区，险些推翻了唐朝。879年，黄巢的大军攻入广州城后，屠杀了10多万外国商人，海上丝绸之路贸易遭受重创。此事被当时的阿拉伯商人记录在册。

黄巢围攻广州的时候，派人与朝廷联络，要求朝廷册封自己为节度使。唐僖宗询问大臣意见，仆射于琮认为"南海以宝产富天下，如与贼，国藏竭矣"，于是黄巢招安的请求被拒绝了。这也从侧面证明了当时的南方沿海地区已经成为衰落的唐朝的重要财源，不可给予他人。

海上丝绸之路作为一条水路，在风力和洋流的配合下，运载能力比陆路强大很多，运输成本大大降低，加上南方地区生产能力提升，使得海上丝绸之路在利润方面完胜陆上丝绸之路，因此作为陆上丝绸之路东端的长安的商贸价值下降，趋于衰落，南方临江靠海的扬州等城市则蒸蒸日上。

此消彼长之间，一个理性的单一华夏政权，不会对潜力巨大的海上贸易视而不见，因为扬帆远航能够给国民带来巨大的财富，给政权带来宝贵的税收。这些税收是维持华夏政权运转乃至抵御北方强敌的宝贵财富。历史告诉后人，经过唐末五代的重挫之后，海上丝绸之路在宋朝终于又迎来了繁华时光。

在大陆南方的海洋里，考古学家发现了多艘宋朝从事海上贸易的沉船，最著名的莫过于"南海一号"沉船，这是一艘由福建工匠打造的福船，满载了中国瓷器和铁器。此外，在印度尼西亚海域也发现了多艘同一时期的沉船，上面也装载了中国瓷器，但船型都是阿拉伯帆船。从沉船的船型分布猜测，宋朝时期的中国海商可能负责把货物运送到东南亚的港口，在那里把货物卖给阿拉伯海商，然后由阿拉伯海商运往印度洋周边销售。

从唐朝开始，朝廷就介入海上丝绸之路的贸易，在广州设市舶使，掌握海外贸易、关税等事务。到了北宋，海上丝绸之路更加繁荣，朝廷也在广州、杭州、明州（今宁波）、泉州等很多港口城市都设立了市舶司，借助于这种类似于现代海关的机构，向前来做生意的商船收税，并采购朝廷所需的珍宝。

971年北宋在夺取了南汉控制的广州后，于当年6月就设置了广州市舶司，逐利之心如此急迫，可见海外贸易早已是深入人心的赚钱门道了。而南汉君臣在广州城被攻破之前，焚毁了自己积攒的海外珍宝，有点天真地希望北宋捞不到珍宝后，会觉得广州没什么价值从而撤回北方。

宋朝规定，本国商船出海前，必须呈报市舶司领取出海贸易的公凭；外国商船抵港时，也需要先报告市舶司，由市舶司派专人上船检查，征收所载货物价值的1/10，作为进口税收，也就是"抽分"，可以是实物税，也可以是货币税。抽分从宋仁宗时期的50多万贯不断增加，到南宋初期宋高宗时，达到了每年200万贯。此外，市舶司还直接购买进口舶货，即所谓的"博买"，这其中，官府压低价格并挑最好的货之类的猫腻是免不了的。

北宋朝廷一开始试图完全垄断海外贸易的收入，命令市舶司购买犀角、象牙、珠玑、香药等海外珍宝送往京师，在市舶司采买之后，如果海商还有余货，才可以卖给老百姓。到了宋太宗时期，甚至规定从广州进口的商品一律由市舶司购买，全部进入朝廷的官府仓库中。

严格的专卖制度并没有持续多久，因为北宋官员很快发现，官府压低收购价格的结果是，海商为了保本或者获取微利，只能以次充好，最终让官府收不到什么好的货物，也就没什么收益可言了。现实迫使北宋调整了自己的贸易政策，除了少量奢侈品继续专卖外，其他进口商品全部解禁，市舶司按照一定比例收购非专卖品中的好货物，其余的货物交由商人自行出售。

贸易政策调整取得了意想不到的好结果，北宋官府的舶货收入不降反增，看似市舶司垄断的货物减少了，但是整个海外贸易被激活了，民间贸易规模扩大了很多，所以市舶司能够收取的税钱也增多了。

南宋被金朝打到了淮河以南，偏安于杭州后，更加依赖海外贸易的收入。

针对南宋市舶司的税收在朝廷财政收入中所占的比例，不同学者有不同的结论，但大体上为10%，这对于以农耕为基石的华夏王朝来说，已经是很重要的财源了。而且这部分税收只是朝廷赚到的钱，海上丝绸之路的主力军是民间海商，他们从海外贸易中获得的财富也是非常巨大的。国富民强的南宋能够硬抗强敌金朝和蒙古达150多年，海外贸易收入功不可没。

南宋时期，最主要的进口商品是各种香料和药物，这个时期的香料不仅包括胡椒一类的饭菜调味品，还包括用于焚烧产生香气的物品，比如乳香、檀香、龙涎香等。此外，印度地区出产的棉纺织品、钢和剑在南宋也很受欢迎，来自非洲的象牙、犀牛角甚至黑人奴隶都被商人不远万里带到南宋。当时南宋的主要出口商品是丝绸和瓷器，以及铁制品，考古学家在东南亚、南亚、阿拉伯半岛、东非海岸都发现了南宋时期的出口商品。

从汉朝到宋朝的千年之中，海上丝绸之路首先由民间海商开辟并培育起来，进而华夏政权发现了里面蕴藏的商机与财富，通过各种机构从海洋贸易中征取税收。唐宋时代海上丝绸之路的繁荣与草原/丛林政权崛起的大背景息息相关。从华夏政权的视角看，北方强敌控制或切断了传统的北方、西北方的陆地贸易路线，通过陆上丝绸之路获取财富变得不稳定甚至无利可图。正是在这样的背景下，华夏政权为了远方的财货和更多的税钱，更加积极地经营海上丝绸之路。

千年之中，华夏自有其发展之路，古人为了追求美好生活，必然会辛勤耕耘，努力建设，积极生财。但我们必须看到，华夏的发展历程伴随着北方强敌威胁这一大背景，华夏内部的调适与增进，与北方草原/丛林政权的政局变化有着密不可分的联系。尤其是两宋——北宋与南宋，这个在中国历史上有着孱弱名声的单一华夏政权，用自己的经营智慧，谱写了一曲与强敌周旋长达 300 年的奋斗之歌。

江南万顷良田、大运河、海上丝绸之路……华夏这千年持续奋斗的累累果实，不仅让唐宋这些以华夏为主体的政权增强了自身的国力，还给后来者打下了坚实的经济基础和贸易基础。华夏"苦练内功"的结果，对中华文明的融合与繁荣意义非凡，甚至对于超出草原与华夏之外的外部世界也具有广泛的价值。我们很快将看到华夏的增进对于古代世界的重要意义。

从唐末到宋末，或者以草原视角来说，从辽建国到金灭国，这 300 多年的历史虽然并不算漫长，但在中华文明融合史中开辟出了一条新的发展道路。以草原为主体的混合政权模式呼啸而来，以其巨大的优势冲破了草的世界与禾的世界的界线，它不仅让单一华夏政权模式难以招架，而且从文明融合的角度看，它比隋唐时期以华夏为主体的混合政权更具有冲击力，政治力量、军事力量、经济力量的结合也更为紧密和高效。以草原为主体的混合政权在给华夏政权带来挑战的同时，也面临改造自身体制以适应复杂新局面的挑战。

这300多年间，草原、丛林在改变，出现了诸多都市；华夏也在改变，努力提高自身的生产力。更大的改变是文明与文化融合上的，一个人口占绝对少数的北方族群可以建立起跨越丛林、草原、华夏的混合政权，管理超出本族群人口十倍乃至百倍的民众，并通过一定的制度建设，比如官职制度和科举制度等，让所有族群都凝聚在一起，彼此拥有一国之民的认同感。

沿着以草原为主体的混合政权模式开辟的道路继续向前，一个真正融合草的世界与禾的世界的大一统新时代呼之欲出。

第四章　万里一统——元朝统一政权模式

成吉思汗：重塑草原的游牧人

春寒料峭的草原上，漫长冬季积累的冰雪刚刚消融，新草未茂，地面上一片泥泞，一群骑手从远处仓皇而来。

疲惫的骑手们在浑浊的班朱泥河畔下马暂歇，清点人数，共计20人。这些人正是刚刚被克烈部偷袭而败走的蒙古部首领铁木真及其手下，他们与其他部众走散，饥渴之际，唯有射杀野马充饥，并饮用浑浊的班朱泥河河水解渴。

在如此困苦的境遇中，铁木真饮下泥水，带领19名部下宣誓："使我克定大业，当与诸人同甘苦。苟渝此言，有如河水。"众人宣誓忠诚于彼此。

这就是班朱泥河盟誓，这一事件虽然只是一代天骄铁木真统一草原的小插曲，却颇有象征意义，蕴含了深刻的信息。

19名部下中，除了铁木真的弟弟哈撒儿是蒙古部孛儿只斤家族成员外，其他人的背景和来源十分复杂，有的来自其他草原部落，比如兀良哈部、篾儿乞惕部、克烈部，还有契丹人；铁木真自己信仰草原上古老的萨满教，而他的这些部下中包含了基督徒、穆斯林和佛教徒。也就是说，大家超越了血缘、部落、宗教这些关系，不论出身、背景而走到了一起，围绕铁木真组成了团队。

草原上千百年以来的社会传统是游牧式的，大量各自游牧的部落散落在草原各地，每个部落可能还会分成若干个家族，各个部落也会组成更大的部落联盟，乃至形成匈奴、柔然、突厥、回鹘那样的草原帝国。这种社会是以血缘关系为纽带的，父系的血缘关系和母系的血缘关系决定了一个人在草原社会中的政治地位和经济地位。

然而铁木真的身边，却聚集了大量没有血缘关系的部下。这些人对于铁木真来说，其实并不完全是字面意义的部下，在蒙古人当时的语境中，他们是铁木真的那可儿，既有"部下"的含义，又有"志同道合的亲密伙伴"的含义。主人和那可儿之间以口头誓约的形式，表示彼此间必须忠诚，有难同当，有福同享，那可儿无条件地为主人效力，而主人也充分信任那可儿的忠诚，彼此同甘共苦。

据史书记载，第一个跟铁木真结成那可儿关系的是博尔术，然后是博尔忽、木华黎、哲别、者勒蔑等，他们都成为铁木真打天下的左膀右臂。

铁木真的周围聚拢了大量的那可儿，这当然首先是因为铁木真胸怀宽广、待人真诚，所以很多人愿意跟随他。但我们也要看到，与铁木真同时代的其他部落首领的身边，一样聚集着形形色色的那可儿，这是当时蒙古草原上的一种普遍现象，并非铁木真独有。

为什么在那个时代，草原社会打破了血缘关系的族群藩篱，背景不同的各种族群、各色人等在草原上相互交融，在原有的游牧部落的形式之外，还相对自由地组合成新型的合作形式？

一般来说，动荡的社会环境会打破秩序，让很多人失去在社会中的固定位置，变成"流民"。铁木真时代及之前几百年的草原正是这种情况。

自从840年左右统治整个草原的回鹘汗国被黠戛斯人偷袭击倒后，300多年的时间中，没有任何一个草原部落能够把整个草原都纳入囊中。契丹人虽然是草原民族，也建立起以草原为主体的混合政权，但并未能直接统治整个草原，最多只拥有草原的东部地带，连带影响草原其他地区。此后的女真人在草原上的影响力还不如契丹人，大体上只能沿着草原的东部、南部边缘进行被动防御。群雄逐鹿的草原上，各个部落你争我夺，动荡的社会自然会出现大量流民。

草原的外部环境也加重了草原的动荡。回鹘汗国解体后，一支回鹘残部南逃，建立了高昌回鹘，活动范围大致在今新疆东部一带。高昌回鹘以及我们更为熟悉的契丹、金朝、西夏，包括契丹灭亡后耶律大石在西域创立的西辽，都是与草原有着或多或少联系的政权。宽泛点儿说，这些政权都具有混合政权的组织形式，它们不仅有农耕经济，而且有游牧经济，还广泛地进行远途贸易，发展商业。

在周边这些混合政权眼中，广阔的草原是非常有价值的区域，那里的畜牧业产品和消费人群会给自己的政权带来财富，更不用说草原还有各个政权最需要的军事力量——战马和骑兵。

群龙无首的草原让周边这几个混合政权有机可乘，它们或深或浅地介入草原的政治和经济事务，攫取草原上的资源为己所用，这就使草原社会变得更加复杂和动荡，出现了更多脱离原来游牧部落的流民。

所以，当以辽为代表的混合政权登上历史舞台并大行其道的时候，这些政权不仅对单一华夏政权构成强大的军事威胁，而且永久性地影响了草的世界，改变了草原上传统游牧社会的面貌，也改变了游牧部落的社会结构。草原部落最底层的游牧单元可能并没有改变，游牧依旧是草原固有的经济模式，但在此经济模式之上，草原社会变得比过去松散的部落联盟体系要复杂得多了。

正是在持续动荡长达数百年的内部和外部大背景下，铁木真和他的那可儿们翻身上马，踏上了改变草原历史甚至全球历史的漫漫征途。

铁木真事业的起点非常低，纵观中国历史上的帝王，大概也只有未来终结元朝的明太祖朱元璋的幼年身世比他更为凄惨了。

其实铁木真所属的蒙古部（此处是狭义的蒙古，并不是未来统一草原后形成的蒙古帝国）倒也算是草原上的一方强权，很早就威胁到了金朝的边境安全。比如，据史书记载：1135年，"萌古斯扰边，王偕太师宗磐奉诏往征之"；1139年，"女真万户呼沙呼北攻蒙古，粮尽而还"；1143年，"蒙古复叛，金主命将讨之"。这里所说的萌古斯，应该就是指崛起在北方的蒙古部。

当时蒙古部的领袖可能是合不勒，他在1127年被推举为蒙古的可汗，金朝派出名将完颜兀术征讨，也没有占到便宜。合不勒之后，部落的首领之位传给了俺巴孩，他被另一个草原势力塔塔尔部出卖，被押送至金朝，最后被金熙宗处死。于是，蒙古部与塔塔尔部、金朝就结下了血海深仇。俺巴孩死后，首领位置传给了合不勒的四子忽图刺，他们算是蒙古部最尊贵的家族。而合不勒的孙子之一——也速该，即铁木真的父亲，是蒙古部乞颜氏的首领。所以铁木真的出身只能算是个小贵族，在蒙古部中不算显赫。

更为糟糕的是，铁木真9岁的时候，父亲也速该带着他去提亲，归来途中也速该被塔塔尔人毒死。失去了家中顶梁柱的铁木真一家被本部落的人抛弃了，母亲带着铁木真兄弟姐妹和几个年长妇女艰难度日。铁木真还陷入被仇敌塔塔尔人抓捕的糟糕境地。这是他人生中最低谷的时刻。

除了弟弟们之外，铁木真身边很早就吸收了两个那可儿：一个是博尔术，在帮助铁木真夺回被强盗抢走的马匹时两人相识；另一个是者勒蔑，可能是也速该死后没有离开铁木真一家的部众。

有一个在铁木真早年征战中产生了巨大影响的人物是不能不提的，他就是札木合，出身于蒙古部札答阑氏。虽然同为蒙古部，但铁木真和札木合的血缘关系显然很远。不过两位青年才俊彼此欣赏，于是举行了宣誓仪式，结为安答，类似大家都很熟悉的三国时期刘关张桃园三结义，彼此建立起生死弟兄的关系。

铁木真有很多那可儿为其效力，但据史书记载，他只有札木合这一位安答，这说明其在建立安答关系方面是更为严肃慎重的，两人甚至在第二次宣誓仪式的时候，一起吃下"难以下咽的食物"。而且安答之间是地位平等的，当然相互间的忠诚则与那可儿的要求类似。

在铁木真的人生中，有两个安答关系至关重要，一个是他与札木合之间的安答关系，另一个则是他的父亲也速该与另一个强大的草原部落克烈部首领王汗（因被金朝封王且称汗，而以王汗著称）之间的安答关系。骁勇善战的也速该虽然不是蒙古部的首领，但也有一定的实力，曾经帮助王汗在争夺克烈部首领的战斗中胜出。

于是，当仇敌篾儿乞惕部袭击铁木真的营地，抢走了他的妻子时，铁木真向自己的安答札木合和父亲的安答王汗求援。在蒙古部内部力量和克烈部力量的帮助下，铁木真不仅抢回了自己的妻子，还兼并了弱小部落,壮大了自己的力量。

回忆铁木真青少年时期的这段往事,我们可以一窥他独特的世界观的形成过程,从而对于为什么是他最终改变了整个草原有所了解。

与传统的草原血缘社会关系不同,铁木真并不看重部落血统关系,他更看重与无血缘关系的人们结成同盟。首先,这是因为他的确没有什么部落血统可以利用,本部落的人在他父亲死后就抛弃了他们一家,这件事想必强烈地影响了他的世界观。他要想生存甚至有所作为,不得不借助与他无血缘关系的人们。

其次,草原上要有足够多的无血缘关系的人们能够为铁木真所用,不论是在蒙古部中,还是整个草原其他部落里,人们要形成愿意结交和帮助无血缘关系的人的氛围。刚好,草原上长期的动荡环境形成了这样的氛围,被铁木真赶上了。从这个角度上说,也算是时势造英雄。

当然最后,我们必须承认铁木真具有世所罕见的战略意识和人际交往能力。乱世出英雄,当时草原上的英杰很多,绝大多数人都比铁木真的起点高,却只能目送天纵奇才铁木真网罗一批又一批人才,征服一个又一个部落。

此后,哪怕安答札木合与自己反目成仇,哪怕父亲的安答王汗派兵偷袭自己,铁木真都挺了过去,而且并没有改变自己的人生观、世界观。在长期的征战之后,铁木真要建立的并不是一个旧秩序的草原帝国(即一个血统为纽带的松散的部落联合体),而是要打造一个新秩序的草原帝国。

正是因为铁木真的政权力量主要建立在无血缘关系的组织之上,所以铁木真与耶律阿保机、完颜阿骨打等在此前建立了不世伟业的英雄不一样。耶律阿保机一生都受到八部大人和家族兄弟的掣肘，而完颜阿骨打则必须要照顾本部落族长和其他林中部落族长的利益。当铁木真一飞冲天，统一草原，并于1206年在整个草原的忽里勒台大会上接受"成吉思汗"的称号后，他更便于按照自己的意志来塑造新的草原帝国。

一代天骄成吉思汗打破了草原上延续了千年的传统，对蒙古高原上的各个部落进行了重新组合与划分，淡化了部落的形式，代之以统一的千户制。

在千户制中，有的是由原来某个部落的人员构成一个千户，有的是由不同部落的人员混合构成一个千户，还有许多是征战的过程中散落的民众重新集合构成一个千户。千户制打破了草原上旧有的部落组织形式，它既是一种军事组织，也是一种行政组织。在统一蒙古高原前夕，成吉思汗将所有部众划分为95个千户，并把他们分给自己的亲戚和功臣管理。

担任千户长的人可以分为三类：第一类是长期跟随成吉思汗的那可儿，这些人中有许多赫赫有名的将领；第二类是与成吉思汗家族联姻或由其家族收养的人，这些人中也有很多成长为将领；第三类在数量上占了大部分，但在史书中没有记载他们的姓名，他们的影响力也不大，可能是那些传统的部落首领，接受了成吉思汗的领导。

在领地的划分上，蒙古高原的西边即右翼依次分布着成吉思汗的三个儿子术赤、察合台和窝阔台的领地，而东边则是哈撒尔等成吉思汗的几个兄弟的领地，中部大片领地由成吉思汗带领幼子托雷以及诸将管理。在传统的三翼划分的表面之下，其内核是分封制度，不论左中右哪一翼，都由成吉思汗家族（即"黄金家族"）控制，每一翼之下也并非过去的松散部落,而是严密管理的千户。不论是千户,还是这个层级上下的万户、百户,都是黄金家族的臣民,千户的民众及其财物、土地都归属于某个黄金家族成员。昔日隶属于不同部落的草原民众,如今都统一在蒙古的旗帜之下,集合在以成吉思汗为首的黄金家族的周围。

成吉思汗建立分封制度的时候,除了将部分民众和领土分给亲戚和少数功臣之外,还留下了相当大的一部分归自己管理,这一部分与其说是大汗的个人财产,还不如说是黄金家族的"公产"。

据史书记载,成吉思汗在分封的时候,幼子拖雷分到了5 000户,比他的大哥术赤要少一些。而在成吉思汗死后,拖雷分到的户数竟然多达10.1万户!这么多的民众当然不是拖雷的私有财产,而是根据蒙古"幼子守灶"的传统,拖雷以监国的身份代管了黄金家族的公产,直至第二代大汗窝阔台即位后,拖雷将公产移交新的大汗管理。

总之,在成吉思汗建立的新的草原帝国中,各个部落的世袭贵族权力被废除了,帝国的官职统一归大汗来管理,而不是分属于某个贵族或部落。即使是千户制中的部众,大汗也可以根据需要重新分配。也就是说,新的草原帝国不再是部落联盟的松散联合体,而是一个紧密的整体。成吉思汗对整个草原势力进行了重新洗牌,以黄金家族的力量为核心,辅之以家臣/那可儿,建立起新的国家管理制度和军事制度。

这是草的世界的一次深刻的变革,毫无疑问,刚刚建立的蒙古帝国就展现出了强大的战斗力,战斗力的源泉应该就来自该变革。甚至于蒙古骑兵远征到万里之外时,仍然能保持坚韧的战斗力和团结协作的精神,而且仍然能够由大汗来远程控制。和匈奴以来的各个时代的草原雄师相比,蒙古骑兵似乎都更胜一筹。如果说蒙古帝国能够超越契丹和金朝，征服更远的疆土，如果说铁木真能够超越耶律阿保机和完颜阿骨打的绝世霸业，最重要的原因可能就在于他实现了草原的变革。

如果说铁木真与两位前辈相比有什么弱项的话，那就是铁木真本质上仍然是一个单纯的草原游牧民族领袖，虽然历史的车轮滚滚向前，在蒙古草原的周边排列着多个混合政权，但铁木真在成长过程中忙于在草原上拼杀，对于混合政权的运转并不熟悉。他的确接触过金朝的官员，但也仅限于接触而已，根本没有机会和时间去吸收金朝的各种管理方式。因此他管理下的草原帝国虽然发生了变革，但并不是一个混合政权，而仍旧是一个单一草原政权。在统一草原之后的征战中，铁木真的游牧人思维显露无遗，即不以占领和管理农耕区为目的，而是保障对外贸易的畅通，利用军事力量劫掠财富、索要贡品。

成吉思汗发动的对中国历史具有深远影响的战争是针对金朝的。前面谈到，金朝自从经历了契丹人大起义之后，在北境的防御就变得很困难了。虽然金朝相对于单个的蒙古部落还是有压倒性优势，在1195—1199年，金军和塔塔尔部展开大规模战争，在蒙古部和克烈部的帮助下，金军才算取得了胜利。但是显然，草原上的局势已经不是金朝单独可以控制的了。到了1202年，当铁木真大军与扎木合–乃蛮部联军决战于草原西部的时候，金朝只能心惊胆战地旁观，根本无法左右草原局势。

现在，一个新的草原帝国要与金朝对决了。不论是新兴的蒙古帝国，还是富庶的金朝，都没有选择和平的外交手段，没有像宋朝面对契丹那样，以纳贡的形式换取两国的和平。这是因为：一方面，蒙古部和金朝有着血海深仇，虽然双方曾经为了消灭共同的敌人塔塔尔部勉强联手过，但是在成吉思汗统一草原后，双方的仇恨难以化解；另一方面，金朝毕竟是由北方丛林族群建立的王朝，而且疆土辽阔、人口众多，不会选择向新兴的草原政权纳贡称臣。

于是，蒙古帝国作为单一草原政权，无法从华夏获取贡品，剩下的选项就只有军事掠夺了。因为成吉思汗以黄金家族为核心构建的新型草原帝国，需要用外来的财物满足内部落群的需要，这些财物要么由大汗赏赐给家族成员和那可儿，要么由家族成员和那可儿自己动手掠夺或通过开展贸易获得。唯有如此，新兴的蒙古帝国才能维持长期团结和稳定。

我们甚至可以猜测，在整个草原被统一后，再无草原部落可以劫掠了，如果不能从外界获取大量的财物，这个新兴的草原帝国很快就将解体。成吉思汗应该也意识到了这个危险。

1211年，成吉思汗在克鲁伦河流域誓师，正式向南方的宿敌——金朝发动战争，蒙金战争就此爆发。仅仅在5年之前的1206年，成吉思汗才刚刚征服了整个草原，就马不停蹄地兵锋南指，先拿西夏开刀，逼迫西夏称臣，为攻打金朝做好了前期铺垫。

征讨金朝的蒙古骑兵分成了三路大军，典型的草原三翼出击的风格。成吉思汗与幼子拖雷率领中军，越过长城地带进入河北的平原地区，一直南下攻取了山东的济南城；右军由成吉思汗的另外三个儿子术赤、察合台、窝阔台率领，侵入山西中部的太原一带；左军由成吉思汗的弟弟哈撒尔和铁木哥率领，直指辽西。

又一批凶猛的草原"狼族"冲破长城地带南下了。不过我们不要忘了，说到底成吉思汗仍然是一位游牧君主，不论是面对金朝还是面对其他周边政权，他的目标都是掠夺或索要财富，而不是占领农耕区。虽然历史上人们诟病成吉思汗杀人无数，但其实更准确地说，成吉思汗应该是一个城市毁灭者，而不是屠杀者。作为一个游牧君主，他需要城市里的财富，而不需要巨大的城市本身，在这一点上他和契丹的耶律阿保机、女真的完颜阿骨打不一样。

所以我们在史书中看到，成吉思汗统领下的蒙古军破坏了很多城市以及周边的农田，这一方面是为了掠夺和敲诈农耕区，另一方面是想通过摧毁某些城市，使远途贸易线路改而通过成吉思汗控制的草原地带，这会让草原帝国的财富增加。比如，当成吉思汗的蒙古军攻占了金朝的中都时，就把中都的财货劫掠后运往草原，空留下被破坏的中都不管。

如果成吉思汗和他之后的蒙古大汗们都是这样的想法，那么蒙古帝国充其量也就是一个单一草原政权，无法实现融合长城南北的目标，更不用提统治更为广阔的疆土了。

历史并没有回到匈奴与汉朝对阵时期单一草原政权与单一华夏政权对峙的模式。

虽然金朝在成吉思汗的攻击下完全变成了一个单一华夏政权，但在契丹、金朝乃至西夏、高昌回鹘这些混合政权数百年的辐射影响下，草原已经不是过去的草原了。历史的车轮从匈奴时代起已经向前滚动了1 000多年，对于成吉思汗和他的黄金家族的子孙来说，树欲静而风不止，单一草原政权的模式已经是明日黄花，他们必须做出选择，要么继续前进，迈向混合政权阶段，要么退回单一草原政权模式。而选择后者，可能意味着帝国的不稳定。

这里面的关键，还是蒙古帝国能否源源不断地从外界获取财物。

我们已经多次强调，草原游牧民比华夏农耕民更需要贸易，他们更加期盼商人的到来，因为商人能给他们带来草原上匮乏的各种生活用品。成吉思汗的草原帝国除了通过战争掠夺财物外，还可以通过贸易得到财物。

当时有大量中亚商人活跃在连接草原和其他区域的商路之上。1218年，成吉思汗命令自己的儿子、将领从下属中各抽取两三个西域商人，组成商团去中亚的花剌子模采购所需商品，竟然一下子集中起来450个西域商人，足以看出当时蒙古草原上商业是很兴盛的，游牧人的需求是很旺盛的。

没想到，这个蒙古商团到达花剌子模的边境城市讹答剌时，不仅遭到守将的抢劫，而且商人被屠杀。这是一次改变了世界历史进程的重大事件，只是当事人懵懂不知。

杀死商人、抢夺货物的行为对于草原族群来说，是超越自己的容忍底线的。即便如此，成吉思汗还是先提出了外交抗议，要求花剌子模交出凶手，赔偿损失，但遭到了花剌子模君主摩柯末的拒绝，所以一些史家猜测，边城守将杀人越货的行为至少是得到了摩柯末默许的。

从成吉思汗对花剌子模的谨慎克制态度，我们可以看出他作为一个游牧民君主对于商路的重视，他不想轻易失去重要的商路和贸易收益。

实际上，当时摩柯末低估了蒙古帝国，而成吉思汗高估了花剌子模。为了保护草原商路的畅通，成吉思汗不得不鼓起勇气向摩柯末宣战。说他"鼓起勇气"是有根据的。史书曾记载，出征之前，成吉思汗的后妃也遂甚至询问他，万一发生不幸（也就是成吉思汗回不来了），什么人可以继承他的大汗事业。成吉思汗不仅没有发火，反而认为这个问题有道理，责问大家怎么没早提出来。这足以说明他认为此次西征颇为凶险。

史书还接着描写道，成吉思汗询问长子术赤对这个问题的意见，术赤沉默不语。二子察合台以为父亲此举是意欲让术赤继承汗位，大为不满，与术赤大打出手。二子相争让成吉思汗更加青睐人缘很好的三子窝阔台，这为日后窝阔台继承汗位埋下了伏笔。此乃题外话。

蒙古西征花剌子模曾经被视作蒙古汗国热衷向全世界进行军事扩张的事例，但从这件事的起因看，保证几乎等同于游牧民生命线的商路的安全与畅通，才是成吉思汗的出发点，这是一个草原帝国统治者的职责所在。这是一种典型的游牧民思维。

财物对于蒙古帝国有着无比的重要性，它是维系黄金家族及其群臣/那可儿的团结和忠诚的关键。成吉思汗之后的蒙古帝国君主们自然也十分清楚这一点。如果说支撑蒙古帝国这座大厦的第一根柱子是天下无敌的蒙古铁骑的军事力量，那么支撑这座大厦的第二根柱子就是商业贸易力量。

早在1209年，也就是成吉思汗还没有开始伐金战争时，高昌回鹘就杀死了宗主国也就是西辽的官员，投靠了蒙古帝国。高昌回鹘的首领被成吉思汗封为第五子，还娶了成吉思汗的女儿为妻。回鹘人在混合政权管理和远途贸易方面积累了长期的丰富经验，他们的投靠给了勃兴的蒙古帝国以急需的行政、商业管理人员，蒙古帝国在官职设置、财政制度乃至重要政策方面受到了回鹘人的深刻影响。其中一个非常重要的影响就是蒙古帝国获得了生意经。

蒙古帝国的黄金家族擅长征战，却疏于理财和经营，在回鹘官员的协助下，他们和自古以来就擅长经商的西域各路商人简直一拍即合。随着蒙古汗国扩张到花剌子模所占据的中亚地区，西域商人纷纷聚集在蒙古帝国的军旗之下，他们组成了大大小小的斡脱，给蒙古帝国提供商业服务。斡脱在突厥语中是"伙伴、商业合作"的意思，类似于华夏的商帮。

成吉思汗死后，窝阔台继承了大汗之位，也继承了如何给黄金家族和官员们带来财富的问题。与成吉思汗有所不同的是，窝阔台已经不是一位单纯的游牧民君主了，他继承和征服了大片的农耕区，蒙古帝国此时也已经不是单一草原政权，而是演化成一个以草原为主体的混合政权了。

这样的演化过程，一方面是因为窝阔台需要更多的财富来安抚蒙古帝国的王公们，劫掠农耕区这种涸泽而渔的财富获取方式并不明智，长期经营农耕区并从农耕区收税，将会获得更多的财富；另一方面是因为此时的蒙古帝国有回鹘人、契丹人帮忙管理政权事务，对于治理一个混合政权有了经验。

回鹘人、契丹人的混合政权思维也反过来影响了大汗的决策。比如，曾经有官员建议窝阔台减少华北地区的人口，把农耕区变成可以放牧牲畜的牧场。契丹人耶律楚材站出来表示反对，他建议保留农耕区的经济模式，用固定税收的方式来从农耕区获得财富，这样帝国的财政收入会大大增加，从长期来看也会给国库带来更多财富。窝阔台被耶律楚材说服了，当然准确地说是被耶律楚材描绘的大量财富给说服了。大约在1230年，窝阔台在占领的原金朝土地上任命了许多"征收课税使"，他们大部分都是投靠来的金朝前官员。他们根据耶律楚材设计的税收制度，向百姓征收丝绸产品和粮食。

结果税收收入非常可观，窝阔台十分满意，任命耶律楚材为中书令，负责这些土地的行政管理，说白了就是负责收税。

在窝阔台的主持下，从金朝夺取的土地、人口的大部分被分配给黄金家族成员以及战功卓著的功臣，窝阔台自己则分得了比诸王更多的一份。沿袭自成吉思汗建立的分封制度鼓励了黄金家族的成员积极参与对外战争，以分得更多的胜利果实。相对合理的分配制度也刺激了蒙古帝国的诸王向外扩张，这是蒙古铁骑能够在很短的时间里横扫欧亚大陆的原因之一。

蒙古王公们靠征战和收税聚敛了大量的财富后，除了自己花天酒地，还会把金银和其他财物交给斡脱，委托他们去经商或者放贷，从中赚取高额的利息。斡脱则借助于蒙古王公的财富从事各种商业活动，实现财富的增值。

斡脱的生意甚至可以上达汗庭。窝阔台就曾经说过："来到我们这里的每一个斡脱，我知道他们各打算盘，各有所谋。但我希望我们能使他们个个称心如意，分享我们的财富。"一个统治者说要让商人们高兴，并和自己分享财富，这一幕真是太和谐了。华夏王朝的皇帝是绝对不会有这样拜金主义的思想观念的，就算有类似的财迷想法，面对朝廷之上口吐圣贤之言的儒家官员们，也难以启齿啊。

对商业的态度是蒙古帝国与华夏王朝的一个重要区别。这种区别的背后是一个政权的财政收入模式的区别。当蒙古帝国过渡为一个以草原为主体的混合政权时，它的财政收入来源是很多元的，与单一华夏政权有着很大的区别。蒙古帝国既有来自农耕区的钱粮赋税，也有来自商业贸易的盈利和税收。靠对外战争劫掠的财物当然也算其收入之一，只是它既不稳定，也不持久。

但是，蒙古帝国前期的历任大汗都很看重对外战争，因为作为一个以草原为主体的政权，对外征战是一个大汗能力和权威的象征，没有战功的大汗是不能服众的。这种思维对于被入侵者和被征服者而言当然是罪恶的，这种思维主导下的战争造成死伤无数，大量百姓流离失所，对经济造成了短期剧烈破坏。不过抛开战争引发的悲剧不谈，蒙古帝国的扩张影响了全世界，打通了欧亚大陆的各个角落。蒙古帝国的扩张对于中国历史进程的影响也是史无前例的，其标志就是忽必烈建立的疆域广阔的元朝。

大元王朝的三大支柱

蒙古帝国经过铁木真、窝阔台、贵由和蒙哥四任大汗，已经坐拥大片的农耕区，不再是创立者铁木真心中的那个单一草原政权的模样了。

1259年，蒙哥在征讨南宋期间突然死亡，大汗权力的争夺战在阿里不哥和忽必烈之间爆发，两人都是蒙哥的弟弟，铁木真的孙子一辈。由于阿里不哥控制着蒙古高原上的都城哈拉和林，近水楼台，大部分蒙古王公们选择站在了阿里不哥一边，通过忽里勒台大会推举阿里不哥为新任大汗。阿里不哥的根基是草原，优势也是草原的骑兵军事力量。而且，蒙古帝国的公产可能也落入了阿里不哥手中，如果窝阔台没挥霍一空的话。

但是，率先自立为大汗的忽必烈也有自己的优势，那就是他的势力范围囊括了一部分草原和广大的华夏。如果把此时忽必烈的势力看作一方政权的话，那么他拥有的是一个以草原为主体的混合政权，既有蒙古骑兵加上大量华夏军队作为军事力量，也有充足的粮食和其他物产作为军需。他面对的阿里不哥政权，则是一个单一草原政权。

两军围绕都城哈拉和林激战数场，难分高下。最终，粮草成为决定两个大汗胜负的关键。忽必烈有华夏粮食作为后盾，阿里不哥却没有。粮食不足的阿里不哥无法持久作战，只能撤出位处草原深处的哈拉和林，转向南面的伊犁河谷找吃的，从而导致军心涣散，不得不向忽必烈投降。这场历时近5年的蒙古帝国的内战以忽必烈的胜利而结束。

这是一场以草原为主体的混合政权对单一草原政权的胜利。可是，阿里不哥虽然被除掉了，但庞大的蒙古帝国也已经貌合神离，基本上分裂为四大汗国：北亚到东欧位于俄罗斯草原的金帐汗国、西亚位于伊朗的伊利汗国、中亚从阿姆河到阿尔泰山的察合台汗国，以及东亚横跨华夏与蒙古草原的元朝。忽必烈需要面对变得极为复杂的"帝国新局面"，他要增强自身的实力，让几大汗国的首领承认自己的大汗地位。

混合政权的优势是忽必烈战胜阿里不哥的关键，经营华夏许多年的忽必烈清楚这一点，所以他迈出了自铁木真以来历任大汗不曾走过的关键的一步——称帝。1271年，忽必烈仿照华夏传统称帝，选取《易经》中的"大哉乾元"，正式建国号为"大元"，然后定都于大都，亦称"汗八里"（意为大汗之城）。这样，忽必烈就兼具草原大汗和华夏皇帝的双重身份。

忽必烈称帝，并不是因为他梦想做一个华夏意义上的皇帝，作为蒙古帝国的"第三代领导人"之一，他具有多重身份。其一是他的草原蒙古人身份，他热衷于打猎野兽，和蒙古女人结婚生子，虽然建设了类似华夏城池的元大都，但他本人仍然喜欢住在毡帐之中。其二是他的华夏君主身份，他不仅用汉族人推崇的《易经》中的词句作为国名，而且还指定自己的儿子真金作为皇太子。这种直接指定继承人的方式，完全违背了蒙古帝国大汗选举必须通过忽里勒台大会的传统，这是对草原重要传统的背叛。其三是他还接受了藏地高僧八思巴的金顶灌礼，授予八思巴国师的地位，与藏传佛教联系紧密。

对于这些身份，我们很难说忽必烈都是有意为之，故意装扮的。有很大可能，他真的喜欢打猎，喜欢佛教，也喜欢一些华夏文化。当然，首先，忽必烈是一个政治家。如果说忽必烈有什么梦想，那就是他希望能够最大限度地利用华夏的生产力量，增强自己的实力，不战而屈人之兵地降服各大汗国的汗王，一跃成为蒙古帝国名正言顺、至高无上、唯一的大汗。

尽管忽必烈用军事手段击败了阿里不哥，但是在元朝内部或是其他汗国内部，许多蒙古王公私下里仍认为，那个在蒙古草原上经过忽里勒台大会选举的阿里不哥才是名正言顺的大汗。在他们看来，虽然忽必烈也召开了他自己的忽里勒台大会，但没有大部分蒙古王公出席的会议结果是无效的。

忽必烈不用问也知道蒙古王公背后的想法。终其一生，他都在为扭转这个不利印象而奋斗。

既然蒙古帝国大汗的标配业绩是对外战绩，那我忽必烈就拿出战绩来。

忽必烈的目标是偏安在华夏南方的南宋政权。如果能征服南宋，他将一箭三雕：一是能收获重大的军事征服"业绩"，在蒙古帝国内部提升自己的威望；二是可以收获富庶的江南地区，获得粮食和其他物产的巨大生产能力，满足元朝运营的需要，增强元朝的实力；三是能够利用江南本身的财富或通过贸易获得的财富，"收买"蒙古帝国的各方势力，用钱实现军事无法完成的战略目标。

不论是人口密度还是物产总量，华夏都远远超过蒙古人统治下的其他地区。特别是江南地区，在几次人口南迁的浪潮中凤凰涅槃，已经成为中华文明圈中最为富庶的区域。而且，在隋朝平定陈朝、宋朝平定南唐的华夏统一战争中，并没有出现残酷的兵祸，也没有大规模的杀戮，而是非常顺利地降服了江南的政权。于是，在元朝灭南宋之前，荆湖、两江、两浙、福建等广大地区的农业、手工业、商业均非常发达。

不过从蒙古帝国到元朝，对南宋的征讨过程相当曲折，大汗蒙哥曾在征讨过程中死去。几十年间，宋蒙大战主要围绕四川、重庆的山地和长江中游的襄阳城展开。1273年，襄阳城在孤立无援、炮火轰城的绝境中打开城门投降元朝后，南宋的长江屏障不复存在，元朝平定南宋变得异常顺利，许多城池都开城投降，因而并没有遭受战火。特别是南宋都城临安（位于今浙江杭州市）于1276年"无血开城"，毫发无损地变成了一座元朝的重要城市，延续着它梦幻般的繁华景象，让此后不久途经此地的旅行家马可·波罗惊为"天城"。

元朝灭南宋，从政治上讲，不仅结束了南宋建立以来华夏150多年的南北分裂局面，更为重大的是，自从682年东突厥复国打破了李唐王朝短暂的史诗级版图后，辽阔草原与广袤华夏终于又重新统一于一个王朝政权之中，一个堪比唐朝史诗级版图的新王朝——元朝出现在地球上。

从经济上讲，元朝把整个华夏囊括其中，特别是拥有了生产力发达的江南后，它终于补上了草原帝国的最大短板，一个融合了广阔大地、众多文明的王朝从幻想变成了现实。

忽必烈把混合政权的规模推向了一个前所未有的新高度，这个政权不仅包括了全部的华夏和大片的草原，还囊括了女真人起家的东北丛林，以及宗教氛围浓厚的青藏高原。元朝实现了史无前例的疆域规模，也必然会面对史无前例的政权治理挑战。

元朝作为混合政权，继承了金朝前期的一个突出的问题，就是政治、军事中心在北方，而生产中心在南方。金朝为了解决这个问题，不惜举家搬迁到中原，基本上放弃了东北老家。元朝的政治、军事中心在元大都，甚至还要争雄草原，控制草原深处的蒙古帝国第一个都城——哈拉和林，而其生产中心则在华夏，特别是江南地区。从哈拉和林到江南水乡，实打实有万里之遥！

伴随着忽必烈建立元朝，甚至一直延续到忽必烈去世，大约40年间，元朝与西面的一些蒙古部族势力争斗不断，尤其是与窝阔台的后裔海都的势力之间频频爆发激战，海都甚至还一度攻占了象征帝国至高荣耀的哈拉和林。

因此，元朝的中心不重合问题更为突出，却又不能像金朝那样放弃老家，从以草原/丛林为主体的混合政权蜕变为以华夏为主体的混合政权，因为忽必烈不仅是华夏的皇帝，而且他更看重的身份是蒙古帝国的大汗。

放弃广阔的草原？这等于是放弃蒙古黄金家族的血统，忽必烈决不答应。

那么，如何解决中心不重合的千古难题？

这个问题在隋唐时代就出现了，前人用隋唐大运河来解决问题。于是忽必烈也照方抓药，睿智的忽必烈甚至在很早就开始思考和布局混合政权的深层次整合问题，特别是草原和华夏的沟通。

1256年，忽必烈命令自己的下属在草原上修建开平府，也就是后来的元上都，今内蒙古自治区锡林郭勒盟正蓝旗境内还留有元上都遗址。此时的蒙古大汗还是忽必烈的兄长蒙哥，但忽必烈当时已经在管理蒙古草原东部到华北平原的广大地区，他在靠近华北平原的草原一侧修建开平府，就是想更好地管理两个生产模式不同的区域，试图对草原和华夏进行整合。

等到忽必烈成为蒙古帝国的大汗和元朝皇帝后，他的构想更为宏伟，元朝的国家建设力度非常大。在前人贯通的隋唐大运河的基础上，元朝将运河截弯取直，变成了南北方向上的京杭大运河，从华北平原上的元大都（今北京）一直通往曾经的南宋都城临安周边，把政治、军事中心和经济中心更加便捷地联系起来。

大运河的北方端点元大都与元上都一道，构成了元朝的"两都"。每年夏季，元朝的皇帝会从元大都启程，到草原上的元上都办公，在秋季再返回元大都处理国事。通过这种巡回的方式，元朝对广阔的草原和华夏进行有效的管理。

必须注意的是，京杭大运河线路上的截弯取直虽然更为便捷，实际上是以增加了运河维护成本为代价的。京杭大运河要穿过泥沙含量很高的黄河下游，还要穿过山东境内的小山丘，那里是整个京杭大运河的最高点。你能想象存在一条中游较高、上游和下游较低的河流吗？

元朝为了保障大运河不中断运输，花费了很大力气修建各种水利工程，比如大运河与黄河交叉点的清口枢纽工程、运河海拔最高点附近的南旺水利枢纽工程。这些工程集合了中国古代工程师的智慧，最终保障了大运河的畅通。不过实话实说，由于这些自然条件的限制，元朝时期的京杭大运河远不如听起来那么潇洒写意，它的效率很低，漕运量远不如后来的明清时期，而且很容易因为一点点自然灾害或社会动荡而停摆。

但是，漕运对于元朝又是至关重要的，因为其政治和军事中心在北方，元大都的官僚机构人员以及官僚的家眷、大批军队、大批商人每年要消耗大量的粮食，华北平原虽然也是产粮区，但根本不够养活北方人口，元朝必须每年从南方调运足够多的粮食到北方。

更为要命的运输任务，是从华夏向草原深处的元上都甚至哈拉和林的粮食运输。

据说忽必烈甚至让大臣郭守敬考虑修建一条运河，从元大都延伸到元上都。不过当郭守敬发现两地不仅有几十万米的直线距离，而且有几百米的海拔高度差时，这个逆天的设想只能被放弃。今天宏伟的三峡大坝也不过才百米高度，700多年前的元朝根本无法通过堤坝让运河水征服几百米的海拔高度差，从华北平原冲上蒙古高原。

为了有效控制广阔的草原，应付西方那些居心叵测的蒙古宗王的军事威胁，元朝在草原和西域地区长期驻扎几十万大军。要对大军进行补给，就必须运送大批粮食，一开始是每年20万石，到14世纪初增加到30万石。就算两方领袖忽必烈和海都死后，元朝与海都后裔达成了和议，来自其他宗王的威胁依旧很大，元朝仍然必须在草原上维持大军。1311 年，元朝号称全部政府税收中有 1/3 要花在草原的军事防御上。史书记载在草原腹地的哈拉和林，"朝廷岁辇粟实和林忙安诸仓，至八十万斛而屯戍将士才免饥色"。

大量的钱从哪里来？大量的粮食怎么运？

与借鉴大运河经验类似，元朝把一种华夏存在很久的制度发挥到了极致，一箭数雕地解决钱粮问题。这种制度就是盐引制度。

在谈论盐引之前，我们要先看一下元朝的经济运转情况。

元朝疆域辽阔，人口众多，经济规模已经达到了前所未有的级别，超越了此前所有古代国家。而且元朝和其他蒙古汗国分支，比如西域各汗国、金帐汗国、伊利汗国之间有着同宗的联系，并由于斡脱商团的穿针引线，整个亚洲乃至欧洲、非洲的一部分都被纳入了一个完整的经济体内，其经济规模在古代世界真可谓空前绝后。

问题就此出现了，按照经济学规律，经济体的规模越大，经济正常运转所需的货币量就越多。在古代世界的经济生活中，往往以贵金属作为货币，比如华夏王朝曾经长期以铜钱作为流通货币：汉代的五铢钱风靡了 400 年，其影响力辐射隋朝；宋朝经济日益繁荣的同时，铸造的铜钱也攀上了新的高峰。元朝的经济规模比起宋朝来说更是登峰造极，因此需要更多用于交易的货币。

到哪里去获得足够的货币呢？

斡脱是以白银为货币来进行商业贸易的，但我们知道，古代世界一直苦于贵金属太少，也就是经济上所说的通货紧缩局面。直到哥伦布发现美洲大陆，西班牙人和葡萄牙人开采和掠夺了大量的美洲黄金和白银后，世界经济中流通的贵金属货币才逐渐多了起来。但美洲大陆的发现要到1492年哥伦布远航的时候了，那时已经是明朝中期。而现在元朝就要解决货币不足的问题，显然指望不上未来才出现的美洲金银。

元朝找到了一种很好的货币替代品——盐引。

盐引制度早在宋代就已经出现了，国家规定商人贩卖食盐的时候，必须首先取得国家的许可凭证，这就是盐引，没有盐引而贩卖食盐是犯法的行为。国家通过出售盐引而获得垄断利益，同时引导商人帮助国家运输货物，比如规定商人把一定量的粮食运送到边境上的驻军处，才能获得相应的盐引。

元朝把盐引这种制度推广到了更为广大的地区，而且其功能也得到了尽可能的扩展。大体来说，元朝的盐商想要贩卖食盐，需要经过如下几道程序。首先，他们要去国家的盐运司购买盐引，同时得到去盐场或者盐仓的通行文书；其次，他们要到盐场或者盐仓去支取货物，也就是食盐。根据食盐销售目的地的不同，盐商还要缴纳一笔费用，盐引上加盖印信，才可以带着食盐去指定的地区卖盐。最后，食盐卖掉后，盐商要立刻向地方官府缴纳旧盐引，这次卖盐的商业活动才算结束了。

以上描述的只是盐引作为贩卖食盐凭证的基本功能。实际上，由于有食盐这种大众所需的货物作为价值支撑，盐引本身就具有了类似货币的功能，因此在许多场合，元朝皇室和官府还拿盐引作为支付手段，实际上是把盐引当作货币来使用了。

比如籴粮就是盐引作为支付手段的重要功能的体现，元朝政府借助于盐引，招募能够承揽粮食运输的商人，让他们把粮食输送到哈拉和林，用盐引支付给商人作为报酬，结果发现效果很好，于是元朝北方地区的盐引和籴粮变成了一项长期性的政府采购活动，向元上都、哈拉和林、陕西等驻军较多的地方运输粮食，供给军民食用。

盐引还是元朝皇室和官府的一种支付货币。比如元贞元年（1295年）皇帝赏赐了一个臣子"盐万引"，供臣子盖府邸之用。大德元年（1297年），官府"以钞十二万锭、盐引三万给甘肃行省"，将盐引和钞并列作为货币来使用。

元朝的财政官员围绕着盐引屡屡创新，比如说盐引可以用白银买卖，这就相当于让盐引和白银挂钩了，一张张的盐引就好比是"高额纸币"，而且它的价值是建立在实实在在的食盐的价值之上的，并不是凭空印刷出来的。

更为有趣的是，盐引通行全国，手握盐引的商人也好、王公也罢，并不一定非要拿盐引兑换具体数量的食盐，换不换看自己的需要。如果需要用盐引来进行其他的商品交易，也是可以的，只要盐引没有过期就行。

有学者统计，通过发放盐引所获得的收入，甚至可以达到元朝中央政府财政收入的八成，再加上其他一些商品的专卖收入，以及元朝印制纸币的收入，构成了元朝的财政收入结构。

元朝之前，历代王朝都受到金属货币不足的困扰，而通货紧缩的经济困境在元朝因为盐引在经济领域中的大量使用得到了一定的缓解。

从矿产角度讲，华夏缺少金矿和银矿，铜矿相对富足，所以许多古代王朝是以铜钱作为货币的。但是一方面铜钱的价值比起金币、银币要低很多，进行大额交易很不方便；另一方面华夏经济规模很大，相应地需要更多的货币来满足交易。所以很多王朝曾闹"钱荒"，特别是宋朝曾经大量铸造铜钱，但宋朝同时也是非常缺乏货币的朝代，朝廷为了保证国内的货币需要，严禁铜料和铜钱的出口。

元朝是个商业发达的朝代，按说货币需求量更大，应该更"差钱"，其实不然。一方面，元朝疆土远胜于曾经的华夏王朝，元朝和其他蒙古系的政权有着很广泛的交流，所以可以获得很多金银作为流通货币，白银就是从元朝开始成为中华文明圈中的主力货币之一的；另一方面，元朝借助于盐引、纸钞等金融手段，解决了大额货币不足的难题，极大地增加了市场上的"货币"流通量。结果导致元朝完全不限制铜钱和铜料的出口，元朝周边需要铜钱和铜料的国家纷纷前来寻宝。

最典型的例子莫过于在朝鲜半岛海域发现的新安沉船，这是一艘从元朝的宁波开往日本的商船，上面不仅载有数以万计的青瓷和白瓷，还有令人瞠目结舌的重达28吨的铜钱。

以各种形式发行的"货币"，如果没有实体经济强大的生产力做保障，是没有价值的。正是因为元朝把华夏，特别是富庶的江南地区纳入疆土，以江南的巨大生产力为基础，才可以维持庞大王朝的财政运转和政权管理。我们甚至可以这样说，如果没有江南地区的生产力，元朝就无法在蒙古草原和西域维持大量的驻军，从而无法保障王朝的北方和西方的安全。打遍天下无敌手的蒙古铁骑真的很需要江南的粮食来养活，仅靠羊肉和奶酪是不够的。而把粮食运输到草原深处，也必须依靠以江南强大的生产力做后盾的盐引制度来实现。

所以简略地说，元朝的三大支柱是：草原军事力量、华夏生产力量和西域商业力量。三者紧密对接，相互支撑，缺一不可。草原军事力量给华夏提供安全和秩序，保障西域商人的运输和买卖活动；华夏生产力量给草原和西域商人提供大量的物产，最重要的是给草原军民提供粮食；西域商业力量将华夏物产转化为财富，支持草原的消费，也给华夏生产提供需求动力。

元朝是如假包换的混合政权，只是相比此前中华文明圈出现的其他混合政权，它规模更大，而且不仅是草原和华夏的简单混合，还纳入了"第三方力量"，是一种升级版的混合政权，如果借用天文学中的天体概念来描述的话，元朝是一种三体政权。

契丹、金朝并非不重视商业，作为混合政权，它们一样渴求商人带来的财富。但西域商人并不受两大王朝的直接控制和管理，契丹人和女真人无法把西域商业力量紧密地融入自己的政权结构之中。只有元朝第一次做到把西域商业力量掌控在自己手中，并使其成为维持政权运转的三大支柱之一。

而且与契丹、金朝面对草原和华夏时往往采取"一国两制"政策不同，元朝这种三体政权追求的是天下大同，各地的生产方式可以不同，但管理方式尽量相同，并推行贸易自由、宗教自由的政策。元朝建立了行中书省制度，也就是我们熟悉的行省或者省，行省的最高长官是丞相，相当于今天的省委书记，总管行省的军事、行政、财政大权，他们的重要职责就是监督地方政府运转，确保能够收取税收。

蒙古人建立的这个王朝，和此前中国历史上出现的华夏王朝或以华夏为主体的混合王朝不一样，它不像那些王朝那样，把政权的财政建立在向大量农耕民征收钱粮和劳役的基础上，高度依赖来自农业的收入，元朝更为依赖金融手段，比如盐引、商品专卖等来取得财政收入。这些制度虽然不是元朝首创，但被元朝统治者发挥到了极致。元朝的盐引制度还被后续的明朝借鉴，明朝初年建立的国家食盐运销体制就是建立在元朝制度的基础之上的。

因此，从财政角度看，元朝可以说是一种商业政权，虽然农业仍是其物质根基，但元朝如此大规模促进和依赖商业，在中华文明中是史无前例的。

同样史无前例的是，在元朝的政权体系中，儒家学者的地位远不如在单一华夏政权或以华夏为主体的混合政权。

蒙古统治者并非不了解儒家的理论对于治理华夏的重要性，但他们只是把儒家看作宗教派别的一种，划入儒户这一户籍。忽必烈时期，政府答应免除儒户的主要税务，并给予其他优待。在征服南宋的过程中，蒙古统治者明文规定，军事将领不得在战场上抓捕和奴役儒生。地方官受命评定本地哪些人有资格成为儒户，而军方要听从这些决定。而且儒户身份可世袭。

只是让华夏知识分子颇为失落的是，元朝的这套制度并没有保证他们能够获得官位，成为社会上的优越阶层。儒生比起社会底层来说待遇是好一些，但是比起他们在华夏王朝中的地位差多了。即使是在契丹或金朝，儒生的地位也要比在元朝好，因为在契丹人和女真人的混合政权中，儒生可以参与国家大事的制定和执行。但是元朝对儒生的国家治理才能并不太在意，蒙古人的政权更看重的是收税和经商的能力，而这方面恰好是儒生的弱项。

华夏的文化是重农抑商的，对于生产力巨大的华夏政权来说，通过对外贸易赚到的利益有限，带来的不安定因素却会带来麻烦，商人赚了大钱后，对于皇权也是一种威胁。所以华夏政权倾向于控制和抑制商人的活动，商人在华夏的地位甚至仅仅高于盗贼。

蒙古人入主华夏后，重农抑商的文化被完全改变了。草原文明对于财富的渴望转化为元朝政府对于理财的重视，商人的地位高于其他职业和宗教人士，仅次于蒙古贵族。于是在元朝政府中，西域的色目人地位比华夏的儒生高得多，因为色目人擅长理财。或者可以这样说，因为元朝是一个更大范围的混合政权，它拥有擅长理财的色目人，所以它不必像契丹和金朝那样，不得不依赖儒生来担任治理国家的官员。

比如，忽必烈启用了西域裔的阿合马等人，在朝廷里设置了专管经济、财务的特别中央机关——制国用使司，类似于今天的财政部和商务部，负责给朝廷管钱和赚钱。元朝还相继设立了斡脱总管府、斡脱所等机构。在官方的支持下，斡脱的生意范围已经不限于元朝境内以及其他蒙古汗国境内，他们还积极从陆路和海路向国境之外扩展贸易。

作为三体政权，元朝有着与其他朝代迥乎不同的风貌。我们知道，从物理学角度说，三角形是稳定的结构，而从天文学角度说，天体组成的三体系统是十分不稳定的结构。那么对于元朝来说，这样的政权模式是稳定的还是不稳定的呢？

历史证明，元朝要实现草原军事力量、华夏生产力量和西域商业力量三大支柱的无缝对接，在古代那样的科技条件下是非常艰难的，正如前面一再强调的那样，元朝三体政权的最大命门是漕运。只有依靠漕运，元朝才能弥补政治、军事中心与经济中心的分离，才能有足够的粮食养活元大都和元上都的朝廷，才能有充足的粮食养活草原上的大批驻军。此外，漕运也是南北方其他物产的运输通道，是元朝非常看重的商业贸易路线。

一句话，漕运是对接和维系元朝三大支柱的核心。

但是，元朝修建的京杭大运河运输能力有限，时不时就会被泥沙淤塞。因此除了依靠时断时续的大运河漕运之外，元朝还开先例，尝试着从海上运输粮食到北方。

至元十九年（1282年），元朝网罗了南方招安的海盗朱清、张瑄等人，招募水手，尝试着从海上运输粮食，到次年三月，首次实现了将4.6万石江南粮食送达北方都城的任务。从此以后，海运逐渐取代大运河，成为粮食运输的主干道，至元二十七年（1290年），海运量达到约160万石。天历二年（1329年），海运量达到高峰，运输了352万石。当时海运分春夏两期进行，经过多次航海摸索，已经探索出了从长江下游的刘家港等地到达天津界河口的海上航道，顺利的话，10天就可以驶完航程。

海运繁荣的同时并不意味着花费巨资打造的京杭大运河就被放弃了，海运只是粮食运输的线路，其他各种物资，特别是黄海沿岸生产的食盐，仍然主要通过大运河来运输。食盐以及其衍生出来的盐引的重要性，已经不需多说了，由此可见大运河在元朝经济中依然有着重要地位。

海洋漕运与运河运输一道，调和着政治、军事中心与经济中心不重合的矛盾，支撑着元朝这种奇特的三体政权的稳定性。

元朝的政权其实经常处于不稳定的状态。这种不稳定有外部的原因，比如西面的其他蒙古势力的挑战，也有内部的原因，比如很多蒙古宗王在制衡甚至挑战元朝大汗/皇帝的权力。

草原帝国需要外部的财富来维系，帝国统治者通过分配武力要挟或者军事劫掠而来的财富，换取各个部落的支持。元朝这样的三体政权并非单一草原政权的形式，但元朝统治者有草原传统的基因。成吉思汗虽然剥夺了各个部落贵族的特权，但是到了忽必烈时代，黄金家族自身的繁衍生息已经产生了数量众多的宗族人士，这些宗亲位高权重，都是蒙元帝国这家"大公司"的"股东"，有分享帝国财富的权利。元朝最高统治者需要不断地通过赏赐财富来换取这些宗亲的忠诚，定期发放属于他们的"岁赐"。

这也是为什么蒙古帝国和元朝都如此重视税收和商业，政权的稳定必须建立在巨额财富基础上。毕竟在南宋被拿下后，元朝基本上就停止了版图的大扩张，它难以通过军事行动来从外部攫取大量财富了，要增加财富供给，只能挖掘内部潜力。

忽必烈本人才干盖世，所以能够靠权威来暂时压制元朝内部的各方宗王，他给宗王的赏赐是比较少的，在元朝内部有"吝啬大汗"的名声，因此当时元朝的财政负担并不重，财政收支状况还比较好。但是忽必烈之后的元朝皇帝就没有这种本事了，他们不得不花费大量的赏赐来换取宗王的效忠，否则就会有被宗王干掉的危险。

比如1294年，一代雄才忽必烈病逝，其孙铁穆耳即位。为了稳定政局，他即位之初就大肆赏赐，皇室成员得到的赏赐比在忽必烈时期得到的岁赐的金多4倍，银多2倍。巨额赏赐很快造成国库枯竭。铁穆耳即位后两个月，中书省上奏："朝会赐与之外，余钞止有27万锭。凡请钱粮者，乞量给之。"忽必烈攒下的财政家底几乎是眨眼的工夫就用光了。

而关于岁赐不足的后果，最典型的例证就是南坡之变。年轻气盛的元英宗硕德八剌剪除宗王势力，引发了强烈的反弹。他在位时间很短，却两次因为财政困难而取消了宗王们的岁赐，这样的情况在元朝历史上前所未有。1323年，硕德八剌在从元上都返回元大都的途中，在元上都向南15千米的南坡驻扎过夜，结果遭遇政变，硕德八剌被杀死。诸多权臣参与政变，包括至少5位蒙古宗王。

如此激烈的事件表明，元朝的体制有着自身的特点或者说缺陷。蒙古帝国的基本原则之一是帝国属于黄金家族的共同财产，大汗也不过是家族的"族长"，他要尽量公平地分配财富给宗王们，否则他就没有资格做大家的大汗。元朝虽然嫁接了一些华夏的政治体制，但其草原传统烙印依然很深，元朝皇帝/大汗并没有华夏政权那种至高无上的皇权。

甚至连元朝的行省制度也很独特，它与华夏政权的行政划分，比如宋朝的路有着很大的不同。各个行省的自主权更大，和中央政府之间的联系相对松散，尤其是各个行省内还有很多蒙古宗王的封地，这些封地犹如一个个小的独立王国。有趣的是，一个住在中原的蒙古宗王甚至可能会在中亚拥有一小块封地，反之，一个中亚的蒙古宗王也可能会在中原拥有一小块封地。

1315年，元仁宗爱育黎拔力八达曾经下令，各宗王封地的达鲁花赤（行中书省下设的路、州、县的长官）必须由中书省任命的官员担任，各地宗王只能任命副达鲁花赤，一年后他干脆取消了宗王任命副达鲁花赤的权力。结果宗王们群情激愤，反对大汗的决定，认为这违背了黄金家族子孙共享天下的古老传统。最终势单力孤的爱育黎拔力八达迫不得已收回成命，宗王们又获得了任命当地达鲁花赤的权力。大汗清楚地认识到，如果没有各地宗王的支持，他能统治的区域不会比元大都和元上都的面积大多少。

所以，三体结构的元朝只是表面看上去军力强大且富甲天下，但骨子里自始至终都承受着巨大的财政压力和政局动荡的考验。

元朝崩塌的直接诱因非常容易预测，那就是漕运中断引发的政治体系的崩溃。当漕运出现问题的时候，金戈铁马、气吞万里的元朝如同着火的纸房子一样，刹那间灰飞烟灭。

怕什么就来什么。1351年，为了挖通被淤泥堵塞的大运河，元朝征调了十几万民工进行施工。结果信仰白莲教的民众在刘福通等人的率领下突然发难，举起造反的大旗。这次史称红巾军起义的叛乱发生于淮河中游，正好切断了大运河的航运，使得元朝北方无法得到南方的各种物资——粮食、盐、各种手工制品，当然也包括军用物资，元大都中的大汗不得不依靠海运来勉强解决困难。

"屋漏偏逢连夜雨"，两年之后，盐贩张士诚在江苏泰州也发动叛乱，这个叛乱的地点更加要命，不仅切断了大运河运输，还因为波及长江三角洲地区，干扰了元朝的海运。同时，元朝财政所依赖的盐业也陷入了一片混乱。

构成元朝三大支柱之一的华夏生产力量的崩溃，直接导致另外两大支柱——草原军事力量和西域商业力量也濒临崩溃：军队没有了粮食，就无法作战；商人没有了货物，也就无法交易；中央政权丧失了赏赐宗王所需的财富，政治上也陷入一片混乱。

元朝的最后十几年，曾经拥有几十万人口的元大都得不到漕运粮，已经陷入了长期饥荒，全国的局面完全失控。北方地区各个蒙古王公拥兵自保，互相抢地盘、抢粮食；南方地区则是放任自流，任凭几股叛军打成一片。自身的内部争斗，反映出了皇帝/大汗的权力有限、各路宗王各怀鬼胎的情况，这正是元朝政权自始至终的特点或者说软肋，这是承接自草原帝国传统的后遗症。

即使是名义上仍然忠于坐镇元大都的大汗的蒙古势力，在资源短缺的情况下，相互之间也争斗不断，难以齐心平定叛乱。比如盘踞在河南地区的察罕帖木儿在抗击红巾军的战斗中成长起来，独霸一方，而他在元朝朝廷中最大的对手是孛罗帖木儿，后者为山西大都督兵农司使。两者的政治和军事斗争左右了岌岌可危的元朝朝廷，并让朝廷陷入瘫痪。此后，1362年察罕帖木儿被刺杀，他的外甥扩廓帖木儿接手了他的势力，并最终在1365年配合元朝朝廷消灭了孛罗帖木儿势力。

南方的"叛乱"势力并没有给元朝回光返照的机会。朱元璋从乱世中脱颖而出，他的明军在收拾了南方的各路割据势力后，挥师北上，直指元大都。1368年，元朝的大汗妥欢帖木儿只能无奈地弃城而走，逃回蒙古人的故乡——茫茫草原。

虽然历史教科书通常把1368年作为元朝结束的时间，但其实此时元朝的皇帝、政府仍在，仍然有着很强的军事力量。除了华夏之外的草原、丛林、西域甚至云南等地仍然归属于元朝管理，因此从疆域角度讲，1368年的时候，明朝更像是元朝内部一个重要区域的割据势力。

之后的 20 年中，撤退到草原的元朝，或称"北元"，与明朝连年激战。那个在元末活跃起来的扩廓帖木儿成为北元军事上的中流砥柱，让北伐的明军吃尽苦头。金庸在以元末为背景的武侠小说《倚天屠龙记》中，给扩廓帖木儿杜撰了一位敢恨敢爱的妹妹——赵敏。真实的历史上，朱元璋为了拉拢扩廓帖木儿，曾经让自己的一个儿子娶了扩廓帖木儿的妹妹。此乃趣谈。

元朝的余部与新兴的明朝对峙了很久，但那个曾经令意大利旅行家马可·波罗惊叹且跪拜的元朝，已经消失不见了，它如同疾风一般袭来，掠过北国与江南，然后又如同疾风一般刮过，丢掉了全部的华夏。

当我们回顾元朝时，并不能简单地用"马上打天下，马上治天下"来武断地评价它。它对于中华文明圈的深层次融合有着重要的贡献。其中，元朝推动了华夏"小天下"迈向多族群"大天下"，这是它对于中华文明圈的最大贡献。我们甚至可以斗胆说一句，如果不拘泥于单纯的华夏儒家文化色彩的"天下观"，那么元朝是中国历史上实现了大一统王朝的第一个朝代。

首先，元朝用军事力量完成了疆域上的大整合，把草原、中原乃至东北丛林、西域绿洲、青藏高原都囊括在版图之中，一统天下。其次，元朝用行省等形式，尽力推动行政上的统一，从整体上进行有效管理。再次，元朝在经济上也是从"全国一盘棋"考虑的，而不是像过去的混合政权那样，简单地采用"一国两制"或"一国多制"，元朝尤其利用了斡脱等商团的力量，创造性地利用了盐引制度，打造了独具特色的"商业帝国"。最后，元朝乃至更为广阔的蒙古各大汗国境内，力推宗教信仰自由、文化自由发展，形成了跨越宗教、文化、族群的"天下一家"的观念（除了少量的特权阶层——黄金家族）。

综上，只要不过分吹毛求疵，元朝的确是一个有着大一统气度和大一统构建的王朝。它承接了之前的隋唐、契丹、金朝的混合政权形式，最终把混合政权推进到登峰造极的新境界——大一统政权。

元朝败退草原，化身为北元，这当然是元朝的大失败。但是值得重视的是，鲜卑人创立的北魏、女真人创立的金朝却是退无可退，无法回到草原或丛林老家，最终亡于华夏。蒙古人创立的元朝竟然可以在遭遇严重失败后仍能退回草原，保存与明朝抗衡的力量，这是此前入主华夏的所有北方族群从未能做到的。

元朝政府能做到这一点正是依靠元朝留下的大一统遗产，元朝自始至终控制着广袤的草原地带，至少是有效地控制着大部分草原地带，草原上的余部仍然认同元朝政府和大汗。正是因为元朝殚精竭虑地构建了独具特色的三体政权，才保住了自己的龙兴之地，没有像历史上的一些政权那样，经历了单一草原政权—以草原为主体的混合政权/以华夏为主体的混合政权—单一华夏政权的蜕变，最终丢掉了自己的北方根基。梦幻般的元朝虽然不存在了，但其大一统遗产仍然存在于草原上。元朝对于草的世界的改变是根本性的，其留下的大一统遗产对于华夏，即禾的世界的影响，同样是持久的。

历史贴士·天青色等来谁的烟雨

元青花的兴起是中国乃至世界瓷器史上的一件大事。自元代开始，古代中国青、白、黑瓷各领风骚的局面被打破了，一种崭新的色彩装饰——钴蓝，出现在精美的瓷面上。这种深沉、浓重的蓝色以画花形式为主体，在中国瓷器上长久地驻留下来，这种风格被明清两代继承，于是宋代及宋代以前"类玉"的青瓷崇尚被改变了。

但早期中国的钴蓝完全是进口货。青金石是制作钴蓝颜料的矿物，主要产地在阿富汗、伊朗等地区，很早就为亚洲西部各个文明所钟爱和使用。在某种程度上，青金石在亚洲西部的地位，类似于玉石在中华文明圈的地位。唐朝曾经烧制出少量唐青花瓷器，但是昙花一现，估计是少量钴蓝通过陆上丝绸之路输入的结晶。宋代也有少量钴蓝瓷器，但是由于钴蓝颜料太过缺乏，宋代瓷器上那若有若无的一抹蓝色算不算青花，都还存在争议。但宋代形成了官、哥、汝、定、钧五大名窑，这是古代中国精湛的制瓷工艺与优质的制瓷原料相结合的硕果。

反观亚洲西部，那里有钴蓝，却没有制造精美瓷器的技术。在9世纪以前，亚洲西部地区一直只能生产比较粗糙的陶器。在9世纪的时候，那里出现了最早的类似于青花的白底蓝花陶瓷，它以白色为底色，以钴料描绘蓝色图案，这种青花陶瓷在13世纪末依然流行于亚洲西部，但是制瓷工艺较为落后。

伴随着元朝的兴起，元青花也惊艳亮相。学者猜测，元青花的最初市场可能在亚洲西部，由于历史上对于钴蓝产品的钟爱，那里的王室贵族和宗教人士对青花瓷十分着迷，于是钴蓝和设计图纸被送到了景德镇，当然一起送去的还有银子。目前元青花的传世之作主要集中收藏在土耳其的托普卡帕宫内，多为当年奥斯曼帝国时期的帝王所收藏，说明元青花深受当地上流社会珍爱，一直珍藏至今。

中华文明圈的精美白瓷遭遇了亚洲西部的钴蓝颜料和审美趣味，以及那里对于青花瓷的旺盛需求和强大购买力，于是刺激了元青花的蓬勃，古代瓷器市场被天青色全面浸染。那片天青色等来的，是元朝所缔造的气吞全球的统一商业圈，从此那一抹幽蓝摄魂夺魄，一发不可收拾。

朱棣：披着大明外衣的"蒙古人"

明建文元年（1399年）九月二十八日，瑟瑟秋风中，发动靖难之役的燕王朱棣命令儿子朱高炽坚守北平城，自己率军北进，偷袭宁王朱权的藩地、关外要塞——大宁（今内蒙古自治区宁城）。

此时朱棣的形势非常凶险，南面是建文帝派来平叛的朝廷北伐大军，北面是不断围攻过来的大宁都司和辽东都司的官军。军旅生涯丰富的朱棣兵行险着，并没有从通常人们所走的松亭关（今河北喜峰口）进兵，而是向东兜了一个圈，从刘家口关隘（今河北卢龙县）冒险突进，然后向北疾驰，突然出现在大宁城下。大宁守军猝不及防，仓促间关闭城门，组织防御。朱棣率数骑环城而行，发现西南角有缺口，于是指挥军队大举进攻，攻克了大宁。

这次奇袭战果重大，朱棣不仅消除了背后的威胁，可以一心一意地对付南方的官军了，更重要的是他收编了宁王的部队，军力大盛。而最重要的是，他获得了曾经隶属于宁王的战斗力强悍的兀良哈骑兵，这些草原铁骑让争夺天下的朱棣如虎添翼。

明朝将元朝大汗赶出元大都后，大汗的权威跌落，有名无实，只算是草原上的"天下共主"，蒙古草原上逐渐群雄并起。其中，在草原东部与东北地区毗邻的农牧交错地区，也就是大兴安岭及其两侧一带，分布着一些蒙古部落，这些部落的出现最早可以上溯到成吉思汗分封自己的儿子和功臣的时代，当时成吉思汗在蒙古高原东部曾分封了一些东部诸王。明朝建立之初，积极征战北方，这些东部诸王的后裔率先投靠了明朝，于是朱元璋设置了泰宁卫、朵颜卫、福余卫指挥使司，这其中，朵颜卫地险兵强，主要是兀良哈部的活动区域，因此人们以"兀良哈三卫"来代指这些依附明朝的草原东部部落。

朱棣拿下大宁后，带着在大宁获得的全部家当——军队、民众、财物赶回北平，迎击南方杀来的官军，而把大宁要塞完全放弃，拱手送给了当地的兀良哈部。

如果说奇袭大宁是朱棣人生的一次高光时刻，那么放弃大宁则成为他被后人诟病的一次"决策失误"。后人认为，他放弃长城以北的据点，特别是军事要塞大宁，让明朝此后对北方的军事防御变得被动且艰难。

然而，雄才大略且军事经历十分丰富的朱棣真的会犯如此简单的错误吗？

由于朱棣打下天下后，过分干预史书撰写，所以关于靖难之役的一些历史细节变得模糊不清。不过，明朝的一些学者曾经为朱棣放弃大宁这一行为做了解释，认为当时朱棣是把大宁区域作为筹码送给了兀良哈部，换来了兀良哈骑兵协助自己一争天下。

其实正如我们前面一直强调的那样，翻越长城地带的群山，往草原上输送粮食和其他物资是非常困难的，元朝为了维持草原上的统治就付出了巨大的代价。同样，朱棣要维持大宁要塞的军事功能，成本也将十分巨大。深谙军事的朱棣显然明白这个道理，所以朱棣选择放弃大宁，一开始是因为他根本就没有兵力去守卫这个要塞，他要竭尽全力回师保住北平老巢。而且不论是明送还是暗给，他都换取了兀良哈部的军事支持，在靖难之役后的征程中，身后的兀良哈部不仅不偷袭朱棣的后方，反而频繁出击，帮助朱棣牵制辽东方向的官军，这不禁让人怀疑，朱棣暗地里也许真的与兀良哈部有过某种交易。

即使在拿下华夏天下之后，朱棣终其一生，在军事力量占据绝对优势的情况下，也从来没有想过要拿回大宁，重建这个长城之外的军事要塞。

后世对于他给明朝军事防御带来的问题的指责，实质上是站在华夏视角上的考虑。更为符合历史真相的是，朱棣虽然名义上是大明天子、永乐皇帝，但他骨子里是一个有着强烈草原基因的"蒙古人"，一个披着华夏王朝龙袍的"大汗"。

朱棣戎马倥偬一生所追求的目标，并不是成为华夏王朝的一代明君，而是要成为元朝概念的天下共主。

当我们从这个角度看这位永乐皇帝时，我们会把朱棣的各种行为动机看得更为清楚,也会把明朝前期草原与华夏的关系看得更清楚。

元朝已经实现了华夏与草原乃至更广阔区域的大一统局面。因此站在中华文明圈的视角上看,元朝崩溃之后,中华文明圈实际上进入了一段相当长的南北分裂、南北对峙时期,粗略地说,南方的华夏被明朝牢牢控制在手中,而北方草原则处于退却回老家的蒙古人的控制之下。与相对统一完整的明朝不同,草原并非铁板一块,而是分化出了若干彼此争锋的草原政权。这便是元朝崩溃后的历史场景。

朱元璋是明朝的开国皇帝,但我们不能忽略的是,这位从困苦中打拼出来的人物是在元朝成长起来的。因此,争夺天下的朱元璋考虑的是争夺元朝的"大天下",而不仅仅是争夺华夏"小天下",他试图让自己成为整个大一统王朝的继承人,说得更明白一些,他的目标是既要继承华夏,也要继承草原甚至更多区域。因此,在1368年明军攻克了元大都后,朱元璋的大军并没有止步于长城地带,而是多次试图深入草原,希望彻底消灭元朝残余政权,"统一天下"。

1372年,明朝的大军在徐达、冯胜、李文忠等将领的指挥下,分三路出击,攻向草原,他们的对手正是扩廓帖木儿率领的蒙古骑兵。其中徐达为征虏大将军,带领中军从山西雁门关出发,向西北方向行军,打算攻占具有重大象征意义的草原都市——哈拉和林。在草原部落心目中,谁占据了哈拉和林,谁就有资格统治整个草原。

这是一次失败的远征,徐达的中军遭到蒙古骑兵惯用的伏击战术打击,伤亡惨重。东路李文忠的军队也无功而返,只有西路的冯胜打了胜仗,控制了河西走廊一带。

这次失利严重地挫伤了朱元璋统一天下的野心。朱元璋不得不接受现实，韬光养晦，修筑长城和军事要塞，在长城地带构筑防御体系，辅之以长城之外的军事要塞，比如大宁。但朱元璋并没有放弃消灭北元的目标，其实反过来说，当时的北元也仍然坐在元朝的"列车"上，思想上也同样没有放弃"收复华夏"的企图。

　　经过一段时间的准备，明朝先后消灭了元朝的"碎片"——割据云南和东北的地方势力，终于可以集中力量对付大草原上的北元汗庭了。1387年，朱元璋派遣蓝玉率领大军再次北伐，第二年终于在捕鱼儿海（今贝尔湖）追踪到了北元大汗脱古思帖木儿及其部众，一战俘获人员、牲畜无数，脱古思帖木儿只率领数十骑逃遁，但不久即被草原上的实力派人物也速迭儿袭击并杀死。也速迭儿弑君称汗，不再使用"大元"国号。

　　也速迭儿并非忽必烈一系的后裔。至此，从1271年忽必烈在大都建元开始，到1388年脱古思帖木儿被杀，非忽必烈后裔称汗为止，经过110多年的峥嵘岁月，元朝的历史在草原深处终了，魂归故土，终点即是起点。

　　但明朝就此控制了草原吗？正如当年汉朝消灭北匈奴后草原仍然不属于汉朝那样，明朝打垮了北元汗庭，但并没有将草原牢牢控制在自己手中。蒙古的汗位仍然在黄金家族后裔中流转，草原仍然在蒙古人手中，区别只是在哪一派蒙古人手中。

　　具体而言，退回草原、承袭元朝"正统"的蒙古势力主要活动于草原的中东部，在1388年捕鱼儿海之战特别是脱古思帖木儿被弑后，这部分蒙古人往往被称为鞑靼。但是我们必须注意的是，即使也速迭儿是篡位而立的，他在名义上也是全体蒙古人的大汗，在蒙古人的心目中，大汗仍然只能有一个，这个蒙古帝国形成的草原共识或者说传统仍然流行着，正所谓"天无二日，国无二汗"。

由于汗庭遭到重创，黄金家族在草原上的权威大减，在草原西部崛起了不服东部汗庭管理的另一蒙古强权——瓦剌。瓦剌在成吉思汗时代就是蒙古帝国的一员，活动在草原西部。明朝与北退的蒙古势力大战几十年，而瓦剌因为地理关系基本上置身事外，并在草原上扩张自己的势力，终于成长为可以与东部鞑靼分庭抗礼的草原强权。瓦剌的上层人士并非黄金家族成员，因此理论上不能成为大汗，但他们已经可以影响蒙古大汗的立废。

在草原的最东边，则是前面提到的兀良哈三卫的蒙古势力。相比鞑靼和瓦剌，兀良哈实力较弱，基本上在鞑靼、瓦剌和明朝三大势力间不断转换靠山，并没有争雄草原乃至天下的能力。

中华文明圈的南北对峙依然存在，蒙古对于明朝的威胁仍然是巨大的，朱元璋并没有消弭大分裂局面，而把这个问题留给了他的儿子——永乐皇帝朱棣。

在边塞军旅中成长起来的朱棣惊险地在靖难之役中获胜，成为大明皇帝后，就要面对如何治理庞大政权的问题了。明朝的首要问题不是别的，正是与蒙古的关系。朱棣不屑于采用单一华夏政权的防御模式，他的视野更为宽广，他要恢复元朝时代的天下。

所以，朱棣不顾大臣们的反对，坚持把明朝的都城从南京迁到北京，也就是昔日的元上都或汗八里。北京是朱棣的老巢，所以迁都北京肯定有扶持北方嫡系力量、打压南方明朝权臣的考虑。但是朱棣必然清楚，北京是一个非常靠近草原的都市，它很容易受到草原势力的攻击，防御难度很大。在这样的地理背景下,朱棣依然选择了迁都,正体现了他对于未来华夏与草原关系的整体考虑。元朝建立元大都,是为了更方便同时统治草原与华夏,朱棣的思路也是如此。

朱棣有条件和能力来实施自己的宏伟战略。朱棣周围的草原色彩非常强烈。明朝在前期并非是一个单一华夏政权,说它一个以华夏为主体的混合政权可能更为准确。首先,兀良哈各部是明朝的盟友甚至藩属,这就等于在草原上嵌入了一根钉子,拥有了熟悉草原的一部分蒙古人的支持,这让朱棣有了争雄漠北的底气。其次,元朝败逃漠北的时候,在华夏有大量的蒙古军队归降明朝,还有大量的蒙古民众、西域民众留在了华夏。经过长达百年的大融合,华夏不再仅仅是汉族人的家园,而是多族群共同的家园。这些居住在华夏、有着草原文化背景的军民可以给明朝攻防蒙古提供巨大的帮助。

从永乐八年(1410年)到永乐二十二年(1424年),朱棣先后五次大规模北伐,目标主要是鞑靼,其次是瓦剌。具体说来,永乐八年北征鞑靼,永乐十二年(1414年)北征瓦剌,永乐二十年(1422年)北征鞑靼,永乐二十一年(1423年)北征鞑靼,永乐二十二年北征鞑靼。其中只有前三次有过较大规模的会战,而且第三次并未追击上鞑靼的军队,而是在回师途中教训了一度投靠鞑靼的兀良哈部。

从效果上看,朱棣五次北伐分别打击了草原上的鞑靼、瓦剌、兀良哈部,体现了朱棣在草原上搞力量平衡的思路:支持和拉拢弱的一方,打击强的一方。其中由于鞑靼往往是最强大的草原政权,鞑靼大汗又是草原共主,因此五次北伐中有四次的目标都是鞑靼势力。

鞑靼被明朝列为头号打击目标，不仅因为其实力最强，而且因为鞑靼对明朝的态度强硬。至少在明朝前期，鞑靼仍然自认为是元朝正统，鞑靼其实是明朝对于东部蒙古的称呼，东部蒙古自己并不如此自称，还认为自己是大元或者大蒙古国，国号不废。他们内心把明朝视为元朝的叛乱势力，因此与明朝作战有平定叛乱的意味，与明朝妥协甚至接受明朝的册封，对于东部蒙古来说，是放弃元朝的尊严，其面子上无法接受。

其实明朝建立之初，并没有太多的"非分之想"，明太祖朱元璋在给鞑靼大汗爱猷识里达腊（放弃大都的元朝大汗妥欢帖睦尔之子）撰写祭文时表示："君主沙漠，朕主中国。"朱棣在当上皇帝之初，在给鞑靼大汗本雅失里的信中也表示："朕主中国，可汗王朔漠，彼此可相安无事。"这些话语都表明，当时的明朝是把鞑靼看成与己方平起平坐的政权的，其暗含的意思是，鞑靼应该承认明朝政权的合法性，不能把明朝当成叛乱政权。当然了，明朝皇帝承认平起平坐的现实，不代表就此接受这样的现实，朱棣就不打算长期接受鞑靼与明朝平起平坐。由于明朝是从元朝内部诞生的，因此蒙古人仍以元朝或大蒙古国自居，令胸怀天下的朱棣很不爽，所以才会几次北伐，重点打击鞑靼势力，试图消除来自草原上的军事威胁，进而统一天下，让天下人视自己为正统。

朱棣是否实现了自己的愿望呢？

在1410年的第一次北伐中，明军就先后打击了鞑靼内部失和的大汗本雅失里和太师阿鲁台，而此前鞑靼刚刚为瓦剌所败。腹背受敌的鞑靼不得不低头，掌握实权的阿鲁台被迫向明朝遣使贡马，在外交上放弃了大元的"骄傲"。朱棣则给予鞑靼丰厚的回赐，并封阿鲁台为和宁王。而瓦剌贵族本来就不是黄金家族，所以在与鞑靼争雄草原的时候，更愿意与明朝修好乃至结成同盟。在朱棣第一次北伐的前一年，瓦剌首领马哈木等就已经派遣使团向明朝贡马请封，明朝分别封瓦剌首领马哈木、太平、把秃孛罗为顺宁王、贤义王、安乐王。

所以，至少在外交层面上，朱棣的明朝对鞑靼、瓦剌建立起了朝贡制度，实现了以天朝上国的姿态面对草原各部的优势。经过几次北伐之后，朱棣已经不把自己看作单一华夏政权的君主了，他也是蒙古各部名义上的共主，明朝与瓦剌、鞑靼不是平起平坐的关系，而是宗主国与藩属国的关系。永乐二十一年，他公开说："华夷本一家，朕奉天命为天子，天之所覆，地之所载，皆朕赤子，岂有彼此。"

这口气，已经和他刚成为皇帝时大不相同了。可谓此一时，彼一时也。

反之，草原上的鞑靼和瓦剌又是如何看待明朝的呢？

永乐八年，明朝打败鞑靼的本雅失里和阿鲁台后，阿鲁台派遣贡马讲和的使臣对朱棣说，瓦剌并不是诚心归附明朝的，如果瓦剌真的诚心归附，就会献出传国之宝来。而瓦剌的使臣也不是省油的灯，在第二年朝贡时说，鞑靼的本雅失里和阿鲁台败走是老天要灭亡他们，不过他们桀骜不驯，如果让他们再兴起为害边境，那么这些西北方向的国家就不敢向明朝朝贡了，所以请明朝早点儿消灭鞑靼。

从双方使者对明朝的话语中，后人可以清晰地看出，鞑靼和瓦剌都想利用明朝的力量削弱对方，以便自己坐收渔翁之利，统一草原。所以，两大草原政权明智地选择向明朝服软，接受了明朝的朝贡制度，是希望在政治上孤立草原上的对手，在经济上也谋取一些利益。

而且后人研究发现，鞑靼或者说东部蒙古的君主尽管屈尊接受了明朝封号，但对内依然长期以元朝大汗自居，在名义上作为整个草原的最高首领而存在，黄金家族在草原上仍然具有崇高的威望。

总之，从外交上看，明成祖朱棣基本上实现了成为天下共主的目标，隐隐间颇有当年元世祖忽必烈并吞草原与华夏的雄主风范。不过在实际的政治中，除了实力较弱的兀良哈三卫依附于明朝之外，鞑靼和瓦剌都是草原上的独立政权，并不受明朝直接控制，在这一点上，朱棣和当年手握广阔草原和草原部众的忽必烈差距很大。从实际的效果看，朱棣这个颇具蒙古草原风格的华夏皇帝并没有真正实现自己的辉煌梦想。

1424年，朱棣第五次北伐，追击鞑靼的阿鲁台未果，班师回朝途中病逝于榆木川，结束了自己金戈铁马的传奇一生。

一代雄主朱棣的离去，带走了恢复大一统时代的梦想。此后不论是草原上的鞑靼、瓦剌，还是华夏的明朝，都缺乏如此有实力和进取心的君主，草的世界与禾的世界暂时退回到了南北分裂的状态。

元朝承接了契丹、金朝的以草原为主体的混合政权模式的道路，铁木真与忽必烈祖孙两代大汗，一个用千户制重塑了草原的内部结构，一个把军事力量、生产力量和商业力量糅合在一起，终于令中华文明走向了统一政权时代。

这是一个宏大的时代，在政权组织模式上有着重大的创新，这也是古代世界的一次伟大尝试。元朝用尽心力，借助各种科学技术与金融创新，实现了一次较为粗略的"全球化"。这次全球化是海陆并进的，它比西方借助大航海时代开启的全球化更早。很多学者甚至说，如果没有蒙古帝国乃至元朝开启的这次全球化，就不可能有近代以来西方引导的全球化。

时不我予，徒呼奈何！元朝几乎达到了古代社会能够达到的极限，在国家治理上面对巨大的挑战，政权的不稳定程度远比一个单一华夏政权、单一草原政权甚至过去疆域较小的混合政权要高。最终，气吞万里的元朝系统崩溃，经过破碎、重组，草的世界与禾的世界再度分裂。永乐皇帝朱棣几经奋斗，仍然没能重现荣光，那个时代始于成吉思汗，终于永乐大帝。

元朝的经验教训似乎暗示着，草的世界与禾的世界的完全大融合，单靠古代世界的科技、物力、人力，恐怕是非常勉强的，是难以长治久安的。中华文明圈接下来要实现再次大一统且长久运转，需要一些新的元素。

第五章　天下一家——清朝统一政权模式

朝贡、援朝与白银资本冲击

朱棣永远地离开了，但生活还在继续，华夏和草原都意识到无法短期内"吃掉"对方，因此明朝与鞑靼、瓦剌之间总要制定一套游戏规则。虽然纳贡和亲这种外交套路早在汉朝和匈奴时代就已经玩得很纯熟了，不过明朝的朝贡制度还是青出于蓝而胜于蓝，成为华夏与草原之间最重要的外交制度。

明太祖朱元璋积极推动朝贡制度，向天下宣布，"夷狄奉中国，礼之常经，以小事大，古今一理"，昭告各国来明朝朝贡。明朝把与自己建立朝贡关系的地区分为东南夷、北狄、东北夷、西戎四个部分，共100多个国家和地区。这些地区或向明朝表示政治上的表面臣服，或表示认同中华礼仪制度，先后与明朝建立了朝贡关系，并按照明朝规定的贡道、贡期及朝贡规模来朝，贡献本地区的特产。明朝接受这些国家或地区的臣服或认同后，按照自己制定的一套级别和规定，给予万国来使丰厚的回赐与封赏。同时，各国使团在京期间，由礼部、会同馆、鸿胪寺、行人司等相关部门负责管理和接待。

就这样，明朝形成了一套完整且严格的体制——大明朝贡体制。

从朱元璋到朱棣，再到此后的历代明朝皇帝，都是朝贡制度的积极推动者。这里面当然有华夏文化中"中国居内以制夷狄，夷狄居外以奉中国"的儒家思想起作用。但从现实角度考虑，明朝是从元朝内部诞生的，此前元朝已经建立起了独具特色的大一统的天下观和国际关系。明朝要坚持自己的合法性，建立自己的正统地位，就必须建立一套属于自己的天下观和国际关系，将元朝缔造的在整个亚洲的影响力化解掉，提升明朝自己在各国心目中的地位。

而且明朝从始至终都没能降伏草原上的各路豪强，反而时常被草原政权攻破长城防线，所以元朝死灰复燃的阴影始终萦绕在明朝君臣的心头，挥之不去。在这样的心理压力和现实压力之下，明朝更需要朝贡制度来保障自己的正统性，更需要朝贡制度来提供安全的国际关系。

明朝的朝贡制度与汉朝、唐朝的一个很大的不同在于，汉朝、唐朝面对草原的纳贡和亲行为，很多时候是被迫的，是在草原军事力量的要挟下进行的。而明朝的朝贡制度要体面很多，没有和亲这种在华夏看来丢面子的选项，对各国的封赏多寡也是根据自己规定的一套三六九等制度执行，并不太在意对方的态度。这个变化当然是草原与华夏的力量对比造成的。明朝以统一的华夏政权的面貌来面对分立的草原各政权，当时的草原虽然不是散沙一片，至少也是两雄争霸甚至多雄并起，草原政权之间的内耗让明朝在双方关系中处于优势地位，因此可以体面地把各个草原政权纳入朝贡制度中。

经过了元朝的大融合时代，草原与华夏之间变得更密切，尤其体现在双方的经济贸易关系上，草原对于华夏物产的需求更多了。站在鞑靼和瓦剌的角度看，要想从明朝那里得到更多的华夏物产，无非就那么几个古老的途径——军事敲诈或掠夺、利用朝贡制度交换，以及边境上的互市贸易。

然而明朝并不愿意增加朝贡制度的赏赐或扩大互市贸易的规模，前者会给明朝的财政带来更多的支出，后者会增加边境的不稳定因素。朱棣之后的明朝皇帝不再具有朱棣一般的天下视野，更多从单一华夏政权的角度来思考对外关系问题，认为国家稳定和安全是第一位的，通过贸易赚钱是次要的，是细枝末节。明朝的风格变得与重视商贸的元朝完全不同了。

如此一来，朝贡制度下的草原与华夏就出现了矛盾。朱棣之后的明朝与蒙古各部之间的关系就因为这个矛盾而不和谐，甚至出现激化。

1449 年，即朱棣去世 25 年后，明朝遭受了一场大劫，劫难的起因就与朝贡使团规模有关。

草原上瓦剌与鞑靼的激战旷日持久，双方的实力派甚至分别找了黄金家族后裔做自己的大汗，瓦剌首领脱欢立脱脱不花为大汗，而鞑靼太师阿鲁台立阿台为汗。最后，脱欢获得了胜利，攻杀了鞑靼的阿台汗和阿鲁台，控制了东部蒙古即鞑靼的势力。此后，脱欢的儿子也先继续南征北战，终于把从东北地区的大兴安岭到西北地区的阿尔泰山之间的草原统一在自己的势力下，脱脱不花是整个草原名义上的大汗，军事力量则掌握在也先的手中。

草原的相对统一，改变了草原与华夏的力量对比，也影响了双方的朝贡制度。

也先并非黄金家族成员，虽然手握大权，名义上统一了草原，但在草原上仍然受到各个强大部落的制衡。所以，从也先的角度来讲，要么依靠武力强行压制各个部落，要么依靠财富，换取各个部落首领对自己的承认和效忠。

要获得财富，一个重要的途径就是与明朝之间的朝贡贸易。明朝"薄来厚往"的回赐政策对蒙古朝贡使团的吸引力很大，使团规模越大，获利就越大，那么也先就有更多的财富来换取各部的忠诚，维护自己的统治。刚好也先以瓦剌势力为基础，统一了蒙古草原，有强大的军事力量做后盾，这让也先在朝贡贸易中的胃口越来越大。

根据明朝的记录，一开始蒙古方面派来的朝贡使团一年来一两次，朝贡人数不足百人，此后每年的朝贡次数增加到四次，朝贡人数也超过千人。比如，正统十二年（1447年）11月，瓦剌使臣皮儿马黑麻等2 472人来朝，一次性贡马4 172匹，兽皮12 300张。而同时代的建州女真、南方土司来朝使团规模不过几百人而已。

巨大的财富让也先欲罢不能，第二年也先派出朝贡使团时，便虚报人数，以求获得更多的赏赐。结果明朝官员发现了问题，朝廷命令礼部严格按照人数给予赏赐，结果这个使团获得的赏赐只有奏请的1/5。使团获得的财富大大减少，引起了也先的强烈不满。

另一个让也先不满的事情是，明朝一些边境官员曾经私自许诺也先可以与明朝结亲，并赐予其乐团歌女等，当一心欢喜的也先把和亲的聘礼送到明朝时，明朝朝廷一脸茫然，断然拒绝和亲提议，此举让也先非常愤怒。

朝贡不能获得的财富就要靠武力来解决，这就是也先的思路，也是从汉朝–匈奴时代就延续下来的草原强权的逻辑——获取外界财富才能维持草原帝国的整体性。1449年，也先统帅自己的瓦剌部，并联手鞑靼、兀良哈等部，举兵南下，大举进攻明朝。明英宗在宦官王振的撺掇下御驾亲征，结果准备仓促，混乱不堪的数十万大军在居庸关外的土木堡遭到蒙古军队的围攻，明军大败，明英宗竟然被俘虏，史称"土木之变"。

如此大捷竟然没有给也先带来什么好处。国不可一日无主，明朝在北京城立刻确立了一位新的皇帝，让也先手里的明英宗变成了没什么价值的太上皇。也先虽然权倾一时，但攻打明朝的初衷只是为了获取财富，并非要灭亡明朝，因此在北京城下遇挫后，也先的部队立刻撤离。而其他蒙古各部，比如脱脱不花的军队，听到也先受挫后立刻返回草原，根本不打算与也先同进退。

这样的局面和当年成吉思汗举全国之兵南下攻打金朝有所不同，当时蒙古与金朝是不共戴天的仇敌，所以成吉思汗伐金既是为了敲诈和劫掠财富，也是为了攻城略地。

最终，土木之变以华夏与草原的和解而告终，明英宗也被释放回国，并复辟成功，继续坐他的江山。也先则自我膨胀，于1453年自立为汗。作为非黄金家族而在草原上称大汗者，也先基本上算是第一人，因此激发了各部甚至包括瓦剌内部贵族的强烈反对，最后他被瓦剌权臣暗杀，一代枭雄凄惨落幕。而趁着瓦剌内乱，鞑靼又反攻过来，瓦剌逐渐走向衰弱，这个一度称霸整个草原的部落要到很久以后才会再度兴起，此乃后话。

土木之变虽然令人震惊，但并没有改变明朝与草原各部的朝贡关系。土木之变发生前的14年间，蒙古方面共朝贡约30次。土木之变后，明朝景泰年间，7年中蒙古来朝就有20次之多。等到明英宗复辟后，蒙古朝贡次数比土木之变前还要频繁，同样来了30多次。

土木之变对于明朝的影响，类似于安史之乱对于唐朝的影响，被视为明朝由盛转衰的重要节点。其实相较于惨烈的安史之乱给唐朝造成的巨大经济损失，土木之变本身对于明朝的经济打击并不大，土木之变后朝贡制度仍然运转良好，但土木之变对明朝的心理打击并不比安史之乱对唐朝的打击小。土木之变极大地改变了明朝面对蒙古各部时的开放心态。大军惨败、皇帝被俘的奇耻大辱让儒家思想浓厚的明朝君臣变得更加封闭，更加敌视外界。

到了嘉靖皇帝执政期间，这种"自闭症"思维终于全面落实到了对外政策上，并给明朝与其他政权特别是蒙古各部之间的交往带来巨大的影响。

嘉靖皇帝深受儒家思想影响，非常注重礼法和面子，在被指定为皇位继承人在前往北京城的路上，他就和大臣们为自己到底该以皇太子的身份还是以皇帝的身份入城产生了分歧。坐上龙椅后，他又因为给自己亲爹亲妈封号的问题与大臣们纠缠不清。这样一位皇帝在面对明朝之外的世界时，一脸的高傲。

从前文中我们知道，明朝的朝贡制度是有漏洞的，蒙古各部总是想尽办法扩大朝贡使团的规模，以获取更多的赏赐和贸易利益，它们把朝贡制度看成一种经济方式。而明朝仅仅把朝贡制度看作外交方式而非经济方式，因此严格限制朝贡使团的规模。双方鸡同鸭讲，斗智斗勇。

而且能够到明朝朝贡的蒙古各部都是大的草原政权，无非鞑靼、瓦剌、兀良哈这几家。因此朝贡获得的利益很难落到一些小部落的头上。于是，就像汉朝与匈奴时代常出现的，靠近边境的很多小部落在巨大利益的诱惑下，会时不时地劫掠明朝境内的村镇，这令明朝十分头疼。

到了嘉靖皇帝时期，任性傲娇的他干脆一刀切：在北方直接绝贡，禁止蒙古各部再派使团来朝贡；在东南沿海则实施海禁，禁止海内外民众进行海洋贸易。这种关闭大门的决然策略一出台，就酿成了大祸，"北虏南倭"搅得明朝嘉靖年间鸡犬不宁。

"南倭"是指东南沿海出现的倭寇。早期的倭寇主要是一些落魄的日本浪人，他们往往组成小股的海盗，袭击沿海的村庄，劫掠财物。在明朝出台严格的海禁令后，正常的海洋贸易被官方打击，很多沿海海商、海民的生计受到影响，被迫铤而走险，从海商变成了海盗。虽然朝廷统一把他们称为倭寇，但其实中后期的"倭寇"主要是明朝沿海居民。

"北虏"就是指草原上的蒙古各部。在嘉靖年间，直接毗邻明朝北境，对明朝威胁最大的蒙古部落是俺答汗统治的土默特部。瓦剌在也先死后不断衰落下去，而鞑靼也并非团结一致，而是分为几部，并不断向西挺进，驱逐瓦剌势力，把蒙古草原中部控制在鞑靼人手中。土默特部就脱胎于鞑靼集团之中，活跃于蒙古草原的中南部。

俺答汗十分重视与明朝的关系，说得直白一些，他迫切需要来自明朝的财富，尤其是丝绸、布匹这些草原无法生产的手工品。俺答汗多次向明朝请求朝贡和互市，被浑身"气节"的嘉靖皇帝一概拒绝。俺答汗是一个很有耐心的蒙古首领，虽然屡次被拒绝，但并没有和明朝大动干戈。他的主攻目标还是草原上的其他各部，比如东面的察哈尔部、西部的瓦剌以及西域的一些政权，面对明朝的时候，他采取尽量息事宁人的态度。这是草原政权的一种理性的策略，在草原上还有强大敌手的情况下，不去横挑华夏王朝。

可惜的是，一次外交事件改变了历史走向。

嘉靖二十年（1541年），俺答汗派出使者石天爵到明朝边境，希望恢复中断了几十年的朝贡制度，并转达了俺答汗的话，称蒙古方面很渴望中国的丝绸织品，但是要想获得这些，只有抢掠和朝贡互市两个途径。抢掠虽然能够获得人口和牲畜，但是获得的丝绸织品很少，而且自己也有伤亡，所以不如朝贡互市好。

在被明朝拒绝后，第二年石天爵又来请求朝贡。没想到明朝边境上的巡抚都御史龙大有为了邀功请赏，竟然诱捕并杀害了石天爵一行人，把其首级上交朝廷，并向上汇报说他们是入侵者。昏庸的嘉靖皇帝竟然信以为真，提升龙大有为兵部侍郎。

使臣被杀，克制了很多年的俺答汗终于被激怒了，从此之后土默特部频频深入明朝劫掠，最严重的一次发生在1550年，俺答汗率军攻打大同，明军大败，守将只好贿赂俺答汗，于是蒙古军队绕过大同向东，从古北口杀入明朝境内，长驱直入，杀到了北京城附近。明朝调集了几十万大军勤王，但是将领们都怕战败后被当成替罪羊，所以人人自保不愿出击，任凭蒙古军队劫掠周边。这一年是庚戌年，所以史称这一事件为"庚戌之变"。

庚戌之变暴露出明朝中期的虚弱，俺答汗的土默特部虽然是当时蒙古草原上最强大的一方力量，但也只是一方力量而已，他甚至不具备瓦剌枭雄也先在鼎盛时期的实力。即便如此，俺答汗依然有能力多次突破明朝花费巨资营造的北方防线，将明朝的北部搅得天翻地覆，直接威胁明朝的首都。对比朱棣时期明朝的强盛，此时明朝的软弱真是令人唏嘘。

在蒙古军队的威胁下，嘉靖皇帝终于暂时收起了高傲之心，同意了俺答汗的朝贡互市的要求，于是蒙古军队终于退回了草原。第二年，明朝在大同开设马市，与蒙古进行互市贸易。终嘉靖一朝，明朝和蒙古的朝贡和互市几乎是零，在庚戌之变后，双方的关系终于从寒冰中开始回暖。只是嘉靖皇帝对于蒙古仍然是咬牙切齿，所以晚年书写到"夷狄"两个字的时候，一定要用非常小的字，表示"尊中国卑外夷"，心中愤恨始终难平。遭受奇耻大辱的嘉靖在追求长生不死术中黯淡走完了自己的晚年。

正所谓小不忍则乱大谋，一个大国之君自尊心太强，未必是好事吧。

嘉靖皇帝之后的明朝隆庆皇帝在位时间只有短短的6年，却做成了两件大事，分别是面对"北虏"的隆庆和议和面对"南倭"的隆庆开海。借助于俺答汗的一个孙子因为家庭纠纷逃到明朝的契机，双方通过交换人员建立了沟通，并达成了封贡互市，明朝封俺答汗为顺义王，并在隆庆五年（1571年）开放边境市场，双方的贸易开启了一段繁荣的时期。隆庆开海则是打破明朝长期执行的海禁令，允许民众进行海洋贸易，此举很快就让头疼的倭寇问题得到了解决，有正经生意可以做，谁还会去当海盗呢？

隆庆五年，边境上的马市刚开放的第一年，明朝宣镇、大同、山西三镇共交易马匹约7 000匹。到了万历元年（1573年），也就是两年后，马匹交易数量接近2万匹。又过了一年，马匹交易数量达到了2.7万匹。再往后到万历十九年（1591年），仅宣镇一地马匹交易数量就达到了3.6万匹！明朝用于支付交易的马价银自然也是成倍地增长。蒙古各部出售马匹等畜牧业产品，主要用于交换华夏的丝绸布匹。有人统计，万历十年（1582年）左右，边境上每年约有百万匹的梭布（棉布的一种）易手，而当时靠近明朝边境的蒙古土默特部、鄂尔多斯部和喀喇沁部的总人口才30万左右。

伴随着双方贸易量的飙升,曾经让明朝痛苦万分的北虏问题居然风平浪静了。所以从以俺答汗为代表的蒙古各部首领的行为上看,他们并没有攻占明朝的意图,他们的目标始终是获得财富。而从获得财富的效果看,互市强于朝贡,朝贡强于劫掠。

那么,俺答汗和蒙古各部为什么需要那么多的华夏财富呢?虽然说谁都不会嫌自己钱多,但俺答汗时期的蒙古各部与明朝的贸易规模远超过之前草原与华夏的贸易规模。此时的蒙古草原是否有着与过去不一样的景象呢?

那个被明朝边将砍了脑袋的倒霉蛋石天爵生前转达俺答汗的旨意,透露出蒙古各部心心念念的华夏产品是"纱段"。正如昔日在草原上实现了定居生活的回鹘人那样,此时的蒙古各部尤其是靠近明朝的几个部中,有相当多的部众已经开始过定居生活,游牧生产方式正在转向局部地区的游牧业与局部地区的定居农业并存。在生产方式和生活方式的变革中,蒙古人和过去的回鹘人一样,对于华夏产品尤其是纺织品有着强烈的需求。

视野放开,我们会发现在那个时期,整个亚洲内陆地区都发生了类似的变革,大量的商业城镇开始出现,比如中亚的帖木儿汗国境内,撒马尔罕和布哈拉的手工业和商业变得繁荣。在其他一些城镇比如塔什干、赫拉特等,贸易变得越来越兴盛。草原地带的游牧经济仍然存在,只是定居生活的城镇变得越来越大,商业和手工业规模越来越大。

俺答汗自己的控制区内也出现了较大的定居城镇,比如他安排来自内地的农民和手工业者定居在板升,也就是今呼和浩特。在土默特部,估计有多达10万的汉族人居住在板升。俺答汗还在板升以及周边城镇大兴土木，建造佛教庙宇，比如保存至今的内蒙古美岱召和大召寺等，借助宗教的力量提升自己在蒙古草原各部中的地位，并阻击来自西亚、中亚的信奉伊斯兰教的势力。只有获得足够丰厚的、持续的财力，俺答汗才有能力维持自己的地盘、城镇、庙宇和军队。

所以，通过与明朝的贸易获得华夏的手工业品，比如丝绸、瓷器甚至茶叶，对于俺答汗的土默特部非常重要。因为它一方面可以满足本部蒙汉各族人民的需求，维持内部的安定和富足；另一方面可以通过远途贸易把多余的货物卖到中亚甚至更远，发家致富，从而争雄草原。

隆庆和议对于明朝和蒙古各部来说，是双赢的结果，也是符合当时世界大趋势的举动。

有个问题值得关注，为什么明朝时期，在亚洲内陆地区，包括蒙古草原南部以及中亚、西亚会涌现出大批贸易城镇？

在那个时代，曾经统治了大部分亚洲的蒙古帝国乃至蒙古四大汗国已经解体，代之以众多的汗国，政治上似乎不利于远途贸易的开展。但是，在明朝中期，西欧国家开启了大航海时代，发现了美洲大陆，美洲大量的金银被掠夺、被开采并流向全世界，当然也流向了亚洲各国。黄金、白银作为货币，给亚洲大陆带来了经济上的冲击，这是一次意义深远的"货币革命"。在货币经济的冲击下，各地的手工业受到资金的刺激而蓬勃发展，人们为了追逐财富而频繁开展远途贸易。

货币革命下，白银大量涌入草原游牧地区，促进了昔日草原的城镇化现象。虽然过去草原上也会出现城镇，比如回鹘人、契丹人和蒙古人都曾经在草原上建都，但过去城镇数量很少，而在白银资本的冲击下，草原游牧地区的城镇大量涌现,尤其是在接近农耕区的地方,根本性地改变了草原的面貌。

白银不仅冲击了草的世界,也冲击了禾的世界。货币革命下,白银大量涌入华夏,给明朝带来了翻天覆地的变化,我们甚至可以说,白银资本要为明朝的灭亡负很大的责任。

万历二十年(1592年)4月13日,日本的实际统治者丰臣秀吉突然发动大军跨海进攻朝鲜。毫无防备的朝鲜面对刚刚平定了日本战国乱世的日军精锐之师毫无还手之力,连连败走,半个月内都城汉城(今首尔)陷落,两个月后,北方重镇平壤也落入日军之手。面对作为朝贡国的朝鲜的求救,明朝政府做出了抗日援朝的决定,大军开赴朝鲜半岛。

明朝、朝鲜与日本的这场战争前后持续了7年之久,最后以丰臣秀吉病死、日军全部撤回本土而结束。由于战争开始于壬辰年,史称这一事件为"壬辰倭乱"。

丰臣秀吉为何执意要进攻朝鲜,甚至计划以朝鲜为跳板,进攻东亚大国明朝?

历史事件往往会因为很多偶然因素展开,抛开丰臣秀吉的个人思维不谈,我们可以看到,在壬辰倭乱开始前,整个世界包括东亚在内,正在经历深刻的变革,这种变革就是全球化。

恰好在壬辰倭乱100年之前的1492年,哥伦布横跨大西洋发现了美洲大陆。美洲的金银以及玉米、番薯、花生、辣椒等农作物席卷全球。葡萄牙、西班牙以及之后的荷兰、英国、法国都积极开展远洋贸易,并为了争夺殖民据点和贸易线路而大打出手,军事技术尤其是火器得到长足进步。

这是一个经济走向全球化的时代，这也是一个军事走向全球化的时代。从欧洲漂洋过海而来的金银和火器迫使当时的亚洲各个国家要做出决定：是顺应全球化打开国门，还是拒绝全球化关上国门。

战国时代的日本是顺应全球化的例子，各地大名（即领主）积极地与荷兰人、葡萄牙人联络，通过海外贸易获得争雄日本的资金、技术和武器。到丰臣秀吉统一整个日本的时候，毫不夸张地说，当时的日本军队配备了大量全世界最先进的火器。无独有偶，当时亚洲大陆南部的缅甸、越南的军事实力也因为引进火器而迅速提升，这对大明王朝一家独大的亚洲东部体系构成了严峻的挑战。

相对而言，一直擅长弓箭和骑术的蒙古各部因为距离海岸线很远，本身的传统军事力量又比较强大，因此在军事全球化方面落后了。但是正如我们前面提及的，身处内陆的蒙古各部仍然感受到了强烈的经济全球化的气息，也被卷入了长距离的贸易网络中，所以土默特部为代表的蒙古各部才会对华夏物产有着更大的需求量，这表现为当明朝的边境开放时，大家就和气生财，当明朝的边境关闭时，各部就频频叩关。这种现象虽然和自古以来游牧族群对华夏产品的需求有关系，但也因全球化时代的到来而变得更为突出。

军事全球化仅仅是经济全球化的一个子集而已，在美洲金银的刺激下，拥有海岸线的亚洲国家都品尝到了远洋贸易的甜头，渴望扩大海洋贸易规模。

但是，明朝这个亚洲东部名义上的"天下共主"，这个亚洲东部最大的"生产基地"和"消费市场"，却一直坚持朝贡体系，固执地把国与国之间的贸易限定在朝贡体系之下。在朝贡体系中，周边其他国家必须以臣子的身份与明朝政府交往，这种面子问题其实倒不是很大的障碍，就连蒙古各部都愿意放弃面子换银子。最大的麻烦是朝贡体系带来的商品交易量太少了，根本不能满足国与国之间的正常贸易需求。

对于日本来说更加麻烦的是，因为两批朝贡使团在宁波闹事，明朝于1547年革除了日本的朝贡资格。于是，明朝与日本之间的贸易基本上由走私和劫掠的海盗控制。日本官方断绝了与明朝的贸易往来，结果捞不到任何海外贸易的好处不说，反而要面对海盗引发的麻烦。

所以，在丰臣秀吉统一日本后，他的对外思路很可能是，用强大的军事力量打破明朝的朝贡体系壁垒，获得亚洲级别的广阔生产基地和消费市场，让日本走上经济全球化的舞台。

这是丰臣秀吉时期的日本的选择。面对历史大趋势的潮头，每个政权都要做出选择，明朝要做出选择，日本要做出选择，蒙古各部要做出选择，甚至还处于东北地区的弱小的女真各部也要做出选择。

明朝对于全球化的态度是被动的、消极的，走一步算一步，而非主动利用历史趋势。

16世纪初，葡萄牙人率先绕过好望角，抵达印度，建立了果阿等殖民据点，进行香料贸易。然后，葡萄牙殖民者挥师东进，攻占了东南亚具有重要战略意义的马六甲，在铺设自己的香料之路的同时，也打破了明朝在东南亚地区维护的朝贡体系。此前郑和七下西洋，几乎每次都要在马六甲停靠补给，马六甲也曾借助明朝的威慑力回绝了北方暹罗对它的觊觎之心。然而在葡萄牙人攻陷马六甲后，当时的明朝除了苍白地要求葡萄牙人归还马六甲外,毫无办法。经历了漫长的作茧自缚般的海禁时期,明朝在远洋完全丧失了威慑力。

16世纪中叶以后,另一欧洲强国西班牙在菲律宾登陆,把马尼拉作为其在东方的据点,明朝依然无能为力,任由西班牙人开展远洋贸易。明朝官方既没有对西洋人的到来提高警惕、采取措施,也没有努力开展远洋贸易充实自己的实力,明朝的皇帝和官员们在面对海洋上的变局时,基本上奉行被动的鸵鸟政策。这就是明朝面对全球化的态度和选择。

可以说,在欧洲殖民者进入东南亚的那一刻,明朝的朝贡体系已经名存实亡了。

"树欲静而风不止",尽管明朝对于全球化的冲击不闻不问,仍然会被历史大潮裹挟,不管明朝君臣愿意不愿意。这一点充分体现在白银对于明朝内部的强烈冲击上。

此前谈到,元朝是一个依靠白银和盐引运转经济的王朝。明朝建立后,放牛娃出身的朱元璋并不懂商业,甚至出于小农意识敌视商人和商业,于是禁止以白银作为货币,竟然试图以实物支付官员的俸禄。从经济和金融的角度讲,朱元璋完全是在开历史的倒车,从元朝生机勃勃的经济体制急速后退,其结果是大大阻碍了明朝经济的发展。形势比人强,朱元璋之后的明朝还是一点点地接受了白银作为货币,比如正统元年(1436年)明英宗宣布"弛用银之禁,朝野率皆用银",后来"一条鞭法"等货币政策得到推行,最终明朝建立了以白银为本位的货币体系。

民众上缴的税赋以白银的形式结算,从经济的角度说,这是一种进步,提高了政府的财政效率,减少了实物征税带来的巨大浪费。同时,这也能够减弱人们对于耕地的依附关系，使民众更为自由地选择生产生活方式，人口流通和商品生产都得到了增强，于是从明朝中期开始，商业贸易逐渐繁荣起来，社会比起朱元璋时代富有多了。

但是话说回来，沐浴在白银时代的明朝虽然也尝到了白银货币化和对外贸易的甜头，但是在经济制度和财政收入上，根本无法与近代正在飞速崛起的西方列强相比。当时荷兰、英国的政府保护民间商人的合法生意，最为重要的是，商人乃至其他社会阶层的私有产权得到尊重，政府不能随意剥夺民众的资产、财富。在产权制度的保护下，西方各国的民众创造财富的能力和热情持续高涨，国家的税收也水涨船高。

反观明朝，政府从来就不曾尊重商人的产权，反而警惕和打压富商巨贾，从朱元璋时期对江南巨富沈万三的财产掠夺开始，明朝商人的资产是毫无安全保障的，当然全社会其他阶层的财富也同样没有安全保障。于是，发迹的商人一门心思对科举进行"投资"，让自己人担任官员，希望用这种方式来保护自己的产权和商业利益。就这样，明朝庞大的官僚集团成为分割利益的群体，他们所分割的利益的一部分，原本应该成为国家财政的税收收入。也就是说，明朝的官僚集团层层截留了大量的财富，削弱了皇帝所代表的国家最高阶层所能使用的"政府财政经费"。

明朝后期，由于全球化浪潮，海外贸易本应成为明朝赚大钱的项目，毕竟明朝国内有着强大的手工业生产能力，全世界都需要来自中国的陶瓷、丝绸、茶叶以及药品。沿海的武装海商集团的确崛起了，但是这些海商并没有发展成类似西方的国营或私营公司，无法给国家缴纳大量的税收。相反，明朝的海商通过与沿海地方官员勾结，实现权力和财富的结盟，瓜分了海外贸易获得的利益，比如明末赫赫有名的郑芝龙、郑成功海商集团以及此前的许多集团。明朝政府在海外贸易中获得的税收不要说无法与商业至上的元朝相比，甚至在海外贸易占国家财政收入的比例上还不如更早的宋朝。而且那些海商集团都亦商亦盗，集海商和海盗的角色于一身，给明朝的海疆带来巨大的动荡，明朝为了保障沿海的安全反而要耗费巨资。

最终，明朝庞大的政府财政支出仍然依靠相对容易征收的土地税，税收的大头落在了普通农民身上。从对外的角度来说，明朝与蒙古各部对我乃至抗日援朝的钱，都是从亿万个穷苦的农民的口袋里搜刮出来的。明朝能够与外界抗衡，借助的是自己的人口优势，以人口带来的人力优势和财政总量与蒙古各部等敌手对峙。明朝本身的财政能力最多只能算是"大而不强"，靠数量而不是靠质量取胜。

总之，在全球已经进入军事全球化和白银资本全球化的时代，明朝本质上却是一个虚弱的、封闭的大帝国。在它面对来自内部的叛乱时，还勉强可以靠自己巨大的经济体量维持社稷安全，比如在著名的"万历三大征"的三次大规模战争中，明朝相对容易地平息了宁夏叛乱和播州叛乱。

但是，当明朝面对来自国境之外的挑战时，就明显力不从心了。比如没有列入"万历三大征"但是也基本发生在万历年间的明缅战争，明朝与西南强敌缅甸东吁王朝缠斗了半个世纪，却最终落败。而壬辰倭乱的结束也不是因为明朝与朝鲜在战场上获胜了，而是因为丰臣秀吉死后，各路日军急于回国争夺权力而退兵，明朝只能算是不胜而胜。

往深处说，由于周边国家迫切需要华夏庞大的生产能力制造的产品，明朝不主动地实现贸易和经济上的对外融合，就不得不面对周边强烈的政治融合的挑战，表现为不论海疆还是陆疆都承受着越来越大的压力。

闭关锁国当然有自己的合理成分，"我不会玩，我不和你们玩不行吗？"

可问题是，明朝财政税收的重担几乎全都压在了底层的农民身上，他们又无法从对外贸易中获得收入，于是生活水平只能徘徊在生死线附近。这样的国家政策对于广大农民来说，难道不是罪恶的吗？

明朝选择了闭关锁国的鸵鸟政策，自然就要面对频频出现的外部挑战。白银全球化浪潮本来是明朝走向富强的机遇，却被明朝白白浪费了。数次征战耗尽了明朝本就薄弱的财政家底，捉襟见肘、寅吃卯粮成为明朝末年的常态。最终要了明朝性命的挑战，来自东北方向的白山黑水之间。

皇太极："我是谁？"

1634年，后金大汗皇太极征服了蒙古察哈尔部，有"蒙古末代大汗"之称的察哈尔部林丹汗病死于青海，其子额哲投降后金，将元朝历代据有的传国玉玺献给了皇太极，该玉玺据称是当年元顺帝妥欢帖木儿逃往塞外时带走并流传于北元朝廷的。

得到传国玉玺的皇太极下令，本国禁止再使用"女真""诸申"这种族称，改称"满族"。1636年，后金在盛京（今沈阳）召开忽里勒台大会，漠南蒙古16部49个部落推选皇太极为蒙古大汗，奉上"博格达彻辰汗"（天聪汗）的尊号。同时，皇太极命人修筑天坛，举行祭天大典，满族人、漠南蒙古人和辽东汉族人的代表根据古代中国天命原理，共同推举皇太极为大家的皇帝，定新国号为"大清"。

这样，皇太极既是满族人的大汗，又继承了元朝衣钵，成为蒙古人的大汗，而且还拥有汉族人的皇帝名号，三大至尊头衔集于一身。

从万历十一年（1583年）年仅25岁的女真人努尔哈赤用上两代遗留的13副铠甲起兵算起，到皇太极改国号为大清，不过短短50年的时间，整个亚洲东部迅速崛起了一股新的势力，从北方草原的蒙古势力与南方华夏的明朝势力之侧杀将出来，一举改变了亚洲东部的政治格局。

后金—清的勃兴是怎样发生的？它的出现对于中华文明的融合进程又产生了怎样的影响？

后金—清的故事要从建州女真的努尔哈赤说起。建州女真是广泛分布在东北地区的女真人的重要一支，而努尔哈赤的家族则是建州女真人中的一支。努尔哈赤的奋斗史，正好可以与比他早500年的蒙古帝国的创立者铁木真做对比，我们可以从中发现非常多的相似之处。

比如我们前文提到，铁木真从没落贵族的低微起点出发，并没有一股强大的草原部落做依托，只能团结一切可以团结的力量，从兄弟、朋友到亲密的安答、那可儿。所以当铁木真冲破一切人生的局限，终于一统草原时，他可以对草原部落松散联盟的古老体制进行根本性的变革，尤其是在军事上以千户制打破了各部落拥兵自重的传统，对草原进行了一次根本性的变革。

如此逆天改命的人生轨迹，我们在努尔哈赤身上也可以看到。

努尔哈赤起兵之初，身边的可用之兵估计仅有几十人，说他是一个部落首领都很勉强。幸好他曾在明朝辽东总兵李成梁手下做过事，既得到了军事能力的历练，也得到了明朝辽东机构的一些人脉资源，还得到了贸易资格——敕书。但这些零碎的事业基础，在当时的东北地区，很多女真人头领和其他族群比如蒙古人头领都具备，甚至很多人的基础比努尔哈赤更好。

时势造英雄，努尔哈赤崛起前期，也就是16世纪中叶到后叶，东北地区已不再是零星分布着一些渔猎者的蛮荒之地，而是已经深刻地被周边政治、经济、文化影响，并被卷入了复杂的东亚局势，甚至间接地受全球化浪潮的影响。

如我们前面所言，明朝后期，以明朝为中心的朝贡体系已经遭受了严峻的挑战，并演化为丰臣秀吉挥师入侵朝鲜半岛，强撼东亚朝贡体系，明朝为了维护自己的地位和体系而抗日援朝的大规模战争。

东北地区处于朝鲜半岛、明朝和东部蒙古各部之侧，与各方势力都有接触，必然受到了复杂国际局势的影响。当时东北地区的农业已经得到一定的发展，有相当多的农业人口，同时这一地区传统的狩猎、畜牧、渔业也一并开展着。

另一个需要强调的现象是，当时的东北地区已经较深地卷入了广泛的贸易体系之中。明朝的辽东军队曾经在征战中误杀了努尔哈赤的祖父和父亲，为了安抚他，明朝给了他"敕书三十道，马三十匹，封龙虎将军，复给都督敕书"。三十道敕书，实际上是给予了努尔哈赤与明朝做朝贡贸易的资格和额度。敕书可以证明来明朝朝贡的人的官职、等级，进而决定了他们接受明朝赏赐的级别和数量，对于朝贡者来说，敕书具有很大的经济价值。

在一定程度上，正是敕书这样的朝贡制度，给女真人的社会带来了变革。敕书成为女真各部落权势与财富的标志，敕书越多，权势越大，财富越多。于是，各个部落围绕敕书展开了激烈的争夺，权势与财富越来越集中在一部分女真人头领手中，这些部落豪强再加强对其他女真部落的控制，使得女真部落越来越走向统一。

日本学者有句名言："丰臣秀吉播下的种子，却为努尔哈赤所收获。"大明王朝抗日援朝，惨烈的战争削弱了明朝的国力，尤其是对于东北地区的羁縻有所放松，给了努尔哈赤天大的机会。他自起兵之后不断兼并周边，在明朝辽东机构的漠视甚至纵容下，日益壮大。

就在明朝和朝鲜联军与日本军队激战之时，当时已经完成了建州女真内部统一的努尔哈赤曾经向明朝请缨，希望入朝参战，结果朝鲜方面表示反对，生怕努尔哈赤假借援朝之名吞并朝鲜的国土。这说明当时的努尔哈赤已经成长为一股不可忽视的力量。

等到明朝终于结束了朝鲜半岛的战事，回头一看，努尔哈赤的女真势力已经十分强大，明朝辽东机构已经无力用过去"谁做大就打压谁"的策略来压制努尔哈赤了。1608年，明朝的辽东官员与努尔哈赤集会，宰白马祭天，设盟誓，定边界，约定双方各守边境，不得越境。如此盟誓，清楚地表明努尔哈赤的势力已经不再是顺服于明朝朝贡制度之下的藩属，而是与明朝划疆而治的一方政权。

初步统一女真各部的努尔哈赤如同自己的前辈铁木真那样，对自己麾下的军事力量进行了根本性的变革，与当年蒙古帝国的千户制对应的是努尔哈赤推行的八旗制度，这同样是一种打破了部落联盟结构的军事建制，当然也包含了政治与经济建制在其中。

在起兵的初期，努尔哈赤的权力受到集团内部很多人的制衡，比如自己的弟弟舒尔哈齐以及自己的大儿子褚英。随着建州女真越来越强盛，努尔哈赤变得更加不能容忍和其他人共享权力。1611年，努尔哈赤干掉了舒尔哈齐。此情此景，如同当年铁木真试图杀死自己的弟弟哈撒尔的翻版，所不同的是，哈撒尔有老母亲诃额仑力争而保住了性命，舒尔哈齐却惨死。

历史上同样的剧情再次上演，正是由于统一蒙古的铁木真与基本统一女真的努尔哈赤对于部落联盟体制的相似改造而引发，两位雄主必须把那些试图维持自己部落独立性的各部首领甚至家族成员排除在最高权力之外，如果自己的亲弟弟反而是阻碍这种改造的首要麻烦，那么不除不行。

那么，努尔哈赤的八旗制度是什么模样呢？

1601年，努尔哈赤把他的部众每300人编成一个单位，称作牛录，最初只有四个牛录，分别以红、黄、蓝、白颜色的旗作为标识。来归的人越来越多，牛录的数目也增加，分别被纳入四个旗下。到了1615年，在原有的四旗之外，增设了镶红、镶黄、镶蓝、镶白四旗，红旗镶以白边，黄、白、蓝三旗均镶以红边，共为八旗。每旗下统五个扎拦（后改称参领），每个扎拦下统五个牛录。此后牛录、扎拦数目继续增加，但八旗的数目保持不变。

每旗各设置旗主，旗主与汗有亲密的血缘关系。比如天命年间，除了努尔哈赤以汗的身份兼领两黄旗外，其次子代善领两红旗，侄子阿敏领镶蓝旗，五子莽古尔泰领正蓝旗，八子皇太极领正白旗，孙子杜度领镶白旗。

需要多说一句的是，由于在内部权力斗争中陷入孤立，努尔哈赤的大儿子褚英不仅失去了储君的地位，而且在 1615 年被努尔哈赤处死。比起铁木真的长子术赤，褚英算是倒霉透顶。而连自己亲弟弟和大儿子都干掉的努尔哈赤，也就完全摆平了其他人对自己的权力制衡，可以一言九鼎了。

应该说，八旗制度从一开始，就站在了与成吉思汗的千户制同样的高度上，不是以部落联盟或联军的形式存在，而是形成了统一指挥的军事力量。

与蒙古汗国早期黄金家族的政治结构类似，各旗旗主都是后金国的贝勒，贝勒原是各部落首领的通称，努尔哈赤建国后，才成为比汗低的一个爵位。八旗的旗主除了在本旗内拥有相当大的自主权外，对于汗国政治也有相当的决策权。努尔哈赤曾明定八旗共理国政的体制：继承汗位的人，应当出自各旗旗主的推举，必须是有才干、有品德、能够虚心纳谏的人，若是即位之后刚愎自用、有负众望，各旗旗主可以罢免他，另举合适人选。

这种选举大汗的方式，与蒙古忽里勒台推举大汗的形式基本相同，可见蒙古黄金家族留下的草原传统对于后金有着很深的影响。当然我们也必须清楚，至少在铁木真和努尔哈赤还活着的时候，他们的权力是不怎么受到内部议政制约的。

八旗不仅是军事单位，还有经济功能。努尔哈赤时期的每个牛录中，除了包括 300 名士兵外，还包括他们的家眷。平时，各牛录的属人在本牛录世袭的长官督导下，从事农业、手工业等各项生产。遇到战事来临，各牛录提供一定数目的士兵出去打仗。士兵所需的一切粮草钱财，都由长官从本牛录的成员中征集，士兵齐集在各自的旗下，每个旗就构成了一个战斗团队。这样，努尔哈赤将自己的政权组成了一个战斗的机构。

不过，正如统一蒙古高原的铁木真骨子里仍然是一位游牧民的君主，为游牧民的利益而四处劫掠，努尔哈赤也更像是一个女真人的君主，为女真人的利益而四处扩张，而不是向着所有族群的天下共主转化，那还不在他的字典里。

努尔哈赤的征战，以及与庞大的明朝的战与和的选择，更多是站在女真人集团角度的利益考虑。当自己羽翼未丰之时，他考虑的是如何把更多的敕书抢到自己手中，通过与明朝的贸易获得更多的经济利益。在他逐渐强大起来后，他就希望能够与明朝坐在谈判桌上，谋取更多的经济利益了。

努尔哈赤的设想是，明朝的"边外"由他来统一，然后与"里边"的明朝平等地做生意。这种政治和经济上的独立要求，正是一些强大的蒙古部（比如土默特部）与明朝的关系，努尔哈赤也希望获得这样的待遇，建立一个更符合自己利益的外交体系。

然而，明朝并不认为应该给予努尔哈赤的女真人以蒙古各部的同样待遇。1616年，努尔哈赤在赫图阿拉称汗，建立"大金"，史称后金。明朝作为回应，切断了与女真人的贸易往来，这无异于一种经济封锁。同时明朝还支持叶赫部和周边蒙古各部，试图压制后金势力。1618年，努尔哈赤愤然颁布了"七大恨"，正式对明朝宣战，进攻抚顺，揭开了后金-清与明朝之间几十年战争的序幕。

努尔哈赤对明朝的征战，也与成吉思汗对金朝的征战有着类似的模式，以经济掠夺为主要目的，以战养战。毕竟战争期间，后金与明朝的正常贸易终止，而后金这种混合经济模式的政权又不能缺少外部财富的输入，否则努尔哈赤就难以维持八旗内部的团结一致，其地位也就岌岌可危了。

与成吉思汗不同的是，从辽东起家的努尔哈赤还具有更久远的契丹君主耶律阿保机的一些风格。努尔哈赤吞并了辽东的一些城池和土地后，显然就不能够再纵兵劫掠这些地方了，而只能考虑经营问题。那么，这些地方的税收该归谁所有呢？

亲手创造了八旗制度的努尔哈赤此时站在了政权最高统治者的高度上，把从明朝手中得到的地区和民众（以汉族人为主）作为整个政权的资源，而不是分配给八旗来支配。他任用汉族官员来管理这些地区，这些汉族官员直接听命于努尔哈赤而不是八旗的领主们。

这一幕几乎就是耶律阿保机设立头下军州以充实自己实力的翻版。努尔哈赤几乎不可能通过阅读史书来了解契丹君主的做法，但相隔700年的时光，两人的做法如出一辙，唯一的解释是，两人的政权基本情况是类似的。

早期的契丹政权和早期的后金政权都属于混合政权，既包含了农耕区，又包含了非农耕区。两个君主也都要面对内部强力派的挑战，强力派既包括政权联盟的其他部落的首领，也包括自己部落中的军政大员，有些甚至是自己的亲属。耶律阿保机不仅利用自己的本族力量，而且培养了头下军州这样的"编外"力量，从而击败了八部首领的挑战，也压制了本族兄弟的反对之声。努尔哈赤则通过铁血的女真八旗击败了东北地区各方势力，然后他又努力培植自己的汉族势力以压制八旗的领主。

在努尔哈赤时代，归附过来的汉族人和蒙古人的武装，往往编入女真八旗，以充实八旗的力量，早期八旗这种融合各个族群的特征，恰好反映了努尔哈赤起兵时期东北地区的民众情况，是一种大杂居、小聚居的形态，开展农业的汉族人、从事畜牧业的蒙古人和从事渔猎的女真人都在这片土地上肩并肩地讨生活。

但在1626年皇太极继承汗位后，后金迎来了脱胎换骨的变化，这种变化类似于成吉思汗的蒙古帝国向忽必烈的元朝的转变。作为后金的第二位大汗，皇太极为了压制那些实力派的八旗贝勒，更加注重汉族人的力量，汉军八旗和蒙古八旗相继组织起来，这些军事力量直属于最高统治者，也就是皇太极本人。

更为重要的转变是皇太极对于"天下"以及后金政权发展方向的构想。起点更高、视野更为开阔的皇太极并不满足于做一个塞外的大汗，他有着更大的雄心。即位之初，皇太极就颁布命令，赦免逃亡的汉民、汉官，宣布"满汉之人，均属一体"。

考虑到努尔哈赤、皇太极以及一干贝勒与蒙古各部首领之间有着密切的联姻关系，皇太极提出满汉一体，显然是准备做所有人的"天下共主"了。皇太极也的确向着这个目标策马狂奔而去。

为达目的，皇太极甚至不惜推翻老爹努尔哈赤的许多做法。比如努尔哈赤设立国号"大金"，是为了借助于历史上曾经存在的女真人建立金朝的威名，努尔哈赤自己在讨明檄文中自称"我本金朝之裔"，以此来与明朝、蒙古和朝鲜并立，使自己的政权具有合法性。

但其实就算努尔哈赤时期的女真人与建立了金朝的女真人在族群上比较接近，两者在血缘上应该也没有先后次序的关系。前文已经讲过，金朝为了统治中原，从东北倾巢出动，最终汇入中原人口的汪洋大海中，没有返回老家。而努尔哈赤的女真人先祖应该属于没有南下的东北渔猎民众，金朝的建立和他们没什么关系。

但是在面对最大的敌手明朝时，不论是战是和，强调本国是金朝后裔的做法，都会给华夏王朝和汉族人带来不好的历史联想，毕竟华夏的史书清清楚楚地记载，当年金朝南下消灭了华夏政权北宋。

皇太极继承汗位后，公开否认本国与金朝有直接联系。比如在1631年，他在给明朝将领祖大寿的书信中写道：大明皇帝并不是宋朝皇帝的后裔，我也不是金朝大汗的后裔。不得不说，皇太极的观点还是挺符合历史事实的。当然，皇太极这样宣称的真正目的，还是谋取广阔的天下。后金已经越来越强大，不需要借助于过去的完颜部的金朝来标榜自己的政权正统性，而应该剑指更宏伟的目标——重现草的世界与禾的世界合二为一的辉煌。

于是就发生了前面讲的一幕，皇太极改女真的称呼为满族，改金朝的国号为大清，皇太极试图以此来淡化与华夏文明的对立。皇太极称帝之时，长城以南的华夏还在明朝的手中，漠北蒙古、西域各部以及青藏高原都还不受大清管辖，但皇太极显然志存高远。南面的明朝崇祯皇帝仅仅只是华夏的统治者，而皇太极则要做天下的统治者。

皇太极头脑中的"天下"，和试图维持朝贡制度的明朝的"天下"并不一样，它既包括从周朝开始历代华夏王朝所传承的文化传统，也融合了元朝的"大天下"的创造。

在元朝之前，华夏王朝的国号基本上都来自周朝的封国名，人们对于"天下"的想象来自遥远的周朝，是周朝利用青铜礼制所维系的一种政治、文化观念,"普天之下,莫非王土,率土之滨,莫非王臣"。而忽必烈建立元朝的时候,并没有沿用周朝的这套文化体系,而是自命为"大元",实际上就是向整个世界宣称,元朝已经不仅仅是周朝的"天下"的继承者,而是开辟了一个更为广阔的新天下。毕竟元朝疆域远胜于华夏王朝,包含了草原文明、西域文明、华夏文明、高原文明乃至海洋文明等,已经突破了华夏王朝的疆土和文明范围。

明朝其实也是继承了元朝的天下概念,并没有采用周朝的封国名作为国号,而是选择了有着宗教色彩的明教的"明"字为国号。可惜不论是朱元璋还是朱棣,都没能将元朝的天下完全收入囊中,最终明朝只是控制了昔日华夏王朝的疆域范围,朱家人只不过是华夏的天子,而不是天下人的天子。

不过明朝皇帝对于元朝的天下观还是有认识的,朱棣就曾经利用西域各国"谁拥有汗八里,谁就是天下的大汗"的观念,与这些国家积极开展外交,获得了很好的国际认同。甚至朱棣最终迁都汗八里,也就是北京城,也有些许这样的考虑,他希望自己能够成为真正的天子,或者至少让周围各国认为自己有资格做真正的天子。

称帝祭天的皇太极也是这么定位自己的角色的,虽然此时汗八里还不在他手中,但梦想总是要有的,万一实现了呢?

通过皇太极的精心构建,各个族群都被有效地纳入了八旗制度乃至清朝的体系之中,并肩作战,从而克服了王朝主导族群女真人人数过少的缺陷,清朝一统天下有了坚实的族群基础和强大的战斗力。

自身进取,广纳蒙古各部加入自己的阵营;机缘巧合,明朝内部以李自成为首的起义军攻陷明朝的都城北京。1644年，清朝获得了千载难逢的入主华夏的机会，从越过山海关开始，到1662年杀死南明政权的永历帝，经过接近20年的浴火征战，清朝基本上消灭了大陆上的明朝势力，将广袤草原和宽阔华夏都收入自己的版图之中，重现了数百年前元朝的盛况。一个新的大一统政权矗立在东亚大地上。

清朝会是元朝的翻版吗？

草原的最后挽歌

正如古希腊哲学家所言："人不能两次踏入同一条河流。"虽然都是横跨草的世界与禾的世界的大一统政权，清朝与元朝仍然有着重大的不同，比如它所面临的外部环境。

对于元朝来说，它需要处理的外部关系主要是和其他蒙古汗国的关系，蒙古系统之外的国家要么太遥远，要么太弱小，都对元朝构不成威胁。然而清朝自其诞生之日起，就是全球化浪潮中的一个参与者，它必须面对更为复杂的外部关系，比如，从遥远的西北步步紧逼而来的沙俄、从东南海洋上扬帆挺进的西欧列强。在应对外部挑战的过程中，清朝建立了与明朝、元朝都不一样的政权体系。

越过欧洲与亚洲的交界乌拉尔山，沙俄向西伯利亚的挺进是史诗级别的，从16世纪末到17世纪上半叶的半个世纪中，沙俄的哥萨克先遣队就从乌拉尔山横扫至东北亚的太平洋沿岸，他们的主要目标是获取毛皮和其他财物，尤其是名贵的黑貂皮。动物毛皮在古代是御寒的最佳材料，更何况明清时期正是北半球的"小冰河时代",气温比现在要低,因此人们对毛皮的需求更为迫切。沙俄在进入近代之初,工业化程度很低,与西欧各国没法比,因此毛皮、木材是它能够用于贸易的少数几种"特产"。

1643年,哥萨克人进入了黑龙江流域,这一年正是清军入关的前一年。哥萨克人在黑龙江流域一带修建了尼布楚和雅克萨两个要塞,前者位于黑龙江上游的支流格尔必齐河畔,后者位于黑龙江干流上游左岸。

东北地区是清朝的龙兴之地,清朝不能容忍自己腹背受敌,于是出兵摧毁了这两个要塞。但是在清军撤退后,哥萨克人又返回再次修建要塞,控制了黑龙江流域。由于清朝的康熙大帝当时正忙于消灭南方反清的力量,无暇北顾,因此直到1682年,也就是平定了吴三桂、尚可喜、耿精忠的三藩之乱的第二年,康熙大帝才着手处理背后的威胁。虽然兵力占优,但是清军与以西方火器武装起来的哥萨克人的作战并不顺利,清军包围了雅克萨却始终无法攻克。

经过数年的拉锯战,清朝和沙俄坐下来谈判,终于在1689年达成了《尼布楚条约》。条约规定,从黑龙江的支流格尔必齐河到外兴安岭一线以南的土地都属于中国,包括库页岛在内,这条界线以北属于沙俄;沙俄拆毁雅克萨要塞,全部撤回本国境内;两国开展边境贸易……

《尼布楚条约》具有非常重大的历史意义,因为它是根据近代国际法的思想和原则签订的,谈判双方是平等的两国关系,而且第一次在"中国"的北部划出了一条清晰的国境线!

目前发现,"中国"这个词汇最早出现在西周早期的青铜器——何尊的铭文上出现的一句"宅兹中国"。不过,西周铭文所说的"中国",不过是当时的洛邑（今河南洛阳）附近的一小块区域。此后 2 000 多年的历史中，虽然"中国"这个词汇经常出现，但更多是一种文化上的概念，而不是代表了一个主权国家。

直到《尼布楚条约》签订，"中国"才在真正意义上代表了一个主权国家，虽然当时整个国家的国号是"大清"，但条约明确以"中国"这一词汇代指国家。清朝认定自己是一个主权国家，同时也给予对方（俄国）主权国家的礼遇，这种国与国之间签订条约的方式，对于中华文明来说算是一个新鲜事物了。此前汉朝与匈奴也好、突厥与隋唐也好、契丹与宋朝也罢，虽然有和谈与条约，但都不算是对等的主权国家之间的外交形式。

条约落笔，"天下"变革。此前明朝的朝贡体系是不允许其他政权与自己平起平坐的，甚至在更久远的时代，华夏文明就有"普天之下，莫非王土，率土之滨，莫非王臣"的思想，自己的君主是天下人的君主，不能有人与之平级，自己的政权也是天下之中央，不能有其他政权与之匹敌。

清朝并不这么认为，至少康熙时代的清朝并不这么认为。《尼布楚条约》的签订，固然是双方实力的展现，但也和中华文明正在受到强烈的外来冲击有关。

就拿清朝参与谈判的人员来说，就包含了基督教的耶稣会士，其中一位是来自法国的让·弗朗索瓦·热比雍，中文名字叫张诚，另一位是来自葡萄牙的托马斯·佩雷拉，中文名字叫徐日升。两人都掌握了当时的国际法知识，并以他们的法律知识影响了康熙皇帝，进而影响了清朝在谈判中的表现。当时的谈判中，清朝和俄国都按对等的方式进行，条约的订立包括条约的写制、签署、盖印和互换，都遵守了当时的国际惯例。以至一些细节，诸如条约的正式文本使用拉丁文，用拉丁语作外交语言，对双方正式代表以阁下称呼，都合乎规矩。

对于清朝来说，它肯定会吸收明朝留下的朝贡体系的一些做法，尤其是在面对一些实力不强的亚洲国家和地区时。但清朝对整个世界的看法与明朝是不同的，因此必然会出现一些朝贡体系之外的做法，我们可以这样说，在清朝的早期，曾经风行亚洲东部的朝贡体系就已经开始向近代的条约体系转变了。

《尼布楚条约》不仅对于中华文明来说是一次突破，而且对条约的另一方——沙俄也产生了很大的影响。

由于签订了有效力的条约，沙俄对于北亚大片土地拥有了主权，包括当地民众也成为沙俄的民众。更直接的利益是贸易方面的约定，两国不仅决定通商，而且准备选择合适的地点作为贸易市场。于是条约签订后，清朝先是允许沙俄派遣商队定期来中国做贸易，后来更是选定了边境上的恰克图（位于今俄罗斯与蒙古国交界）作为互市地点。恰克图市场在1728年首次开市，从此开启了长达两个世纪之久的中俄恰克图贸易。中国出口的最重要商品就是茶叶，俄国也通过这条重要的"万里茶道"获得了源源不断的茶叶物资，整个俄国变得饮茶成风。俄国出口中国的商品主要是毛皮和其他皮革类制品，当时沙俄也的确没有其他能够用来交换茶叶的合适商品了。

当全球日益变成一个整体的时候，一个重要事件往往会引发一连串的连锁反应。《尼布楚条约》的签订正是这样的重要事件，它绝不仅仅影响了沙俄和清朝，还直接影响了清朝当时的劲敌——准噶尔部。

1690年夏，大清的康熙皇帝与准噶尔部的噶尔丹大汗各率大军，"会猎"于茂盛的乌兰布统草原上（今内蒙古自治区克什克腾旗境内），展开了一场决定历史走向的草原大战。

　　双方都有着极深的草原族群的背景，康熙的奶奶孝庄文皇后就是蒙古科尔沁部人氏，也就是野史中津津乐道的皇太极的妃子大玉儿，相传其与实力人物、小叔子多尔衮有着说不清的纠葛。而噶尔丹则是蒙古系准噶尔部的首领。

　　这里要介绍一下准噶尔部的源流。前文谈到自从也先称汗然后败亡后，瓦剌部盛极而衰，暂时退出了争雄草原的队列。经过100多年的蛰伏之后，瓦剌部众再度兴盛，并分为4个主要的部族：准噶尔部、和硕特部、杜尔伯特部、土尔扈特部。四部同气连枝，往往结成联盟对外作战。其中准噶尔部渐渐成为四部中的最强大势力，等到噶尔丹成为准噶尔部的首领后，他击败竞争对手把四部联盟统一在自己的准噶尔旗帜下，并接受了当时的达赖喇嘛授予的"博硕克图汗"的称号，成为大汗。

　　称雄西域的噶尔丹梦想统一蒙古各部，再现过去蒙古帝国的辉煌，而他在统一整个草原的道路上的绊脚石，既有蒙古系的雄踞漠北的喀尔喀部，又有已经吞并东部蒙古地区和华夏的强大的清朝。喀尔喀部在噶尔丹的攻击下土崩瓦解后，准噶尔与清朝、噶尔丹与康熙在草原上正面交锋了。

　　与过去草原上大会战时骑兵军团之间的马弓激战不同的是，乌兰布统之战是一次掺杂了大量热兵器的战役。根据当时传教士的记载，两军以大炮、火枪互轰，激战了一整天，最后以双方将士肉搏一决雌雄，可见战况之激烈。最终噶尔丹败逃,准噶尔部的势力逐渐衰落,整个蒙古高原乃至西域地区最后成为清朝的势力范围,从此,再也没有任何蒙古部落能够挑战清朝在草的世界的统治权。

噶尔丹与康熙为了争夺草原乃至天下的战争,令人不免回忆起400年前阿里不哥与忽必烈的大汗争夺战。噶尔丹与阿里不哥的政权,代表了具有浓重草原传统的单一草原模式的一方,而康熙与忽必烈的政权,则代表了兼具草原与华夏的混合模式的一方。战争的结果也如出一辙,拥有更多人口、更大经济力量且具有草原军事力量的混合模式战胜了单一草原模式。

400年过去了,两场战争不一样的地方在于,忽必烈虽然击败了阿里不哥,但草原雄风仍在,元朝时蒙古草原上的各部仍然积极参与大汗/皇帝的争夺战,它们的向背直接可以影响元大都里谁会坐上至尊宝座。比如接替元世祖忽必烈做大汗的元成宗铁穆耳于1307年驾崩后,元大都内元成宗的皇后支持阿难答继承大汗之位,而在草原上拥有重兵的海山挥师南下,以武力压制了包括阿难答在内的所有挑战者,登上了元朝的宝座。

而明朝从始至终都受到草原上的蒙古各部的威胁,先是元朝残部,然后是瓦剌,再然后是土默特部、察哈尔部……直到清朝控制草原之前,草原铁骑仍是难以抵御的天纵雄兵,草原政权仍能给周边施加巨大的影响力,后金政权为了获得蒙古铁骑的军事力量也要与蒙古各部广泛联姻。

然而在噶尔丹败亡之后,清朝对准噶尔部的最后一战爆发于1757年,两年后,清军完全控制了天山南北。草的世界只剩下英雄末路的凄凉挽歌,自匈奴以来2 000年的草原帝国时代落下了帷幕。

影响中华文明 2 000 年的草的世界与禾的世界的战与和结束了，代表中华文明的清朝与北方的沙俄之间以清晰的国界线，把草的世界做了"遗产分割"。

北方的沙俄正是左右了准噶尔部命运的推手之一。我们前面谈到，清朝与沙俄在雅克萨曾正面交锋。其实从地理位置来说，准噶尔部在清朝的西方，与一路东进的沙俄更早接触。沙俄在准噶尔部北方修建的要塞，从时间上来讲比尼布楚、雅克萨等要塞要更早。活动在北亚、中亚的一些小部落曾经是准噶尔部的附属，向准噶尔部上缴实物税。但是沙俄渗透过来后，与准噶尔部争夺对这些小部落的税收权。

一方面当时噶尔丹还忙于摆平内部纷争，另一方面也是见识到拥有热兵器的沙俄的强大实力，所以噶尔丹并未与沙俄有较大的冲突。而对于当时的沙俄来说，其所期盼的东方物产，尤其是华夏物产，比如茶叶，还需要经准噶尔部的地界输送过来，因此也不想与准噶尔部彻底闹翻，双方更多的是通过协商解决争端。

事态的转折发生在《尼布楚条约》出台前后。面对沙俄在自己"后院"的步步紧逼，清朝的康熙皇帝并非不想把沙俄势力赶得远远的。但是一方面，清军未必真正有能力攻克雅克萨，更不用说拔掉尼布楚要塞；另一方面，康熙清楚地知道自己当时最大的敌人不是远道而来的沙俄，而是草原西部的准噶尔部。

权衡利弊之后，清朝明智地与沙俄达成了《尼布楚条约》，解决后患的同时，还给了沙俄做贸易的机会，而贸易正是沙俄所需的。毫无疑问，在从清朝经过恰克图到沙俄的万里茶道开辟出来后，原本经过准噶尔部的贸易线路的价值就大大下降了。更为关键的是，茶叶的产地在清朝的版图内，而不在准噶尔部境内。沙俄与清朝做生意而不与准噶尔部做生意，这等于是买货直接找到了生产商，没有中间商赚差价。

沙俄方面很高兴，这个条约使自己获得了梦寐以求的东西，即"与中国人进行正式的和永久的贸易"。在世界进入大航海时代，西欧各国通过海洋贸易发了大财的情况下，沙俄因为地理位置太靠北而无法进行大规模海洋贸易，因此能够在陆地上打通与中国的贸易线路，显得十分宝贵。

《尼布楚条约》给准噶尔部的外交以重重一击。条约签署后，噶尔丹的使者就被禁止前往沙俄首都莫斯科，只被准许他们进入北亚的伊尔库茨克进行交涉。噶尔丹向沙俄建议共同进攻蒙古其他部落的建议也被沙俄全部拒绝。面对来自清朝的越来越大的压力，噶尔丹急了，他派出的使者甚至向沙俄提出割地结盟的条件："阿尔巴津（即雅克萨）建寨的地区原本是蒙古的，不是博格德汗（即康熙皇帝）的，统辖蒙古人和这个地区的是他——博硕克图汗（即噶尔丹本人），倘若沙皇陛下有意在这里重建城堡，博硕克图汗愿将这片土地让给陛下。"

即使是这样的优厚条件，也没能打动沙皇。毕竟沙俄修建雅克萨的目的是获取物产和贸易利益，现在条约达成，目的基本达到，为了雅克萨与清朝再闹翻，断绝了茶叶贸易，就得不偿失了。

沙俄作壁上观，噶尔丹就不得不与康熙一对一单挑了。1696年4月，康熙从战俘口中得到消息：卷土重来的噶尔丹军队由2万本部士兵和沙俄的6万士兵组成，双方已经达成协定，沙俄将派1000名火枪手以及一些大炮助阵噶尔丹。这个消息让清朝许多大臣非常恐慌，劝康熙不要进兵。

但康熙识破了这个假消息，继续进兵，并在昭莫多（今蒙古国肯特山南）之战中彻底击溃了噶尔丹主力。

广阔的草原归属了清朝，清朝要面临过去王朝的相同课题：如何治理桀骜不驯的草原？

清朝给出的答案与过去的王朝完全不同。

早在皇太极时代，清朝就设置了理藩院这样的机构，负责管理蒙古各部。清朝理藩院所管理的"藩"与明朝朝贡体系中定义的外藩是不同的。在明朝的概念中，外藩并不属于中国，而是中国之外的政权。但是在清朝的概念中，理藩院管理的"藩"属于自己政权体系的一部分，它们和诸如朝鲜那样的属国是不同的。随着清朝疆域的扩大，理藩院处理的藩部也包含了蒙古、西藏、青海、回部（清朝对新疆天山南路的通称），而那些属国的事务则由另外的部门，比如礼部来处理。这说明，清朝认为这些藩部是自己的内部，而那些属国是自己的外部。清朝的这种思维和过去各个王朝用羁縻、封赏、和亲的间接方式控制草原势力的做法，有着根本的区别。

具体到管理上，清朝在蒙古、西藏、回部各藩部设置将军、大臣管理制度。比如：清朝在漠北蒙古设立了乌里雅苏台将军管理军事事务，设立了库伦办事大臣管理行政事务；在漠西蒙古也就是准噶尔故地，设立了伊犁将军和乌鲁木齐都统。这些官员都直属于清朝中央政府，对藩部事务拥有绝对的军政管理权限，广大的藩部成为中央政府统治下的国家的组成部分，而不再是过去那种相对松散独立的、名义上归附实则独立的草原部落。

所以有学者说，直到清朝，这些藩部才真正实现了"内化"或者

"中国化"。这种说法是从华夏王朝的角度考虑的，以华夏为"内"和"中国"。如果从文明融合的角度来说，清朝实现了草的世界与禾的世界"全国一盘棋"，第一次对草原实现了中央政权的直接管理。

客观地说，历朝历代的统治者智商都够用，他们都梦想着能够对草原进行直接管理，实现草与禾的"天下一家"。可是为什么只是到了清朝，才实现了这一文明融合的伟大目标？

草原帝国时代的结束，只是因为噶尔丹败给了康熙吗？

当然不是，最终消灭草原帝国的决定性力量，来自整个世界的大趋势。

与元朝类似，清朝的建立者也是北方族群，在建立了横跨草的世界与禾的世界的大一统政权后，两个王朝的政治中心与军事重心都放在了北方，首都叫元大都也好，叫北京城也罢，都远离最为富庶的江南地区。因此，清朝也面临着元朝曾经面临的一些问题，特别是那个最终要了元朝性命的粮食漕运难题。

那么，清朝是如何解决自身的粮食需求的呢？

清朝与元朝在粮食方面最大的不同在于农作物品种。清朝运气很好，由于1492年哥伦布发现美洲大陆，促使美洲作物向全世界传播，玉米、红薯、马铃薯等抗旱的品种在明末清初传入中国，并被善于农业经营的中国人民迅速地引种到全国各地，即使在北方干旱地区，也能够收获更多的粮食。

外来作物对于中国人口的影响有多大？

有学者曾经研究了明清时期的人口死亡率情况，发现在16世纪以前,农作物青黄不接的时候,人口死亡率就会上升,到了17世纪后叶及以后,即清朝建立之后,这种季节性的死亡率上升现象就消失了,整体人口的年死亡率基本均衡了。换句话说,从17世纪后叶开始,中国社会逐渐从季节性的饥荒中摆脱了出来,在传统农作物青黄不接的季节,中国农民找到了新的食物来源。

这新的食物来源,就是广泛种植在中华大地上的美洲农作物。

对于当时的中国农民来说,玉米等新作物的口感虽然不如自己吃惯了的大米和面,但毕竟可以在每年粮食短缺的时候提供口粮。过去由于耕地有限,人口增长超出了粮食能够养活的限度时,饥荒会频频发生。现在有了新的食物,很多人就不会被饿死。于是清朝时期,人口数量出现了明显的增加,从过去各王朝极限的1亿多人口,增加到康乾盛世的3亿人口,进而增加到清朝末年的4亿人口。

到底是美洲农作物激发了清朝人口大增长,还是清朝人口大增长导致了对粮食的需求增加,从而推动了美洲农作物在中华大地上的广泛种植?这是个让人烦恼的问题,有点类似于"先有鸡,还是先有蛋",先有了溢出粮仓的粮食,还是先有了嗷嗷待哺的人口呢?

有学者找来了明清时期全国1 330个县的县志,研究从1550年,即从明朝晚期开始的县志中首次提到玉米的记载,以此来勾勒出玉米在古代中国的扩散路径和时间。结果发现,玉米是经三条线路进入中国的:第一条是沿着陆上丝绸之路从中亚传入甘肃,时间在1560年左右;第二条是从印度进入云南,时间在1563年左右;第三条是经海路从菲律宾进入福建,时间在1572年左右。

接下来，学者比较了种植玉米的县和还没种植玉米的县的人口密度差别。在剔除掉自然灾害、战争等因素的影响后，数据表明，在1776年、1820年、1851年、1890年、1910年等几个时间点上，已经种植玉米的县的人口密度明显高于还没种植玉米的县，而且一个县种植玉米的时间越长，这个县的人口密度相对来说就越高。

根据这些研究，学者得出结论：是玉米等美洲农作物的种植，带动了明清时期人口的增长，而不是人口增长后对粮食需求的增加迫使中国开始种植和传播玉米等农作物。

1776—1910年，玉米大约促进了中国人口增长14%；从16世纪初到20世纪初的400年，中国粮食增加量的一半以上是美洲农作物的功劳。所以，古代中国的人口数量在明朝到达耕地所限的天花板后，美洲农作物的到来捅破了这层天花板，使清朝人口在前朝的基础上大幅增加。

美洲农作物的种植，除了使中国人口爆炸式增加外，对于文明的融合有什么影响？

影响之一在于，美洲农作物在北方地区的广泛种植，一定程度上缓解了清朝政治中心与经济中心分离导致的北方粮食短缺局面。手中有粮，心中不慌，清朝自然比元朝的底气更足。

与元朝类似，清朝还通过各种手段来实现全国的粮食供给平衡。除了利用大运河进行常规的漕运外，清朝时期的海运也开展得比较好，由于航海技术与船舶技术比元朝时期更为进步，清朝的海运比元朝更为发达，这也带来了全国经济带的又一次转移。继京杭大运河的兴起导致古代王朝的政权重心从长安、洛阳转移到大运河沿线后，海运的兴起使政权重心再次向东、向海边转移。海运促进了沿海经济带的兴起，天津、上海等城市迅速崛起。

影响之二在于，抗旱农作物的推广促使农耕区向北推进，挤压了过去的草原带。今天如果我们去内蒙古旅行，会发现内蒙古的南部甚至东北部已经广泛种植了玉米、小麦等农作物。清朝时期内蒙古的农耕区并没有现在这么广，但玉米等抗旱农作物突破了几千年来形成的农耕区与游牧区的界线，让农耕区的北界大大向北挺进，纯粹的草原游牧区也就相对缩小了，此消彼长之间，草原族群的实力相对于农耕族群来说是削弱了。

甚至连清朝的龙兴之地东北地区，在美洲农作物的普及过程中也逐渐成为清朝的粮仓之一。从雍正时期开始，清朝就经常通过海运的方式从东北地区向直隶、山东等地调运余粮，赈济灾民，平抑粮价。比如，乾隆五十年（1785年），东北地区粮食大丰收，天津的海商用800多艘船只载满了东北的数十万石粮食，前往直隶、河南、山东等地售卖。

回顾历史，当元朝末年红巾军在大运河沿线举兵发难时，元朝的大汗只能龟缩于元大都内，一筹莫展，而当清朝后期太平军攻占江南，切断了大运河的漕运时，清朝却仍然可以有效地维持全国的局面，组织军队反击太平军，这得益于北方地区粮食产量的大增。如果我们要探讨清朝比元朝寿命更长的原因，那么清朝在粮食来源方面的多样化，特别是北方地区粮食产量的增长，是十分重要的因素。

在清朝迈向"天下一家"的文明高度之时，草的世界相对地被挤压了。除了农耕区的北移之外，还有一种输入的物品让草原帝国无可奈何地从马背上跌落，这就是火枪。

正如前面所言，乌兰布统之战已经使用了大量的热兵器。草原帝国强大的根基是骑兵，而火枪、火炮的普及使农耕族群一改过去 2 000 年中被动挨打的局面，军事力量上得到了革命性的提升，再借助本来就拥有的庞大人口和充沛的物资，装备有热兵器的步兵面对草原骑兵时已经呈压倒性优势。清朝能够击败准噶尔部，既有本身为混合政权的人口、资源优势，又有装备火器的清军相对草原骑兵占据上风等因素起作用。准噶尔部无法逃脱宿命，其他中亚草原汗国也无法逃脱宿命，整个欧亚草原带上的游牧王国纷纷灭亡。

草原帝国失去了赖以生存的军事优势，草的世界就只能接受被改造和被融合的命运。天下大势如此，这就是踏遍万里的蒙古时代过后，草的世界再也无法重现辉煌的技术原因。

天下的清朝

清朝的天下，超越了族群之间的隔阂，跨越了文化之间的差异，这个政权比起此前的那些混合政权，甚至比起曾经出现的元朝大一统政权来说，文明融合的程度更深。

草的世界与禾的世界虽然自然环境并没有太多改变，但是从治理方式上，清朝实现了全国的"大统一、小差异"，巩固了对藩部的直接统治权，蒙古、回疆、西藏以及自己的龙兴之地（东北地区），都与华夏紧密地整合在一起，形成了统一的国家。清朝还在军事上实现了对藩部的有效指挥和管理，草的世界不再游离于中央政权之外。同时，通过粮食与其他物资生产和调运能力的提升，清朝实现了全国粮食、物资的均衡配置，解决了政治中心与经济中心分离的难题。

那么，这算是禾的世界最终胜利了吗？

其实，禾的世界也变了。清朝遭遇了世界范围的天下大势，不论是被动还是主动地应对世界的潮流，兼具草与禾的"清朝的天下"融入了整个世界，成为"天下的清朝"。

清朝面对的天下大势，从经济上讲是西方列强"挥舞着刀剑做生意"，从政治上讲是"民族国家"的兴起。

清朝是白银世界的一部分。前面已经谈过，清朝之前，不论是作为华夏王朝的明朝，还是土默特部这样的草原政权，都受到了白银资本席卷世界的冲击。清朝承接了此前的历史，也承接了白银资本的冲击。

清朝与元朝在经济上的一个重要差别在于，清朝身不由己地被卷入了整个世界的经济体系里，必须和别人一起玩；而元朝则是依靠斡脱建立了自己的一套经济体系，与自己人（蒙古各汗国之间）玩。

甚至在后金还没建立的时候，东北地区就已经成为广阔的贸易体系中的一部分。在明朝后期，中国国际贸易最活跃的地区一个是东南沿海，大量的海商、海盗借助海上丝绸之路纵横四海，在东亚、东南亚跨海经商，另一个就是不为人注意的东北地区。

16世纪，明朝皇帝每年都会赏赐大臣数以万计的貂皮和更多的狐狸皮，这些毛皮既有御寒的功能，也是明朝达官贵人们财富和身份的象征。那么这些珍贵的毛皮是从哪里来的呢？东北地区的女真人是把貂皮卖给明朝和朝鲜的主要人群，一方面他们自己会通过打猎获取毛皮，另一方面他们会从生活在更北的黑龙江流域、松花江流域的林中部落中换购毛皮，做转手贸易。直到 17 世纪后金崛起，与明朝连年征战，毛皮交易断绝，明朝皇帝的赏赐才取消了。

有人把明末东南沿海的海商描述成多种身份的集合体，他们既是自己做生意的商人，也是恃强凌弱的海盗，还是与官府、洋人交往密切的中介人。其实对于东北地区的努尔哈赤及其族人来说，这些身份也都具备：他们不仅自己做生意，而且依靠武力来保证毛皮货物的来源，还与明朝官府积极打交道。

清朝建立后，早期为了对付郑成功的海上军事力量，清朝政府一度实行坚壁清野的海禁政策。在拿下台湾，稳定海洋政局后，清朝其实并不排斥海外贸易，虽然国家层面并不主动行动，但公平地说，也称不上严格的闭关锁国。

当时英国派出马嘎尔尼使团出访清朝，希望进一步扩大贸易范围，但被清朝拒绝了。其实清朝并没有真的关上海洋贸易的大门，中国的茶叶、瓷器仍然可以源源不断地涌入世界市场，美洲白银经由各国商人带到中国境内就是确切的证据。清朝只是希望按照自己的方式来管控贸易。

但有时清朝面对世界局势也只能随波逐流，因为它已经通过白银和整个世界经济紧密地联系在一起了。

前面我们曾经谈到，元朝作为"商业帝国"，曾经大量使用白银，白银不足的时候就使用盐引作为金融证券来补充。从那时起，白银就在古代中国经济中扮演着很重要的角色，特别是在国家财政的层面上。忽必烈为了笼络各个汗国，每年正月会在元大都举行朝贺仪式，来参加的黄金家族的汗王或代理人都能获得忽必烈的"定额赏赐"。白银成为联系蒙古各汗国的纽带，成为元朝控制其他政权的经济工具。

到了明朝中期，朝廷的著名首辅张居正在万历九年（1581年）推广了一条鞭法，把过去的税收进行简化，合并征收白银，以增加国家的财政收入。从此之后一直延续到清朝，白银成为缴纳税赋的货币，而铜钱则是老百姓日常使用的小额货币，大宗买卖也要用白银。

但是古代中国并未开采出多少银矿，明清时期国家经济运转所需的白银基本上要靠进口。白银的主要来源地，一个是日本，另一个是美洲大陆。当大量的白银涌入清朝时，经过复杂的经济过程，国家财政会积累很多的白银；当白银流入中断甚至白银外流时，国家财政就会遇到大麻烦，民众没有白银缴纳赋税，国家银库也会日益缩水。

比如康乾盛世时期，是一段白银涌入的美好岁月。根据记载，乾隆三十一年（1766年），朝廷的收入包括地丁银近3 300万两、盐课570多万两、关税540万两等，合计4 800多万两；朝廷的支出包括兵饷1 700万两、王公和官员的俸银94万两等，合计3 400多万两。收入减去支出，仅这一年朝廷就有1 000多万两的盈余。

乾隆后期的大学士阿桂曾经有一篇《论增兵筹饷疏》，里面清楚地记录，康熙帝的最后一年，国家部库有800余万两白银。到了雍正帝年间，逐渐积累到6 000余万两，但是由于西北用兵，支出了大半。到了乾隆初年，只剩下2 400万两，此后又不断积累，在没有增加赋税（这个说法我们姑且存疑吧）的情况下，国库却越来越充实，部库里积累了7 000多万两白银。

乾隆皇帝能够游山玩水，到处题字，真得感谢当时大量涌入中国的白银，给清朝带来了可观的财政盈余。

从文明融合的角度看，继武力统合了不同文明区域后，清朝能够以充沛的白银作为财政基础，实现了全国经济"一盘棋"，通过税收获得白银形式的赋税，特别是有效获取来自富庶的江南地区的税收，再通过财政学中所说的转移支付手段，给广袤的藩部地区——蒙古草原、青藏高原、回疆输送白银，从而达到从经济上控制这些地区的目的。

在国家财政盈余不断的时候，清朝从经济上对广大疆域进行了有效整合，从文明融合的力度和广度看，已经超越了自己的前辈——元朝。

可惜，水能载舟，亦能覆舟，白银可以让清朝飞上天空，也可以让清朝跌落地面。

在1775年左右的时候，流入中国的白银出现了逆转。那时，也许由于银矿枯竭，也许由于时局动荡，来自日本、越南、缅甸、朝鲜等地的白银供应全部都停止了。当时清朝处于乾隆统治的后期，国家的白银输入基本上要依靠美洲白银的供给。"屋漏偏逢连夜雨"，当时的美洲大陆兴起了摆脱欧洲殖民统治的独立运动，在18世纪末到19世纪初的这段时间里，美国、墨西哥、海地等国相继独立，导致当时美洲白银产量大幅减少，引发了全球性的通货紧缩，输入中国的美洲白银当然也减少了。

世界经济的巨变给了清朝财政沉重一击。当时世界列强已经先后进入金本位的时代，也就是以黄金作为货币基础，特别是当时如日中天的英国，引领着世界金本位的潮流。这些国家拿到白银后，一个主要用途就是输送到还坚持银本位的清朝去，换购自己需要的茶叶、生丝、瓷器等产品。由于白银产量减少，这些国家手里没有了白银，因此向中国的采购就减少了，流入中国的白银自然也减少了。

　　清朝民众缺少白银来缴纳赋税，清朝国库中的白银收入大幅减少，但是支出并没有减少，于是清朝陷入了白银财政的危机，这个场景似曾相识，明朝末期也曾经发生过类似的白银危机。这成为清朝走向衰落的经济原因。

　　积贫积弱的清朝迎面撞上了军事实力远超自己的英国、法国等列强，从鸦片战争开始，清朝对外作战的噩梦一个接着一个发生。但是从列强的角度讲，这些"挥舞着刀剑做生意"的洋人其实并不想换掉清朝政府，他们需要一个相对稳定的环境来做生意赚钱，而一个能够管理东方这片土地的清朝政府还是很有价值的。

　　真正要了清朝性命的是来自西方的思潮——民族国家的理念。

　　我们在前面已经谈到，清朝在康熙时期就已经和沙俄打过交道，并签署了条约，这被认为是过去的朝贡体系向近代国家转变的标志之一。

　　随着清朝与外部世界不断打交道，特别是清朝后期屡战屡败的现实，让清朝不断转变对本国的看法。比如，清朝前期还是秉承了明朝的天朝上国思维，在外交文件中往往使用"天朝"来代表自己，即使到了道光皇帝前期，仍然以"天朝"自居。但是鸦片战争之后，外交文件中"天朝"字眼的使用次数开始减少，相应地，"中国"这样的称呼使用频率增加了。在对英国的外交文件中，还开始使用"大清国"这样的称呼，说明在现实面前，清朝越来越把自己看成世界万国中的一员。

　　学者统计，咸丰年间的外交史料《筹办夷务始末（咸丰朝）》中，最初五卷中"天朝"出现了5次,到了光绪年间的《清季外交史料》中,"天朝"已经几乎不出现了,出现在史料中的自称主要是"大清国"或"中国"。

但是,清朝在越来越接受近代国家概念的同时,也受到了当时民族国家概念的影响。当时的世界,列强高举各自的民族与国家的大旗,以团结本国民众,形成更强的竞争力,比如德意志民族和德国、法兰西民族和法国,诸如此类的观念风靡近代世界。这样的观念传入中国,清朝的麻烦就大了。

因为清朝的最高阶层统治者是满族人,而满族人在全国人口中只占很少的一部分。原本清朝统治者通过"满蒙一家""满汉一家"的宣传,最大限度地减少了不同族群之间的隔阂与对立。可是在民族与国家的意识增强后,满族人之外的各个族群,尤其是汉族人觉得,本民族为什么要接受满族人的统治呢?这个国家应该是汉族人的国家,是时候该换掉满族统治者了。

边疆族群也抱有类似的想法。随着列强的势力从四周向清朝渗透,清朝后期,边疆地区相继出现了阿古柏事件、外蒙古独立运动等。这些事件的出现有一定的偶然性,但从大趋势来说,正是近代全球民族国家思潮影响的结果。

清朝前期构建的"天下一家"的大好局面正处于风雨飘摇之中。清朝政府垂死挣扎,尝试着"预备立宪",通过分享部分权力的方式笼络已经与自己"离心离德的各族人民"。然而一切都已经来不及了。太平天国和其他一些农民起义虽然没有掀翻变得虚弱的清朝,但极大地削弱了人数较少的满族统治者对全国的控制力,不论是钱还是枪,都已经脱离了满族人的控制。于是，当武昌起义的枪声响起的时候，曾经纵马奔腾打下万里天下的清朝统治者竟然毫无抵抗能力，就在辛亥革命这样一次"低烈度"的革命中走向末路，和昔日元朝的土崩瓦解一样轻松。

历经两千年的文明整合，至清朝终于形成的天下一家的文明形态，在近代西方思潮的冲击下，就这样轻易地灰飞烟灭了吗？

当然没有。清朝虽然灭亡了，但数千年的文明积淀仍然在发挥自己的价值。文明的融合实属不易，一旦融合后，就具有强大的凝聚力。

推翻清朝的革命者发现，要想维持这个"新生国家"的统一，就不能完全照搬民族国家的概念，单纯地打造一个汉族人的国家，那只会让国家走向四分五裂。晚清民国著名思想家梁启超就大声疾呼："吾中国言民族者，当于小民族主义之外，更提倡大民族主义。"他所说的大民族主义，既包括了西方传来的近代民族国家的概念，又继承了中华文明几千年来形成的超越族群、文化隔阂的"天下一统"的思想，更符合中华文明已经形成的融合局面的现实状况。

英雄所见略同，清末的革命者曾经高呼"驱除鞑虏，恢复中华"，这是一种明显的民族主义的口号，但是很快，当民国新生的时候，口号就转变为"五族共和"，强调中国境内的五大族群——汉、满、蒙、回、藏和谐相处，共建国家。再到后来，日本全面侵华，面对国家和民族危亡的状况，仁人志士又提出"中华民族"的概念。这一系列的转变过程，正好印证了梁启超呼吁的"于小民族主义之外，更提倡大民族主义"的主张。

从清末到民国短短的几十年间，虽然国家一直处于动荡之中，但人们就中华文明、中华民族的概念迅速地达成了共识。这不是因为人们迅速地学习了世界上新的思潮，而恰恰是因为人们固守了几千年积淀下来的丰富的文明融合的成果。很多概念的名称看似新鲜，其实其内容实质早已经融入了草原与华夏、丛林与雪域的广大群众的头脑之中，早已经在历史上实践了数百年至甚上千年。

清朝被推翻了，但中华文明并没有崩解，剪不断、理还乱达数千年之久的不同区域文明之间的冲突与融合，终于化作人们心中共同的国家与民族认知。当古老的中国站在现代世界的大门口时，草与禾已天下一家，携手迈向天下大同。

从明朝中叶到清末近500年间，草的世界与禾的世界持续上演分分合合的剧目，可是舞台的背景发生了巨大的改变，近代全球化的浪潮席卷全世界，白银、火枪重塑了古老大陆上的政治、军事格局，美洲农作物改变了农耕区与游牧区的经济格局。草的世界无可奈何花落去，清朝得以打造了继元朝大一统政权之后的又一个大一统政权，而且更上层楼，清朝的天下在文明融合的深度和广度上超越元朝，并稳定地维持了长达200多年。

这500年中，在此前数千年文明融合积淀的作用下，在更广泛的天下大势的影响下，中华文明迎来了成熟的清朝大一统政权模式，草与禾天下一家。然后，不管身处历史中的人们是喜是悲，天下大势冷漠地推动着清朝走向近代与现代，清朝的天下融入了世界，变成了"天下的清朝"，并导致了王朝的终结。而根植于人们内心的中华文明，继续前行，并未终结。

历史贴士·哥伦布与苗族女人的银饰

　　中国南方大山里的苗族女性以佩戴大量银饰而闻名，人们很自然地会认为，苗族女性可能自古以来就有喜戴银饰的风俗习惯。但其实，没有哥伦布发现美洲大陆，就不会有我们今天看到的苗族女性的华丽银饰。

　　明清时期，中国江南的商品经济日益发达，富庶起来的江南人家为了建造更气派的房屋，或者仅仅为了在冬季更加暖和，需要大量的木材。然而江南经过数百年的发展后，附近乃至周边地区的森林被过度砍伐，优质木材已经告罄。为了获得更多、更好的木材，商人们带着赚到的美洲白银，深入中国西南的云贵川山区，这些新的木材产地往往位于长江上游及其支流流域的崇山峻岭之中，那里是包括苗族人在内的少数族群的聚居区，购买的木材从苗族人的山岭通过水路被运送到江南。历史学家在文献记载中观察到，在18世纪，木材商人的脚步遍布全国，有些木材要从原产地漂流千里运达目的地。

　　木材离开了苗族人的大山，美洲白银则留在了苗族村寨里。与经济发达的江南地区不同，苗族村寨还处于较为自给自足的状态，商品经济不发达。他们知道白银是好东西，在日常生活中却较少使用白银。于是，他们把白银当成了权力、礼仪、艺术的材料，加工成各种各样的生活用品或艺术品，而不是把白银当成货币来使用。当然了，把大量的白银穿戴在女性的身上，这本身也是一种储存财富的方式。

放眼18世纪的全球贸易网，清朝并不是很需要来自洋人的商品，所以洋人要获得中国商品，往往要用清朝的"官方货币"，即白银来购买，大量的美洲白银因此流入并沉淀在清朝境内。清朝和外部世界的这种贸易关系，其实也正是苗族村寨与江南的贸易关系的翻版：江南需要苗族村寨的木材，于是拿美洲白银来交换，这些白银流入苗寨，流到女性的身上，变成了服饰。就这样，哥伦布发现美洲所激发出来的白银洪流，有一部分的最终归宿竟然是中国西南山区的民族村寨。

这说明，即使在清朝中期，世界已然是一个经济整体，清朝的每一个角落都不可避免地受到了世界的影响。

后　记

春草秋禾织天下

　　2016年7月17日，午后的阳光中，伴着蛙鸣和蜓飞，我走入了内蒙古正蓝旗元上都遗址。

　　我知道，许多学者都有从几百千米之外的元大都（北京）前往元上都遗址的经历，甚至有学者执意徒步走完这段从华夏至草原的旅程。

　　亲历实地所获得的感知，是阅读多少本书都无法替代的。当我开始7月的这次漠南草原之旅时，本书的写作已经启动。所以我对这次珍贵的旅程非常期待，希望能够给自己带来更多的文明启示。

　　元上都的恢弘气势令人震撼，眺望目光所及的山头，上面似乎有类似敖包的建筑，但实际上，那是当年元上都的烽火台残迹。元上都作为都城，至少包含了三道城墙，从内到外依次是宫城、皇城、外城，再向外还有关厢。时至今日，考古学家依然可以从遗址中识别出城墙、城门、道路、护城河、防洪渠、宫殿、寺庙、店铺、民居、仓库等建筑基座。从结构上看，元上都与元大都非常相似。据说元大都和元上都就连城池的中轴线都是重合的，两都相距几十万米，两条中轴线仅有几百米的误差，古人利用简陋的仪器创造了大地测量上的一个奇迹。

　　这并不奇怪，两座都城的设计者都是刘秉忠、郭守敬等人，忽必烈的身边人才济济，英雄不问出处。元上都是东亚的农耕文明与游牧文明相结合的典范，显示了草的世界与禾的世界的深度交融。

站在今天的元上都遗址内，游客依然能够感受到这座城市曾经的辉煌。外城、内城和皇城的残留城垣，向人们讲述了一座草原上的帝都的繁华旧梦，世界各国的使臣、商人，以及如马可波罗一样的来自远方的旅行家们，都曾经在元上都的街道走过。在那个时代，元上都和元大都是当时欧亚大陆上的梦幻都市，当之无愧的全世界之中心。

这样的古代文明高度，是如何从茹毛饮血的远古一点点积累起来的？

回到中华文明的原点，我们看到 4 000 多年前满天星斗的文化，散落在广阔的中华大地上。从考古学证据看，平原、草原、高原、森林、绿洲都有人类活动的身影，也都留下了或多或少的文化遗迹。当满天星斗转向月明星稀，二里头文化以及之后的商周文化辐射到了广阔的区域，一些专家甚至认为，二里头文化就是"最早的中国"。

但是，我们要警惕考古和文献带来的"偏差"。在某些区域没有发现大型的考古遗迹或重要遗物，并不代表那里当年没有繁荣的文明。古代人不能在缺乏石头的原野上建造起石头城池，比如黄土高原的早期文化就无法建造出埃及金字塔；也不能在缺少铜矿的地区发展出青铜文明，比如辽河流域的红山文化可能无法制作青铜器，因为缺乏铜矿。

商周时期华夏文字形成并发展，记载日益增多，而周边却处于无文字的时代。于是，后世的我们可以获得大量关于商周文明的史料，却在面对周边文明的时候，两眼一抹黑。

没有文字记载，就没有繁荣的文明吗？未必。至少我们知道，商周早期的青铜技术肯定是从外面输入的，西亚先进的青铜技术很可能通过西域河西走廊或者通过"草原之路"传到中原地区。既然"无青铜，不商朝"，那么比商朝掌握青铜技术更早的西域文明或者草原文明，也必然是不逊色于中原的，只要我们不对它们吹毛求疵。

如果二里头是最早的中国，那么拥有先进的青铜技术，以及可能还有马车技术的草原文明是什么？如果它们不是最早的中国，它们又是什么？

即使在所谓最早的中国的时候，各个区域文明也都是各擅胜场的，都是相互交流的，它们都属于最早的中国。草的世界与禾的世界同样精彩，这就是中华文明原点位置的文明图景。

汉朝与匈奴的白登山之战，揭开了一场延续两千年的史诗般的文明大片，草原文明与华夏文明作为对等的两方，平起平坐，时战时和。两千年间，草原文明和华夏文明都因为对方的存在而不断调整自己，协同演进。

在这场大片的第一个千年中，经常上演的剧情是，草原上的某个或某几个族群入主华夏，在成为华夏的一方势力、携带了华夏基因的同时，却丢失了自己体内的草原文明基因，比如融入华夏的南匈奴。草原族群如同溪流一般，一股股地流入中原，搅乱华夏文明"池塘"的同时，却把广阔的草原让给了其他草原族群。

这样的场景屡屡上演，与其说是草原文明被华夏文明的辉煌灿烂感召而来，被"汉化"为正统，还不如说那个时候，不论是草原上的游牧族群，还是平原上的农耕族群，都还没有整合不同文明的足够经验，没有操控跨文明政权的知识和人才储备。于是，摆在面前的是一道单选题，要么建立并完善一个单一华夏政权，要么建立并完善一个单一草原政权。

鲜卑选择了后者，北魏从盛乐、平城出发，走进了洛阳城，改变了自己，也一定程度地影响了华夏文明。而草原上也是"城头变幻大王旗"，匈奴—鲜卑—柔然—突厥，一路走过来，它们满足于遥控华夏王朝，让其成为向自己提供华夏物产的进贡国，并没有彻底征服华夏王朝，将其土地纳入版图的强烈意愿。

隋唐在安史之乱前，特别是当突厥内乱之时，也曾主动出击，短期内控制了广大的草原乃至西域，形成了以华夏为主体的混合政权模式。但盛况只是昙花一现，安史之乱不仅让唐朝迅速萎缩为一个典型的华夏王朝，甚至一度要臣服于在突厥身后崛起的回鹘，而回鹘与突厥类似，对把华夏土地纳入版图不感兴趣。

当两千年的大片进入第二个千年时，瓜熟蒂落，已经熟悉彼此的两大文明终于不再谨慎与客气。9世纪，耶律阿保机的契丹从草原起步，踏上了新的文明融合之路。草原文明松散的部落联合体逐渐被打破部落隔阂的统一的军政体系取代，轮流坐庄的首领遴选制度被世袭王权替代，契丹的疆域内还出现了大片的农田和众多的城镇，契丹人真正启动了以草原为主体的混合政权模式的探索与建设。

文明整合的历史进程当然没那么简单，契丹付出了皇帝南征而死的巨大代价。但文明融合的按钮一旦被按下，就如同核弹头爆炸一样不可逆转。

女真人与蒙古人前仆后继，终于实现了对草的世界和禾的世界的第一次大融合。这不仅仅是军事征服,还是政治、经济、文化的整合,也是思维观念上的整合与创新,元朝甚至以自己的新天下观更新了商周以来的旧天下观。统一政权模式开启并进行了第一次试验,虽然最后以元朝的碎片化结束。

反观华夏,在巨大的北方军事威胁下,华夏文明也在调整,增强自身,辗转腾挪。它们不断地消化疆域内的山地族群,它们开挖漫长的运河来运输粮食和士兵,它们还面向海洋拥抱海外贸易财富。

此后,崛起于东北地区的清朝继承了元朝缔造的新天下观,实现了"临门一脚",弥合了碎片化的长期割据势力,再现统一政权模式,并在越来越强劲的全球化的影响下,完成了向统一国家的转变与建设。

而中华文明又是整个世界的人类文明的一部分,在明清时期,近代全球化带来了越来越频繁的交流与互动,中华文明在完成内部区域文明整合的同时,也被世界整合,融入了全球化的洪流之中,不管是主动还是被动、接受还是抵触,中华文明融入了更高层次的"天下"。

这两千年,是中华文明中的各种区域文明彼此靠近,走向整合的两千年,主剧情是草原文明与华夏文明的对角戏。从单一华夏政权与单一草原政权模式演进到以华夏为主体的混合政权与以草原为主体的混合政权模式,再演进到元朝统一政权与清朝统一政权模式,这便是中华文明融合史的主旋律,虽然偶有反复,但趋势不变。

回顾这段漫长的文明融合历史,尤其是用多视角的方式来看待草的世界与禾的世界,我们会更接近历史的真相。

曾经有一种观点是，华夏文明是辉煌的灯塔，周边族群仰慕华夏之文明以及华夏之财富（财富可能比文明更有吸引力），它们纷纷融入华夏文明之中，如同落入旋涡般被卷入华夏体系，华夏文明不断扩大自己的影响力，最终形成了大一统的中华文明。或者客气一点说，华夏自周朝建立起的天下体系具有强大的文明融合优势，把周围的"四夷"都纳入了这个体系之中。

另一种相反的观点是，华夏农耕文明是封闭保守、没有创新和前途的。正是草原游牧文明孕育的一代代族群冲破长城，入主华夏，它们给暮气沉沉的华夏文明不断注入激昂的进取基因，推动了中华文明走向古代文明的高峰。或者委婉一点说，内亚（亚洲内陆）是华夏危险的边疆，内亚力量不断侵入，推动了大一统的中华文明的形成。

这两种文明观，都犯了相同的错误——以单一视角解读历史。两种文明观对于文明的理解是绝对的，认为某一种区域文明是高等的，另一种区域文明是低等的，最终高等的文明要消灭或合并低等的文明。

当草原文明遭遇华夏文明时，两者并无高低之分，它们是形成于完全不同的自然环境和历史环境的区域文明，单一草原政权模式和单一华夏政权模式有着自己独特的治理方式、生产方式、生活方式以及文化传统。正如一碗牛奶与一碗米粥无所谓高低之分，草的世界与禾的世界以不同的方式，滋养了不同的族群民众，其文明无分高下。

草原的进取性和华夏的保守性，是自身文明系统运转的结果，首先是草原和华夏为了解决自己内部的问题而选取的外交策略。草原帝国需要用财富特别是农耕区的财富来维持松散的游牧体系的稳定，华夏王朝需要用严格的管理制度让农民安居乐业,维持王朝的稳定。

与人们的一般想法不同的是,不论是单一华夏政权模式,还是单一草原政权模式,其实都不热衷于侵占对方的土地。即使是一个四处出击的草原帝国,也更希望华夏这只"会下金蛋的鹅"能够保持安稳,给自己带来源源不断的物产贡品,从而给草原帝国带来长治久安。破碎的华夏王朝不仅是华夏的大麻烦,而且是草原的大麻烦,华夏与草原都得鼓起勇气解决自身的麻烦。反之亦然。

当文明的融合日益深入,某些政权阴差阳错地拥有了跨越区域文明的疆域,变成了混合政权时,这绝不只是带来了帝国/王朝的荣光,也带来了严峻的政权转型难题和文明融合难题。不论是以华夏为主体的混合政权模式还是以草原为主体的混合政权模式,探索的道路上倒下了一代代雄主。

所以,文明的融合不是一蹴而就的,而是一个漫长的、动态的历史过程。融合之路步步递进,也反反复复。推动文明融合的幕后力量,并不能简单地归因于一方,而是十分复杂的。华夏自身在不断演进,草原自身也在不断演进。同时,对于文明融合来说更重要的是,华夏与草原面对彼此时,也在不断调适自己的战略。

曾有观点认为,华夏王朝修筑长城的行为强烈地影响了草原,促使草原上的部落竞争更为激烈,最终形成了诸如匈奴帝国这样的草原强权。这个观点的可取之处在于,它认识到了草原与华夏是互动的,一方的决策会给另一方带来变化。

当然了,这个观点仍然有华夏中心论的基调。其实早在长城修筑之前,草原各方势力就已经踏上了整合之路,正如当时的华夏也处于整合之中，两者在走向单一政权模式的过程中，对方的影响并不大。长城的出现是草原影响力增强的结果而非原因，不是长城的出现强烈影响了草原。长城只是一个防御性工事。

你中有我、我中有你的混合政权模式向前一步，终于抵达统一政权模式。统一天下的重任最终由草原背景的族群而非华夏背景的族群来完成，这是因为统一首要以疆土的统一为基础，草原强大的军事力量是华夏王朝所不具备的、难以抵挡的。当然疆土的统一只是浅层次的统一，甚至在统一之前，经由漫长的混合政权模式的历练，草原背景的族群就已经对不同区域文明的政权组织、生产方式、文化传统有了充分的认知和融合尝试，这是元朝能够实现统一政权的历史背景。

有观点认为，东北地区是中华文明大融合的滥觞之地，这里有农耕、渔猎和游牧各种生产方式，因此从东北地区走出的政权才具有统一天下的能力，金朝和清朝都是证明，而元朝是一个意外的案例。这个观点认识到了混合政权模式对于文明融合的重要价值，金朝和清朝在起家之初就是混合政权，因此它们在吞并其他区域文明后可以很快实现有效治理。

但金朝仅仅占据了华夏的半壁江山，为了有效统治华夏甚至不得不战略性地放弃东北地区；清朝则是在兼并了蒙古各部，即整合了草的世界后，才终于有了和明朝争雄天下的实力，不论是当时的清朝还是蒙古各部，都继承了成吉思汗对于草的世界的改革成果。反过来看，契丹和蒙古帝国都曾经从草原出发，兼并整合了东北地区。因此，东北地区的确是容易催生混合政权的区域，但也仅限于此，草的世界的任何区域，都有可能孕育出迈向混合政权甚至统一政权模式的势力，东北地区并不具有绝对的优势。

以上就是关于中华文明数千年融合史的一些总结性浅见,从草是草、禾是禾,到禾中有草、草中有禾,再织就天下一色的锦绣河山。那么,这种趋势是必然的还是偶然的?中华文明的大一统是一个必然结果吗?

《三国演义》写道,"天下大势,分久必合,合久必分",这是对历史的偶然性的一种描述,这种观点认为大一统只是一种偶然。古希腊名言说,"人不能两次踏入同一条河流",又暗示了一种不可逆转的必然趋势。

如果我们把中国历史切到忽必烈征服南宋后的时间节点,那时大航海时代还没有开启,美洲农作物、白银以及欧洲的火器还没有传输到东亚,元朝已经建立起了有效的统一政权模式,所以有学者认为,第一次全球化时代应该是蒙古帝国以及元朝的时代。而在这个统一政权模式之前,中华文明的融合有着强烈的递进关系,从草原、华夏各自群星闪耀的远古文化,到整合为单一政权,再演进到混合政权,最后形成统一政权,即使偶有反复,但大趋势几乎可以认为是必然的结果。

让历史展现出这种大趋势的原因是复杂的,在于人口的增多带来的频繁交往,在于各族群知识的积累和相互的文化交流,在于不同区域文明之间日益强烈的经济联系……历史不能两次踏入同一条河流,一种重要物产、一种新的发明、一种新的模式的出现,根本性地改变了历史。因此,草的世界与禾的世界融合为大一统,时机成熟的时候总会发生的,而历史也用元朝的实例告诉我们,大一统的确是一种必然。

但是,当我们把中国历史切到朱棣死后的时间节点,元朝建立的统一政权变成了碎片,似乎又印证了合久必分的论调,大一统并不会江山永固,恰恰相反,囊括草的世界与禾的世界的大一统充满了不稳定性,有时候统一政权模式的不稳定性还要大于单一政权模式和混合政权模式。不稳定性并不代表大一统是糟糕的，只是对政权治理难度的要求提高了。而古代科技的不断积累，比如大运河等水利设施的完善，以及各个族群的相互学习，比如文官制度的充分运用，这些都让广阔疆土的治理难度逐渐降低，这也是历史的必然趋势。

更为关键的变革来自外部世界的冲击，明清时期近代全球化浪潮席卷而来，东亚地区也无法独善其身，草的世界与禾的世界都发生了天翻地覆的剧变，在一定程度上其实降低了大一统政权的形成与治理难度，于是清朝的统一政权模式比元朝更胜一筹，更为长治久安。

话说回来，外部冲击固然有偶然性的一面，但即使没有外部的冲击，中华文明的大一统依然有很大的概率再现。

只是，夏日金色阳光中的元上都已变成了壮阔的遗址。曾经于此，华夏文明的城池与草原文明的毡房比邻而居，雕龙角柱和铜金刚铃同在一座屋檐下；面貌迥异的各方商人熙来攘往，络绎不绝；肩负使命的各族群官员领命复命，为了同一个大汗或皇帝服务……那是一幅中华文明融合的生动画面。元上都属于中华文明，它南面的伙伴元大都也一样，那个城市不论是叫汗八里还是叫北京城，都继承和创造着中华文明的表里山河。

草原上金莲花怒放，被红巾军付之一炬的元上都遗址里，尘封了数千年的文明融合往事，那些往事塑造了中华文明的前世今生。荒烟蔓草千百年，当今世界和我们自己，都是文明融合的产物。

我刚刚踏上的这块旧石砖，说不定也曾被马可·波罗踏过。

以上就是关于中华文明数千年融合史的一些总结性浅见,从草是草、禾是禾,到禾中有草、草中有禾,再织就天下一色的锦绣河山。那么,这种趋势是必然的还是偶然的?中华文明的大一统是一个必然结果吗?

《三国演义》写道,"天下大势,分久必合,合久必分",这是对历史的偶然性的一种描述,这种观点认为大一统只是一种偶然。古希腊名言说,"人不能两次踏入同一条河流",又暗示了一种不可逆转的必然趋势。

如果我们把中国历史切到忽必烈征服南宋后的时间节点,那时大航海时代还没有开启,美洲农作物、白银以及欧洲的火器还没有传输到东亚,元朝已经建立起了有效的统一政权模式,所以有学者认为,第一次全球化时代应该是蒙古帝国以及元朝的时代。而在这个统一政权模式之前,中华文明的融合有着强烈的递进关系,从草原、华夏各自群星闪耀的远古文化,到整合为单一政权,再演进到混合政权,最后形成统一政权,即使偶有反复,但大趋势几乎可以认为是必然的结果。

让历史展现出这种大趋势的原因是复杂的,在于人口的增多带来的频繁交往,在于各族群知识的积累和相互的文化交流,在于不同区域文明之间日益强烈的经济联系……历史不能两次踏入同一条河流,一种重要物产、一种新的发明、一种新的模式的出现,根本性地改变了历史。因此,草的世界与禾的世界融合为大一统,时机成熟的时候总会发生的,而历史也用元朝的实例告诉我们,大一统的确是一种必然。

但是,当我们把中国历史切到朱棣死后的时间节点,元朝建立的统一政权变成了碎片,似乎又印证了合久必分的论调,大一统并不会江山永固,恰恰相反,囊括草的世界与禾的世界的大一统充满了不稳定性,有时候统一政权模式的不稳定性还要大于单一政权模式和混合政权模式。不稳定性并不代表大一统是糟糕的,只是对政权治理难度的要求提高了。而古代科技的不断积累,比如大运河等水利设施的完善,以及各个族群的相互学习,比如文官制度的充分运用,这些都让广阔疆土的治理难度逐渐降低,这也是历史的必然趋势。

更为关键的变革来自外部世界的冲击,明清时期近代全球化浪潮席卷而来,东亚地区也无法独善其身,草的世界与禾的世界都发生了天翻地覆的剧变,在一定程度上其实降低了大一统政权的形成与治理难度,于是清朝的统一政权模式比元朝更胜一筹,更为长治久安。

话说回来,外部冲击固然有偶然性的一面,但即使没有外部的冲击,中华文明的大一统依然有很大的概率再现。

只是,夏日金色阳光中的元上都已变成了壮阔的遗址。曾经于此,华夏文明的城池与草原文明的毡房比邻而居,雕龙角柱和铜金刚铃同在一座屋檐下;面貌迥异的各方商人熙来攘往,络绎不绝;肩负使命的各族群官员领命复命,为了同一个大汗或皇帝服务……那是一幅中华文明融合的生动画面。元上都属于中华文明,它南面的伙伴元大都也一样,那个城市不论是叫汗八里还是叫北京城,都继承和创造着中华文明的表里山河。

草原上金莲花怒放,被红巾军付之一炬的元上都遗址里,尘封了数千年的文明融合往事,那些往事塑造了中华文明的前世今生。荒烟蔓草千百年,当今世界和我们自己,都是文明融合的产物。

我刚刚踏上的这块旧石砖,说不定也曾被马可·波罗踏过。